Richter am Oberlandesgericht
Sascha Kurz

Examens-Check Strafrecht

2022

Eine examensspezifische Rechtsprechungsübersicht zum Üben und Vertiefen von klausurrelevanten Problemen anhand im Jahr 2022 veröffentlichter und didaktisch aufbereiteter Rechtsprechungsfälle

Zitiervorschlag: Kurz, Examens-Check Strafrecht 2022, Seite …

Die Fallsammlung beruht auf Originalrechtsprechungsfällen. Die wiedergegebenen Lösungen orientieren sich an den zitierten Entscheidungen. Sie müssen daher nicht unbedingt die Auffassung des Verfassers wiedergeben. Die dargelegten Lösungsvorschläge entsprechen dem Verständnis des Verfassers hinsichtlich der den zitierten Entscheidungen zugrundeliegenden Begründungen, wie sie für die didaktische Aufbereitung geeignet erscheinen, ohne dass eine Gewähr für deren Richtigkeit übernommen wird.

Feedback zu Büchern und Kursen

Buch „Examens-Check Strafrecht 2021“

- Ich habe die Kurse von Herrn Kurz bereits mehrfach (mit großer Begeisterung) gehört und mir daraufhin auch dieses Buch angeschafft. Es ist super strukturiert, übersichtlich und extrem hilfreich für die Examensvorbereitung. Ich kann es jedem nur wärmstens empfehlen!
- In dem Heft wird examensrelevante Rechtsprechung kurz und bündig abgehandelt. Eine gute Übersicht für das Examen! Danke an den Autor!
- Auf das Buch „Examens-Check Strafrecht 2021“ bin ich durch Zufall gestoßen. Es hat mich mit seinem Aufbau, der kurzen Sachverhaltsdarstellung und der systematischen Lösung aktueller Rechtsprechungsfälle sofort überzeugt. Das Werk in Verbindung mit dem Vorbereitungskurs nebst zugehörigem Skript hat dafür gesorgt, mehr Sicherheit beim Lösen von Klausuren zu gewinnen. Das vermittelte Systemverständnis und die einprägsamen Hinweise haben für ein sehr gutes Gelingen in den strafrechtlichen Examensklausuren gesorgt (11 & 13 Punkte). Die Kombination aus Kurs, Skript und Examens-Check Strafrecht ist perfekt, um die examensrelevanten Themengebiete zu durchdringen. Lieber Herr Kurz, Sie haben einen wahnsinnig guten Job geleistet und tragen einen enormen Teil dazu bei, den Referendar*innen das Schreiben von Klausuren zu erleichtern. Vielen Dank!

Buch „Examens-Check Strafrecht 2020“

- Dieses Buch ist super, um aktuelle Rspr. und klausurrelevante Probleme zu wiederholen. Ich finde es toll, dass oben aufgeführt wird, wo in der Revisionsklausur das Problem zu behandeln wäre.
- Meines Erachtens ist dieses Buch optimal dazu geeignet sich auf das Examen vorzubereiten. Es behandelt eine Vielzahl von revisionsrechtlichen Problemen und erklärt anhand kurzer Fälle, wo ein Problem in der Klausur auftritt und wie man es abhandelt. Man wird gerade nicht von einem einzigen sehr langen Fall überfordert, sondern lernt an einzelnen spezifischen Problemen die Revision zu verstehen! Auch die Aktualität spricht für das Werk, da nur aktuelle Fälle des BGH als Vorbild dienen. Da ist als Nebeneffekt ein Examenstreffer nicht unwahrscheinlich!
- Ein Buch, das ich allen Studenten*innen/Referendaren*innen empfehlen kann, die sich auf eine Revisionsklausur vorbereiten möchten. Der Aufbau des Buches ist sehr gelungen. Auf einer Seite steht immer ein Fall und auf der Rückseite die Lösung, eingegliedert in das Prüfungsschema der Revision. Dadurch kann man sich sehr gut selbst überprüfen, aber auch Neues dazu lernen. Wirklich ein ganz tolles Buch.
- Große Arbeitserleichterung fürs Examen! Prägnant und verständlich! Absolute Empfehlung!

Herbst/Winter-Kurse 2022

- Ich habe letztes Jahr an Ihrem Kurs teilgenommen und heute früh meine Ergebnisse bekommen. In der Revisionsklausur habe ich 14 Punkte bekommen und möchte Ihnen an dieser Stelle noch einmal ganz herzlich für Ihre tolle Vorbereitung, Ihr Engagement und Ihre äußerst hilfreichen Unterlagen danken! Ich habe mich mit diesen sehr ausführlich auf das Examen vorbereitet und freue mich über dieses Ergebnis! Machen Sie weiter so, Sie helfen unglaublich!
- Soeben kamen die Ergebnisse des Oktoberdurchgangs bei mir an. Ich habe in der Revisionsklausur 14,5 Punkte erzielt. Diesen Erfolg habe ich definitiv auch Ihnen und Ihrem super Kurs zu verdanken.
- Dafür wollte ich mich nochmals recht herzlich bei Ihnen bedanken. Ich wünsche mir für künftige Referendare, dass Sie diesen noch lange erhalten bleiben.

Vorwort

Jeder, der einmal eine **juristische Klausur** geschrieben hat, weiß, dass es darauf ankommt, die in der Klausur versteckten Probleme zu erkennen und sie an der richtigen Stelle seiner Arbeit zu erörtern. Wichtig ist dabei der richtige Einstieg in die Problematik. Anschließend ist die weitere Subsumtion meist nicht mehr schwer – im zweiten Staatsexamen ist mit dem richtigen Problemverständnis sogar das Nachschlagen im Kommentar möglich. Selbstverständlich werden **nicht immer die gleichen Klausurprobleme** behandelt. Vielmehr sind die Klausurersteller bemüht, aktuelle Problematiken zu verarbeiten.

Aus meiner 17-jährigen Erfahrung als Leiter einer Arbeitsgemeinschaft und Prüfer in der ersten und zweiten juristischen Staatsprüfung weiß ich, dass dazu meist auf **aktuelle Rechtsprechungsfälle** zurückgegriffen wird. Stellt sich also die Frage, wie man sich auf diese vorbereiten soll. Fallsammlungen zu Problemen aus vergangenen Klausuren helfen hier nicht viel weiter. Selbst die Veröffentlichungen in den examensrelevanten Publikationen zu verfolgen, ist sehr aufwendig. Zudem ist den Entscheidungen oft nicht auf den ersten Blick anzusehen, ob sie ein klausurrelevantes Problem behandeln, wo dieses gegebenenfalls in der Klausur anzusprechen wäre und wie man es dort gutachterlich aufbauen sollte. Hier möchte ich mit diesem Buch eine Unterstützung anbieten, um die **Chancen für das Examen** zu **verbessern**.

Bei dem Buch handelt es sich um eine **didaktisch aufbereitete Rechtsprechungsübersicht für Rechtsreferendare*innen und Studenten*innen**. Aber auch Praktiker – wie Richter*innen, Staatsanwälte*innen und Rechtsanwälte*innen – sind eingeladen, sich anhand des Buches einen Überblick über wichtige Rechtsprechungsfälle zu verschaffen.

Referendaren*innen und Studenten*innen soll das Buch dazu dienen, **topaktuelle Klausurprobleme** anhand von Fällen aus der Praxis zu üben, welche die Grundlage der kommenden Examensklausuren sein könnten. Die Reihenfolge der Fälle orientiert sich nicht an den Problemfeldern, sondern an dem Verkündungsdatum der zugrundeliegenden Entscheidungen, um die Gedanken beim Üben nicht schon durch den Aufbau auf das Problem zu lenken und so ein falsches Gefühl der Sicherheit zu erzeugen. Um auch ein gezieltes Bearbeiten bestimmter Inhalte zu ermöglichen, finden Sie nachfolgend eine „**Themenspezifische Übersicht**", in der die Fälle thematisch geordnet aufgelistet sind.

Ausgewählt wurden vor allem **klausurrelevante Entscheidungen des Bundesgerichtshofs**, die im **Jahr 2022** veröffentlicht wurden. Für die Aufnahme in das Buch wurde auf das Veröffentlichungsdatum abgestellt, weil die Lösungsvorschläge in Examensklausuren meist auf Veröffentlichungen in den großen Zeitschriften – wie NStZ, NStZ-RR oder NJW – Bezug nehmen. Zu allen Fällen ist daher auch die jeweilige Fundstelle in diesen Zeitschriften zitiert. Da die Entscheidungen dort häufig nur auszugsweise oder mit dem Leitsatz wiedergegeben sind, liegen den Fällen jeweils die in der Entscheidungsdatenbank des allgemeinen Internetangebots des Bundesgerichtshofs veröffentlichten **vollständigen Originalentscheidungen** zugrunde. Hier sind meist weitere Fundstellen zu der wiedergegebenen Ansicht nachzulesen.

Der **große Vorteil** des Buches ist die **leichte Handhabung**, wodurch das Üben kurzweilig bleibt. Dazu sind die oft viele Seiten umfassenden Originalentscheidungen zur besseren didaktischen Darstellung mit den für die Klausur **wesentlichen Inhalten auf zwei Seiten zusammengefasst**. Auf der Vorderseite findet sich der Sachverhalt, in dem es gilt, das Problem zu entdecken. Die Rückseite enthält die Falllösung.

Der **Lösungsaufbau** orientiert sich an der insbesondere im zweiten Staatsexamen wichtigen Revisionsklausur, da in diesem Klausurtyp **alle materiellen und prozessualen Probleme des Strafrechts** aus dem ersten und zweiten juristischen Staatsexamen relevant sein können. Um das gesuchte Problem und dessen **Prüfungsort** in der Klausur **auf einen Blick** zu erkennen, befindet sich im Kopf der Lösungsseite das Prüfungsschema der Revisionsklausur, in dem das festzustellende **Problem hervorgehoben** ist. Eingeleitet wird die nachfolgende Lösung – wie auch in den Klausuren – mit einem Obersatz. Ein richtiger **Obersatz ist enorm wichtig**, um bei der weiteren Prüfung nicht vom Weg abzukommen. Nachfolgend wird die dem **Problem zugrundeliegende Systematik** dargestellt und die **Lösung der zitierten Gerichtsentscheidung** präsentiert. Soweit es angezeigt ist, werden im Lösungsvorschlag auch **Zweckmäßigkeitserwägungen** dargelegt.

In Revisionsklausuren wird häufig die Formulierung eines Antrags oder Tenors gefordert. Daher findet sich zu Übungszwecken auf der Lösungsseite in den passenden Fällen ein Vorschlag für einen **Revisionsantrag oder -tenor**, der zu dem Sachverhalt der Vorderseite und der aufgezeigten Lösung passt. Von einer namentlichen Benennung der Gerichte im Antrag wurde abgesehen. In den Antragsvorschlägen ist daher der Ortsname des Gerichts und das Datum des Urteils durch „...“ als Platzhalter – z.B. für: „Urteil des Landgerichts *Beispielhausen vom 1. Februar 2022*“ – ersetzt worden.

Abschließend ist auf einigen Lösungsseiten noch ein **Klausurtipp** zu finden, der die vorstehende Problematik aufgreift und wertvolle Tipps zur Klausurbearbeitung bei vergleichbaren Konstellationen gibt.

Im Anschluss an die aufbereiteten Fälle finden Sie ein **4-seitiges Prüfungsschema** für den klassischen Klausurtyp, der von Ihnen die Anfertigung eines Revisionsgutachtens zu den Erfolgsaussichten einer eingelegten, aber noch nicht begründeten Revision fordert. Auf **weiteren Seiten** sind **Beispiele zum Formulieren des Revisionsantrags oder –tenors** aufgelistet.

Zur weiteren Vertiefung finden Sie **über die 64 aufbereiteten Fälle hinaus** am Ende des Buches eine **Auflistung mit 102 weiteren wichtigen klausurrelevanten Entscheidungen des Bundesverfassungsgerichts, des Bundesgerichtshofs und einiger Obergerichte**, die im Jahr 2022 veröffentlicht wurden. Bei jeder Entscheidung ist neben der zugrundeliegenden Problematik auch der Prüfungsort in der Klausur angeführt. So erhalten Sie einen schnellen Überblick über die wichtigen Klausurprobleme eines Jahres. Außerdem sind in dieser Ausgabe die für die Klausuren **wichtigen Leitsätze** zu den zugrundeliegenden Problematiken ausformuliert.

Für **Studenten*innen** sind vor allem die materiellen Klausurprobleme von Interesse. Diese finden Sie in der „Themenspezifischen Übersicht“ unter „Begründetheit – Sachrüge – rechtliche Würdigung“ und auch in den „*Zur weiteren Vertiefung*“ aufgelisteten Fällen. Da diese Probleme aber auch im zweiten Staatsexamen einen Schwerpunkt der Klausuren bilden, verliert das Buch nach dem ersten Staatsexamen nicht an Bedeutung. Natürlich lassen sich die im Assessorexamen hinzukommenden prozessualen Problemfelder mit diesem Buch ganz besonders gut üben.

Sie werden bei der **Arbeit mit dem Buch** anfangs vermutlich noch nicht alle oder sogar nur wenige Probleme und deren Prüfungsorte erkennen können. Lassen Sie sich davon nicht verunsichern – dies ist völlig normal und gerade der Grund, weshalb dieses Buch sehr hilfreich sein kann. Eine ähnliche Situation könnte sich auch im Examen ergeben. Anders als dort haben Sie hier einen zweiten Versuch. Sie werden schon bei der ersten Wiederholung feststellen, dass Sie das **Problem wiedererkennen** und Sie **wissen, wo es in der Klausur anzusprechen ist**. Damit ist schon fast alles gewonnen. Wenn Sie die Lösung nicht mehr wissen, können Sie diese zur Vertiefung nochmals nachlesen. Im Assessorexamen hilft Ihnen das **erlernte Problembewusstsein** die Problematik im Kommentar zu finden.

Sie wollen über das Buch hinaus **Systemverständnis** erhalten und das **klausurrelevante Klausurwissen** von Grund auf erlernen, dann kommen Sie in einen **Kurs** (**www.kurz-check.de**).

Ich wünsche Ihnen nun viel Spaß mit diesem Buch und drücke die Daumen für ein erfolgreiches Examen!!!

Koblenz, 1. Februar 2023

Sascha Kurz,
Richter am Oberlandesgericht

Inhalt

(Die Zahlenangaben beziehen sich auf die Seitenzahlen in diesem Buch)

Themenspezifische Übersicht

(Die Zahlenangaben beziehen sich auf die Seitenzahlen in diesem Buch)

A. Zulässigkeit der Revision

I. Statthaftigkeit

II. Rechtsmittelbefugnis

III. Beschwer

IV. Form/Frist d. Einlegung

V. Form/Frist d. Begründung

VI. kein(e) Rücknahme/Verzicht

B. Begründetheit der Revision

I. Sachurteilsvoraussetzungen

2. Relative Revisionsgründe

Abkürzungen

aA	anderer Ansicht/Auffassung
aaO	am angegebenen Ort
Abb.	Abbildung
abgedr.	abgedruckt
Abh.	Abhandlungen
Abk.	Abkommen
ABl.	Amtsblatt
abl.	ablehnend
Abs.	Absatz
abschl.	abschließend
Abschn.	Abschnitt
Abt.	Abteilung
abw.	abweichend
abzgl.	abzüglich
aE	am Ende
aF	alte Fassung
AG	Amtsgericht
allg.	allgemein
allgA	allgemeine Ansicht
allgM	allgemeine Meinung
Alt.	Alternative
aM	andere Meinung
amtl.	amtlich
Änd.	Änderung
ÄndG	Änderungsgesetz
Anh.	Anhang
Anl.	Anlage
Anm.	Anmerkung
Arch.	Archiv
Arg.	Argumentation
Art.	Artikel
AsylR	Asylrecht
AT	Allgemeiner Teil
Auff.	Auffassung
aufgeh.	aufgehoben
Aufl.	Auflage
Aufs.	Aufsatz
ausdr.	ausdrücklich
ausf.	ausführlich
ausl.	ausländisch
AuslR	Ausländerrecht
ausschl.	ausschließlich
Az.	Aktenzeichen
BAnz.	Bundesanzeiger
Bd.	Band
Bde.	Bände
Bearb.	Bearbeiter
bearb.	bearbeitet
Begr.	Begründung
begr.	begründet
Beil.	Beilage
Bek.	Bekanntmachung
Bem.	Bemerkung
Ber.	Berichtigung
ber.	berichtigt
bes.	besonders
Beschl.	Beschluss
beschr.	beschränkt
Bespr.	Besprechung
bespr.	besprochen
bestr.	bestritten
Betr.	Betreff
betr.	betrifft, betreffend
BGBl.	Bundesgesetzblatt
BGH	Bundesgerichtshof
Bl.	Blatt
BR	Bundesrat
BR-Drs.	Bundesrats-Drucksache
BR-Prot.	Bundesrats-Protokoll
BRD	Bundesrepublik Deutschland
Bsp.	Beispiel
bspw.	beispielsweise
BT	Bundestag; Besonderer Teil
BT-Drs.	Bundestags-Drucksache
BT-Prot.	Bundestags-Protokoll
Buchst.	Buchstabe
BVerfG	Bundesverfassungsgericht
bzgl.	bezüglich
bzw.	beziehungsweise
ca.	circa
d.	der, des, durch
Darst.	Darstellung
ders.	derselbe
dgl.	dergleichen, desgleichen
dh	das heißt
dies.	dieselbe
diesbzgl.	diesbezüglich
diff.	differenziert, differenzierend
Dig.	Digesten
Diss.	Dissertation
div.	diverse
Dok.	Dokument
Drs.	Drucksache
dt.	deutsch

E	Entwurf
ebd.	ebenda
Ed.	Edition
EGMR	Europäischer Gerichtshof für Menschenrechte
ehem.	ehemalig
Einf.	Einführung
einf.	einführend
eing.	eingehend
Einl.	Einleitung
einschl.	einschließlich
EL	Ergänzungslieferung
Empf.	Empfehlung
endg.	endgültig
Entsch.	Entscheidung
Entschl.	Entschluss
entspr.	entspricht, entsprechend
EP	Europäisches Parlament
ER	Europäischer Rat
Erg.	Ergebnis, Ergänzung
erg.	ergänzend
Ergbd.	Ergänzungsband
Erkl.	Erklärung
Erl.	Erlass, Erläuterung
etc	et cetera (und so weiter)
EUGH	Europäischer Gerichtshof
europ.	europäisch
EuropaR	Europarecht
ev.	evangelisch
eV	eingetragener Verein
evtl.	eventuell
f., ff.	folgende Seite bzw. Seiten
Fn.	Fußnote
FS	Festschrift
G	Gesetz
GBl.	Gesetzblatt
GE	Gesetzesentwurf
geänd.	geändert
geb.	geboren
GG	Grundgesetz
gem.	gemäß
ges.	gesetzlich
gewöhnl.	gewöhnlich
ggf.	gegebenenfalls
ggü.	gegenüber
glA	gleicher Ansicht
GLE	Gleichlautendende Ländererlasse
GMBl.	Gemeinsames Ministerialblatt
Grdl.	Grundlage
grdl.	grundlegend
grds.	grundsätzlich
GS	Gedenkschrift, Gedächtnisschrift
GVBl.	Gesetz- und Verordnungsblatt
GVOBl.	Gesetz- und Verordnungsblatt
hA	herrschende Ansicht/Auffassung
Halbbd.	Halbband
HdB	Handbuch
hins.	hinsichtlich
hL	herrschende Lehre
hM	herrschende Meinung
Hrsg.	Herausgeber
hrsg.	herausgegeben
Hs.	Halbsatz
ic	in concreto/in casu
idF	in der Fassung
idR	in der Regel
idS	in diesem Sinne
iE	im Einzelnen
iErg	im Ergebnis
ieS	im engeren Sinne
iHd	in Höhe des/der
iHv	in Höhe von
iJ	im Jahre
Inf.	Information
insbes.	insbesondere
int.	international
IPR	Internationales Privatrecht
iRd	im Rahmen des/der
iRv	im Rahmen von
iS	im Sinne
iSd	im Sinne des/der
iSv	im Sinne von
iÜ	im Übrigen
iVm	in Verbindung mit
iW	im Wesentlichen
iwS	im weiteren Sinne
iZw	Im Zweifel
Jg.	Jahrgang
JGG	Jugendgerichtsgesetz
Jge.	Jahrgänge
Jh.	Jahrhundert
JMBl.	Justizministerialblatt
jur.	juristisch
Kap.	Kapitel
kath.	katholisch

Kfz	Kraftfahrzeug
KG	Kammergericht
Kj.	Kalenderjahr
KK	Karlsruher Kommentar zur Strafprozessordnung
Kl.	Kläger
kl.	klagend
Kom.	Komitee, Kommission
Komm.	Kommentar
krit.	kritisch
lfd.	laufend
Lit.	Literatur
lit.	litera
Lkw	Lastkraftwagen
Ls.	Leitsatz
lt.	laut
LT-Drs.	Landtags-Drucksache
mÄnd	mit Änderungen
mAnm	mit Anmerkung
maW	mit anderen Worten
Mat.	Materialien
max.	maximal
MBl.	Ministerialblatt
mE	meines Erachtens
mind.	mindestens
Mio.	Million(en)
Mitt.	Mitteilung(en)
mN	mit Nachweisen
Mot.	Motive
Mrd.	Milliarde(n)
mspätÄnd	mit späteren Änderungen
mtl.	monatlich
mwH	mit weiteren Hinweisen
mwN	mit weiteren Nachweisen
mWv	mit Wirkung vom
nachf.	nachfolgend
Nachw.	Nachweise
nF	neue Fassung
Nr.	Nummer
nrkr	nicht rechtskräftig
nv	nicht veröffentlicht
o.	oben, oder
oÄ	oder Ähnliche/s
öffentl.	öffentlich
ÖffR	Öffentliches Recht
og	oben genannte(r, s)
OLG	Oberlandesgericht
oV	ohne Verfasser
Pkw	Personenkraftwagen
Prot.	Protokoll
rd.	rund
RdErl.	Runderlass
RdSchr.	Rundschreiben
RegE	Regierungsentwurf
RGBl.	Reichsgesetzblatt
RiBGH	Richter/-in am Bundesgerichtshof
RiLG	Richter/in am Landgericht
rkr.	rechtskräftig
RL	Richtlinie
Rn.	Randnummer
Rs.	Rechtssache
Rspr.	Rechtsprechung
S.	Seite(n), Satz
s.	siehe
sa	siehe auch
Schr.	Schrifttum, Schreiben
SchuldR	Schuldrecht
Sen.	Senat
Slg.	Sammlung
s.o.	siehe oben
sog.	so genannt
Sp.	Spalte
st.	ständig
Stellungn.	Stellungnahme
Stichw.	Stichwort
StPO	Strafprozessordnung
str.	streitig, strittig
StrafProzR	Strafprozessrecht
StrafR	Strafrecht
StrafVerfR	Strafverfahrensrecht
stRspr	ständige Rechtsprechung
StVR	Straßenverkehrsrecht
s.u.	siehe unten
teilw.	teilweise
Tz.	Textziffer
u.	und
u.a.	und andere, unter anderem
uÄ	und Ähnliches
uÄm	und Ähnliches mehr
UAbs.	Unterabsatz
UAbschn.	Unterabschnitt
uam	und anderes mehr
überarb.	überarbeitet
Überbl.	Überblick
überw.	überwiegend
Übk.	Übereinkommen
uE	unseres Erachtens
Umf.	Umfang
umfangr.	umfangreich

umstr.	umstritten
unstr.	unstreitig
unv.	unverändert, unveränderte Auflage
unveröff.	unveröffentlicht
unzutr.	unzutreffend
Urt.	Urteil
usw	und so weiter
uU	unter Umständen
uvam	und vieles anderes mehr
uvm	und viele mehr
v.	vom, von
va	vor allem
vAw	von Amts wegen
Var.	Variante
Verf.	Verfasser, Verfassung
VerfassungsR	Verfassungsrecht
VergR	Vergaberecht
Verh.	Verhandlung
VerkehrsR	Verkehrsrecht
Veröff.	Veröffentlichung
Vers.	Versicherung
Verw.	Verwaltung
Vfg.	Verfügung
vgl.	vergleiche
vH	von Hundert
VO	Verordnung
VölkerR	Völkerrecht
Vol., vol.	volume (Band)
Vorafl.	Vorauflage
Vorb.	Vorbemerkung
vorl.	vorläufig
Vorschr.	Vorschrift
VRiOLG	Vorsitzende(r) Richter(in) am Oberlandesgericht
vs.	versus
WidvSt.	Wiedereinsetzung in den vorigen Stand
Wiss.	Wissenschaft
wiss.	wissenschaftlich
Wj.	Wirtschaftsjahr
zahlr.	zahlreich
z.B.	zum Beispiel
Ziff.	Ziffer
zit.	zitiert
zT	zum Teil
zul.	zuletzt
zusf.	zusammenfassend
zust.	zustimmend
zutr.	zutreffend
zVb	zur Veröffentlichung bestimmt
ZVR	Zeugnisverweigerungsrecht
zw.	zwischen
zweifelh.	zweifelhaft
zzgl.	zuzüglich
zzt.	zurzeit

Gericht, Az.:	Datum:	Fundstelle:
BGH, 4 StR 608/19	28.01.2020	NStZ 2022, 192

Unangenehmes Urteil

Das Landgericht hat den Angeklagten aus tatsächlichen Gründen freigesprochen, weil es zum eigentlichen Tatgeschehen überhaupt keine Feststellungen treffen konnte. Dabei hat das Landgericht zugunsten des Angeklagten „trotz gegen ihn sprechender gewichtiger Indizien" den Grundsatz in dubio pro reo angewandt.

Der Angeklagte hat gegen dieses Urteil Revision eingelegt und mit der Sachrüge begründet. Er ist der Ansicht, dass die Wortwahl der Strafkammer einem Schuldspruch gleichkomme. Er empfindet die Ausführungen des Gerichts als unangenehm. Dies müsse er als Grundrechtsträger nicht hinnehmen.

Wozu werden Sie ihm raten?

A. Zulässigkeit der Revision	B. Begründetheit der Revision
I. Statthaftigkeit II. Rechtsmittelbefugnis **III. Beschwer (Freispruch)** IV. Form/Frist d. Einlegung V. Form/Frist d. Begründung VI. kein(e) Rücknahme/Verzicht	I. Prozessvoraussetzungen/-hindernisse II. Verfahrensfehler (absoluter/relativer) III. Sachrüge

Obersatz:
Die Revision könnte unzulässig sein, da der Angeklagte durch das freisprechende Urteil nicht beschwert ist.

Problem:
Fraglich ist, ob der Angeklagte durch die Gründe des freisprechenden Urteils beschwert ist, da er im Tenor kein besseres Ergebnis erreichen kann.

Lösung:
Der Angeklagte ist durch das freisprechende Urteil nicht beschwert. Nach ständiger Rechtsprechung muss sich die unmittelbare Beeinträchtigung der Rechte des Rechtsmittelführers aus dem Tenor selbst und nicht nur aus den Entscheidungsgründen ergeben. Rechts- und Interessenverletzungen durch die Gründe der Entscheidung sind der Überprüfung durch ein Rechtsmittelgericht grundsätzlich entzogen. Ein Ausnahmefall liegt nicht vor:

1) Zwar kann in seltenen Ausnahmefällen ein freisprechendes Urteil durch die Art seiner Begründung Grundrechte verletzen. So kann in einzelnen Ausführungen eine Grundrechtsverletzung erblickt werden, wenn sie – für sich genommen – den Angeklagten so schwer belastet, dass eine erhebliche, ihm nicht zumutbare Beeinträchtigung eines grundrechtlich geschützten Bereichs festzustellen ist, die durch den Freispruch nicht aufgewogen wird. Das ist aber nicht schon dann anzunehmen, wenn die Entscheidungsgründe einzelne, den Beschwerdeführer belastende, unangenehme oder für ihn „unbequeme" Ausführungen enthalten.
Unter Anwendung dieser Maßstäbe liegt ein Ausnahmefall, der zum Zwecke der Wahrung der verfassungsmäßigen Rechte des Angeklagten einfach-rechtlich die Zulässigkeit seiner Revision zur Folge haben muss, nicht vor. Aus welchen Feststellungen oder Wertungen genau sich eine schlechthin unerträgliche Beschwer für den Angeklagten ergeben soll, legt die Revision nicht dar; solches ist auch nicht ersichtlich. Für den Angeklagten schlicht unangenehme Aussagen reichen jedenfalls nicht aus.

2) Nach dem EGMR kann die durch Art. 6 Abs. 2 EMRK garantierte Unschuldsvermutung auch durch ein freisprechendes Urteil verletzt werden. Es soll dafür nicht nur auf den Tenor der freisprechenden Entscheidung, sondern auch auf die Urteilsbegründung ankommen. Ein Konventionsverstoß kann etwa zu bejahen sein, wenn das nationale Gericht im Falle des Freispruchs aus tatsächlichen Gründen in den Urteilsgründen zum Ausdruck bringt, es sei von der Schuld des Angeklagten tatsächlich überzeugt. So liegt es hier indes nicht. Das Landgericht hat den Angeklagten aus tatsächlichen Gründen freigesprochen, weil es zum eigentlichen Tatgeschehen überhaupt keine Feststellungen treffen konnte. Der Vortrag der Revision, die Wortwahl der Strafkammer komme einem Schuldspruch gleich, verfängt nicht. Vielmehr hat das Landgericht den Angeklagten nach dem Grundsatz in dubio pro reo „trotz gegen ihn sprechender gewichtiger Indizien" freigesprochen.

Vorschlag:
Der Angeklagte sollte seine Revision zurücknehmen.

Gericht, Az.:	**Datum:**	**Fundstelle:**
BGH, 4 StR 374/19	18.03.2020	NStZ 2022, 310 ff.

Termine, Termine

Das Landgericht hat den Angeklagten wegen Betäubungsmittel- und Waffendelikten zu einer Gesamtfreiheitsstrafe von neun Jahren und sechs Monaten verurteilt. Folgendes Geschehen liegt dem zugrunde:

Nach dem Geschäftsverteilungsplan des Landgerichts für das Jahr 2016 war für das vorliegende Verfahren die 3. große Strafkammer zuständig, die mit dem Vorsitzenden Richter am Landgericht A, dem Richter am Landgericht B und dem Richter am Landgericht C (im Folgenden: RLG C) besetzt war. Die Strafkammer eröffnete das Hauptverfahren mit Beschluss vom 2. November 2016; vom Vorsitzenden wurden 25 Hauptverhandlungstage in der Zeit vom 29. November 2016 bis zum 21. März 2017 angesetzt, u.a. am 13. und am 22. Dezember 2016. Der Verteidiger erhielt die Ladung mit der Mitteilung der Besetzung der Strafkammer, u.a. mit den vorgenannten drei Berufsrichtern, am 11. November 2016. Am 18. November 2016 wurde mitgeteilt, dass an Stelle des RLG C Richter D an der Hauptverhandlung teilnehmen werde. Die Verteidigung erhob daraufhin am ersten Hauptverhandlungstag, dem 29. November 2016, rechtzeitig einen Besetzungseinwand hinsichtlich des Richters D. Es fehle an einer begründeten Feststellung der Verhinderung des Richters am Landgericht C, der erst nach der Terminierung am 11. November 2016 für die Zeit vom 19. bis zum 23. Dezember 2016 Urlaub beantragt und bewilligt bekommen habe. Auch liege keine unvermeidbare Verhinderung vor, vielmehr wäre der Terminkollision durch eine Änderung der Terminierung zu begegnen gewesen. Nach Erhebung des Besetzungseinwands teilte der Vorsitzende mit, dass RLG C am 23. November 2016 auch Urlaub für den 13. Dezember 2016 beantragt und bewilligt erhalten habe. Die Strafkammer wies am selben Tag den Besetzungseinwand durch Beschluss zurück. Einer förmlichen Feststellung der Verhinderung von RLG C habe es nicht bedurft, weil die Verhinderung wegen Urlaubs offensichtlich sei. Der Eintritt des Vertretungsfalls hätte sich durch eine Aufhebung der Verhandlungstermine vom 13. und 22. Dezember 2016 nicht abwenden lassen, weil zwischen den anberaumten Hauptverhandlungsterminen am Montag, dem 12. Dezember 2016, und Mittwoch, dem 4. Januar 2017, die Höchstdauer der Unterbrechungsfrist des § 229 Abs. 1 StPO überschritten worden wäre. Ein Versuch, einen weiteren Verhandlungstermin einzuschieben, sei wegen der Vielzahl der Verfahrensbeteiligten nicht erfolgversprechend gewesen. Auch die Gegenvorstellung der Verteidigung wies die Strafkammer unter Bezugnahme auf die Gründe dieses Beschlusses zurück.

Der Verteidiger möchte das Urteil anfechten. Er berichtet, dass auf seine telefonische Anfrage vor dem Beginn der Hauptverhandlung und der Frage nach dem Grund der Besetzungsänderung der Vorsitzende ihm mitgeteilt habe, „man wolle Herrn RLG C die Teilnahme an dem Umfangsverfahren ersparen, da er zum Jahreswechsel in eine andere Kammer versetzt werde, deshalb habe er nun Urlaub angemeldet". Der Verteidiger sieht einen offensichtlichen Verhinderungsgrund nur in Erholungsurlaub, der vor einer Kollision mit später entstandenen Terminen beantragt und bewilligt war. Die Verhinderung des RLG C hätte nach seiner Ansicht zudem durch Aufhebung der Terminstage vom 13. und 22. Dezember 2016, wobei die Unterbrechungsfrist des § 229 Abs. 1 StPO gewahrt geblieben wäre, beseitigt werden können.

Kann er mit seinen Bedenken erfolgreich die Revision begründen?

A. Zulässigkeit der Revision	B. Begründetheit der Revision
I. Statthaftigkeit	I. Prozessvoraussetzungen/-hindernisse
II. Rechtsmittelbefugnis	
III. Beschwer	**II. Verfahrensfehler** (**absoluter**/relativer)
IV. Form/Frist d. Einlegung	**§ 338 Nr. 1 StPO – Urlaubsgewährung nach Terminierung**
V. Form/Frist d. Begründung	
VI. kein(e) Rücknahme/Verzicht	III. Sachrüge

Obersatz:
Es könnte ein anfechtbarer Verstoß gegen Art. 101 Abs. 1 Satz 2 GG vorliegen, indem das Gericht dem Besetzungseinwand nicht gefolgt ist und das Urteil mit Richter D gefällt hat.

Problem:
Fraglich ist, ob Richter D der gesetzliche Richter war und welcher Sachverhalt zu prüfen ist?

Lösung:
1) Mit der Revision kann nicht geltend gemacht werden, RLG C habe gezielt Urlaub genommen, um sich wegen einer geplanten Versetzung in eine andere Strafkammer zum Jahreswechsel die Teilnahme an dem bis in das neue Geschäftsjahr terminierten Umfangverfahren zu ersparen, da die Rüge bereits präkludiert ist. Der Angeklagte hat diesen Einwand nicht zum Gegenstand seiner Besetzungsrüge gemacht. Die Zulässigkeit einer Besetzungsrüge setzt voraus (§ 338 Abs. 1 Nr. 1b StPO), dass der Besetzungseinwand bereits in der Hauptverhandlung vor dem Landgericht „rechtzeitig und in der vorgeschriebenen Form" geltend gemacht worden ist. § 338 Abs. 1 Nr. 1b StPO nimmt Bezug auf § 222b Abs. 1 Satz 2 StPO, der bestimmt, dass die Tatsachen, aus denen sich die vorschriftswidrige Besetzung ergeben soll, anzugeben sind. Alle Beanstandungen müssen gleichzeitig geltend gemacht werden (§ 222b Abs. 1 Satz 3 StPO). Ein Nachschieben von Gründen ist nicht statthaft.
2) Eine förmliche Feststellung der Verhinderung von RLG C durch den Präsidenten des Landgerichts war nicht erforderlich, weil eine Verhinderung durch Urlaub offenkundig ist. Dies gilt auch dann, wenn von dem Urlaub des Mitglieds des Spruchkörpers nur einzelne Sitzungstage einer auf mehrere Tage anberaumten Hauptverhandlung betroffen sind oder der Urlaub erst beantragt und bewilligt wird, nachdem ein Verfahren bereits terminiert und eine Besetzungsmitteilung erfolgt war. Die grundsätzliche Bestimmung des gesetzlichen Richters durch die Terminierung führt nicht dazu, dass damit die mitwirkenden Richter unabänderlich feststünden, da auch anschließend eine Änderung der Richterbank eintreten kann, etwa durch Krankheit, Abordnung, Eintritt in den Ruhestand, anderweitige vorrangige Dienstgeschäfte oder auch Urlaub. Es begegnet daher keinen rechtlichen Bedenken, wenn einem nach dem Geschäftsverteilungsplan für die Mitwirkung an dem Verfahren bestimmten Richter auch nach der Terminierung einer Hauptverhandlung und nach Mitteilung der Besetzung Urlaub an Tagen gewährt wird, die als Sitzungstage anberaumt sind, wenn dies mit den dienstlichen Belangen zu vereinbaren ist.
3) Der Vorsitzende musste dem Eintritt des Verhinderungsfalles auch nicht durch eine kurzfristige Änderung der Terminierung Rechnung tragen; vielmehr steht diese Entscheidung in seinem Ermessen. Einzustellen ist dabei u.a., dass Haftsachen eine besonders zügige Terminierung verlangen, die Terminierungsmöglichkeiten in der Regel durch die weiteren anhängigen Verfahren und durch die nicht uneingeschränkte terminliche Verfügbarkeit der weiteren Verfahrensbeteiligten begrenzt sind. Anhaltspunkte für einen willkürlichen Ermessensfehlgebrauch sind nicht ersichtlich. Dieser ergibt sich nicht daraus, dass die Strafkammer annahm, bei einer Aufhebung der Terminstage am 13. und 22. Dezember 2016 werde die Höchstdauer einer gemäß § 229 Abs. 1 StPO zulässigen Unterbrechung überschritten, da an den anberaumten Hauptverhandlungstagen vom 12. Dezember 2016 und 4. Januar 2017 der zuständige Richter nicht verhindert war. Nach der überwiegenden Ansicht (vgl. BGH, NStZ 2020, 622 Rn. 4) ist dies zutreffend. Sieht man mit dem 4. Senat beim BGH hier die Frist aber auch bei einer Unterbrechungszeit von 22 Tagen noch als gewahrt an, liegt allenfalls ein vertretbarer Rechenfehler vor.

Vorschlag:
Der Verteidiger sollte von einer Revision Abstand nehmen.

Gericht, Az.:	Datum:	Fundstelle:
BGH, 3 StR 386/20	15.12.2020	NStZ 2022, 164 ff.

Hieb- und stichfest

Das Landgericht hat den Angeklagten wegen gefährlicher Körperverletzung zu einer Freiheitsstrafe von zwei Jahren und sechs Monaten verurteilt.

Nach den vom Landgericht getroffenen Feststellungen beabsichtigte der Angeklagte, die Nebenklägerin zu töten. Zu diesem Zweck bewaffnete er sich heimlich mit einem Springmesser und stieg unter dem Vorwand, zu Bekannten gefahren werden zu wollen, zu ihr ins Auto. Auf der Fahrt verhielt er sich friedfertig, um die Nebenklägerin in Sicherheit zu wiegen. Er dirigierte sie an eine einsame Stelle, wo er die Enge der Fahrerkabine für die Tat ausnutzen wollte. An einem solchen Ort angekommen, spiegelte er ihr vor, aussteigen zu wollen. Nachdem die ahnungslose Nebenklägerin den Wagen weisungsgemäß angehalten hatte, zog der Angeklagte das Messer. Zu diesem Zeitpunkt hatte er den Entschluss, sie zu töten, jedoch aufgegeben. Stattdessen wollte er sie jetzt nur noch mit dem Tod bedrohen und hierdurch erreichen, dass sie die Beziehung zu ihm fortsetzt. Hierzu stach er dergestalt in Richtung ihres Bauch- und Brustbereichs, dass die Messerspitze jeweils auf ihrem Körper aufsetzte, die Kleidung aber nicht durchstach. Dabei nahm er Verletzungen der Nebenklägerin billigend in Kauf. Tatsächlich erlitt sie unter anderem einen Schnitt an der Handinnenfläche, weil sie in Panik in die Klinge griff und diese von sich wegdrückte.

Das Landgericht hat die Tat nicht nur als Körperverletzung mittels eines gefährlichen Werkzeugs (§ 224 Abs. 1 Nr. 2 StGB), sondern auch mittels eines hinterlistigen Überfalls im Sinne des § 224 Abs. 1 Nr. 3 StGB gewürdigt.

Damit ist der Angeklagte nicht einverstanden. Was halten Sie von der Sache?

A. Zulässigkeit der Revision	*B. Begründetheit der Revision*
I. Statthaftigkeit	*I. Prozessvoraussetzungen/-hindernisse*
II. Rechtsmittelbefugnis	
III. Beschwer	*II. Verfahrensfehler (absoluter/relativer)*
IV. Form/Frist d. Einlegung	
V. Form/Frist d. Begründung	***III. Sachrüge (rechtliche Würdigung)***
VI. kein(e) Rücknahme/Verzicht	***§ 224 Abs. 1 Nr. 3 StGB – hinterlistiger Überfall***

Obersatz:
Es könnte ein anfechtbarer Verstoß gegen § 224 Abs. Nr. 3 StGB vorliegen, indem das Gericht den Angeklagten insoweit für schuldig befunden hat.

Problem:
Fraglich ist, ob die Körperverletzung mittels eines hinterlistigen Überfalls verwirklicht wurde.

Lösung:
Hinterlistig ist ein Überfall, wenn der Täter planmäßig in einer auf Verdeckung der wahren Absicht berechneten Weise vorgeht, um dem Gegner die Abwehr des nicht erwarteten Angriffs zu erschweren und die Vorbereitung auf seine Verteidigung nach Möglichkeit auszuschließen. Es muss also ein Überraschungsangriff beabsichtigt, die wahre Absicht verdeckt und der Überfall gezielt in einer für das Opfer überraschenden Weise durchgeführt werden. Hierfür genügen in der Regel das Entgegentreten mit vorgetäuschter Friedfertigkeit oder ein von Heimlichkeit geprägtes Vorgehen. Das bloße Ausnutzen eines Überraschungsmoments reicht dagegen nicht aus. Hieran gemessen lag ein hinterlistiger Überfall vor. Denn der Angeklagte täuschte Friedfertigkeit vor und stellte der Nebenklägerin eine Falle, indem er sie an einen einsamen Ort lotste und sie dort unter einem Vorwand anhalten ließ, um sie mit seinem verborgenen Messer zu töten. Dass er diese Absicht direkt vor der eigentlichen Tathandlung aufgab und den Angriff nur noch mit bedingtem Verletzungsvorsatz ausführte, steht der Annahme von Hinterlist nicht entgegen. Der Tatbestand des § 224 Abs. 1 Nr. 3 StGB setzt nicht voraus, dass der Täter bis zur letzten Ausführungshandlung mit Verletzungsabsicht vorgeht. Welche Vorsatzform für den subjektiven Tatbestand der Körperverletzung mittels hinterlistigen Überfalls erforderlich ist, ist nicht abschließend geklärt. Während die Kommentarliteratur teilweise ausdrücklich einen dolus directus und die Rechtsprechung regelmäßig das planmäßige Verbergen der "Verletzungsabsicht" verlangt, findet sich andernorts der pauschale Hinweis, im Hinblick auf das Grunddelikt genüge bei § 224 StGB grundsätzlich bedingter Vorsatz. Der vorliegende Fall ist indes durch eine Zweistufigkeit gekennzeichnet, in welcher der Angeklagte zunächst in Verletzungsabsicht – die als Minus in der Tötungsabsicht enthalten war – vorging und diese planmäßig vor der Nebenklägerin verbarg. Er lockte sein Opfer trickreich in einen Hinterhalt, um es dort überraschend anzugreifen. Erst danach wechselte sein Vorsatz. Die Verletzung war nun nicht mehr sein Primärziel, er nahm sie im Folgenden nur noch billigend in Kauf. Gleichwohl ging der Angeklagte zäsurlos und überfallartig zum Angriff über, für den er die von ihm zuvor geschaffene Überraschungssituation ausnutzte. Jedenfalls in einer solchen Konstellation begeht der Täter die Körperverletzung mittels des hinterlistigen Überfalls. Der Wortlaut der Vorschrift verlangt keine Einschränkung auf Fälle, in denen der Täter das Opfer absichtlich verletzt. Schließlich fügt sich diese Auslegung von § 224 Abs. 1 Nr. 3 StGB in die Systematik der Vorschrift ein. Bei den anderen Tatvarianten – denen allen gemein ist, dass die entsprechende Begehungsweise die abstrakte Gefährlichkeit der Tat erhöht – ist ebenfalls anerkannt, dass für die Verwirklichung des Grunddelikts Eventualvorsatz genügt. Übertragen auf das Tatbestandsmerkmal der Hinterlist bedeutet dies, dass der Täter nur wissen muss, dass sein Täuschungsmanöver die Körperverletzung ermöglicht oder erleichtert und potentiell in ihrer Erheblichkeit erhöht.

Vorschlag:
Sie sollten dem Angeklagten raten, keine Revision einzulegen.

Gericht, Az.:	Datum:	Fundstelle:
BGH, 4 StR 533/20	17.02.2021	NStZ 2022, 188

Bewegende Bilder

Das Landgericht hat den Angeklagten wegen sexuellen Missbrauchs von Kindern und anderen Delikten zu einer Gesamtfreiheitsstrafe von neun Jahren und sechs Monaten verurteilt.

In der Hauptverhandlung am 10. Juni 2020 ordnete die Strafkammer gemäß § 247 StPO für die Dauer der Vernehmung der Nebenklägerin die Entfernung des Angeklagten aus dem Sitzungszimmer an. Wie aus dem Hauptverhandlungsprotokoll hervorgeht, wurden während der anschließenden in Abwesenheit des Angeklagten durchgeführten Zeugenvernehmung der Nebenklägerin mehrere vom Verteidiger überreichte Lichtbilder in Augenschein genommen.

Nach Abschluss der Befragung unterrichtete der Vorsitzende den wieder anwesenden Angeklagten über die Aussage der Nebenklägerin. Eine erneute Augenscheinnahme der Lichtbilder erfolgte nicht. Sie wurden aber im Urteil zum Gegenstand der Beweiswürdigung gemacht. Woher sie stammten, eröffnete der Verteidiger nicht.

Der Angeklagte ist mit dem Urteil unzufrieden und möchte wissen, ob Sie eine Anfechtungsmöglichkeit sehen?

A. Zulässigkeit der Revision	B. Begründetheit der Revision
I. Statthaftigkeit II. Rechtsmittelbefugnis III. Beschwer IV. Form/Frist d. Einlegung V. Form/Frist d. Begründung VI. kein(e) Rücknahme/Verzicht	I. Prozessvoraussetzungen/-hindernisse **II. Verfahrensfehler (absoluter/**relativer) **§§ 230 Abs. 1, 247, 338 Nr. 5 StPO – weitere Beweiserhebung** III. Sachrüge

Obersatz:
Es könnte ein anfechtbarer Verstoß gegen § 230 Abs. 1 StPO vorliegen, indem das Gericht die Lichtbilder während der Abwesenheit des Angeklagten in Augenschein genommen hat. Es handelt sich bei diesem Verstoß um einen absoluten Revisionsgrund gemäß § 338 Nr. 5 StPO.

Problem:
Fraglich ist, ob das Gericht hier mit der Inaugenscheinnahme während der Abwesenheit des Angeklagten eine von § 230 Abs. 1 StPO verbotene Verhandlung durchgeführt hat. Von dem Verbot des § 230 Abs. 1 StPO, nicht ohne Angeklagten zu verhandeln, erlaubt § 247 StPO eine Ausnahme für Zeugenvernehmungen. Findet aber ein anderer wesentlicher Teil der Hauptverhandlung während der Vernehmung unter Ausschluss des Angeklagten statt, bedarf es hierfür einer weiteren Erlaubnisnorm. Eine solche gibt es für die durchgeführte Inaugenscheinnahme nicht.

Lösung:
Aufgrund der Beweiskraft des Hauptverhandlungsprotokolls gemäß § 274 StPO steht fest, dass die Lichtbilder nicht lediglich als Vernehmungsbehelf Verwendung fanden, sondern Gegenstand einer förmlichen Beweiserhebung durch Einnahme eines Augenscheins waren. Nach dem im Regelungszusammenhang des § 247 StPO aufgrund der hohen Bedeutung der Anwesenheit des Angeklagten in der Hauptverhandlung eng auszulegenden Begriff der Vernehmung ist die Erhebung eines anderweitigen Sachbeweises, selbst wenn er in engem Zusammenhang mit der Vernehmung steht, nicht Teil der Vernehmung, sodass die Durchführung der Beweiserhebung in Abwesenheit des Angeklagten durch den Entfernungsbeschluss nach § 247 StPO nicht gedeckt wird. Die Inaugenscheinnahme hätte daher nach § 230 Abs. 1 StPO nicht in Abwesenheit des Angeklagten erfolgen dürfen.
Der Verfahrensverstoß ist nicht durch eine Wiederholung des Augenscheins in Anwesenheit des Angeklagten geheilt worden.
Das Beruhen wird gemäß § 338 Nr. 5 StPO gesetzlich vermutet. Eine Verfahrenskonstellation, in welcher ein Beruhen des Urteils auf dem Rechtsfehler denkgesetzlich ausgeschlossen ist, liegt ebenfalls nicht vor. Selbst wenn – was allerdings angesichts der unterbliebenen Mitwirkung des Angeklagten an und seiner fehlenden Kenntnis von der Beweiserhebung zweifelhaft erscheint – ein denkgesetzlicher Ausschluss des Beruhens in Betracht zu ziehen wäre, falls dem Angeklagten das Augenscheinobjekt in einer nicht hinter der Augenscheinnahme zurückbleibenden Weise bekannt geworden ist, lägen diese Voraussetzungen nicht vor. Denn es steht weder zweifelsfrei fest, dass die vom Verteidiger vorgelegten Lichtbilder vom Angeklagten stammen, noch besteht eine erfolgsversprechende Möglichkeit, die Herkunft der Bilder freibeweislich zu klären.

Antrag:
Auf die Revision des Angeklagten wird das Urteil des Landgerichts ... vom ... mit den Feststellungen aufgehoben. Die Sache wird zu neuer Verhandlung und Entscheidung, auch über die Kosten des Rechtsmittels, an eine andere Strafkammer des Landgerichts zurückverwiesen.

Tipp:
§ 338 Nr. 5 StPO und § 230 Abs. 1 StPO sind sehr häufig Gegenstand von Revisionsklausuren. Die Konstellationen und Problemkreise hierzu sollten Sie kennen. Schauen Sie hierzu bitte in das Kursskript, den Kommentar oder kommen Sie in den nächsten Kurs. In dieser Problematik sollten Sie gut vorbereitet sein.

Gericht, Az.:	Datum:	Fundstelle:
BGH, 5 StR 500/20	28.04.2021	NStZ 2022, 40 f.

Keine Rangelei unter Bekannten

Das Landgericht hat den Angeklagten wegen versuchten Totschlags in Tateinheit mit gefährlicher Körperverletzung (Fall 2) und wegen gefährlicher Körperverletzung (Fall 1) zu einer Gesamtfreiheitsstrafe von sieben Jahren und sechs Monaten verurteilt und eine Maßregelentscheidung getroffen.

Nach den Feststellungen des Landgerichts traf der vielfach – auch wegen gefährlicher Körperverletzung – vorbestrafte drogenabhängige Angeklagte den ihm aus der Haft bekannten Nebenkläger in den Abendstunden des 16. Dezember 2019. Zwischen beiden kam es zum Streit. Nach einer verbalen Auseinandersetzung attackierte der Nebenkläger den Angeklagten mit Faustschlägen gegen den Kopf und forderte ihn auf, die Auseinandersetzung an einem anderen Ort körperlich auszutragen. Damit war der Angeklagte einverstanden, beide gingen stadteinwärts. Unterwegs nahm der Angeklagte einen mitgeführten Schraubenzieher mit ca. 15 cm langer Spitze in die Hand und stach damit überraschend dem Nebenkläger in den Bauch, um ihn zu verletzen. Der Nebenkläger wurde oberhalb des Nabels am Bauch getroffen und erlitt einen 5 cm langen und 0,7 cm breiten Kratzer (Tat 1). Er hatte mit einer Auseinandersetzung mit Fäusten, aber nicht mit dem Einsatz von Werkzeugen oder Waffen gerechnet und ergriff zu seiner Verteidigung eine in der Nähe gelegene Holzlatte, woraufhin der Angeklagte flüchtete. Der Angeklagte ging nun zu einem Café, wo er sein Fahrrad abgestellt hatte. Von dort fuhr er zu einer Wohnung, in der er – nicht ausschließbar – Crystal und Heroin konsumierte. Bewaffnet mit einem ca. 60 cm langen mit Paketband umwickelten Besenstiel und einem 30 cm langen Küchenmesser fuhr er kurz nach Mitternacht zurück zum Café, weil er davon ausging, dort den Nebenkläger anzutreffen. Das Messer und den Besenstiel als Schlagstock nahm er mit, um gegen den größeren und schwereren Nebenkläger gerüstet zu sein; zudem beeinträchtigte ihn eine schmerzhafte Schulterverletzung. Als er den Nebenkläger vor dem Café mit anderen erblickte, fuhr er schnell mit dem Fahrrad an ihn heran, stieg ab, lief mit erhobenem Schlagstock auf ihn zu und versuchte, ihn damit zu verletzen. Der Nebenkläger hob zum Schutz das Fahrrad auf und hielt es vor sich, um sich vor Schlägen des Angeklagten zu schützen. Zuletzt warf er das Fahrrad in Richtung des Angeklagten, der dadurch zu Fall kam. Der Nebenkläger konnte dem Angeklagten den Schlagstock entwenden und ließ ihn zu Boden fallen. Es folgte eine Rangelei der beiden. Der Nebenkläger schlug den Angeklagten mit Fäusten, um dessen Angriff zu beenden. Nun zog der Angeklagte das mitgeführte Messer und setzte dieses ein- oder zweimal in einer schneidenden Bewegung gegen den Halsbereich des Nebenklägers ein. Dadurch kam es zur Durchtrennung der Halsschlagader, was sofort zu massivem Blutverlust führte. Der Angeklagte, der erkannte, dass er dem Nebenkläger eine lebensbedrohliche Verletzung zugefügt hatte, war über das Ausmaß der Verletzung schockiert und warf das Messer weg. Anschließend flüchtete er (Tat 2). Der Nebenkläger überlebte aufgrund eines Luftröhrenschnitts mit anschließender Operation. Hierbei kam es zu einer Verletzung des Gesichtsnervs, in deren Folge die Mimik der rechten Gesichtshälfte stark eingeschränkt ist, er das rechte Auge nicht mehr vollständig schließen kann und es beim Sprechen zu Speichelaustritt kommt. Er leidet hierdurch bedingt an erheblichen Schlafstörungen und Kopfschmerzen, meidet aufgrund seiner Einschränkungen soziale Kontakte und hat stark abgenommen.

Das Landgericht ist im Hinblick auf die Vorgeschichte, das Mitführen von Schlagstock und Messer und den schnellen Einsatz des Messers in einem dynamischen Geschehen gegen eine besonders gefährdete Körperregion (Hals) von einem bedingten Tötungsvorsatz ausgegangen, weil der Angeklagte nicht darauf habe vertrauen können, den Nebenkläger nicht tödlich zu treffen.

Der Angeklagte ist damit nicht einverstanden. Er habe doch erklärt, wie geschockt er über die Schwere der Verletzung gewesen sei. Dies sei vom Landgericht überhaupt nicht gewürdigt worden. Was meinen Sie?

A. Zulässigkeit der Revision	B. Begründetheit der Revision
I. Statthaftigkeit II. Rechtsmittelbefugnis III. Beschwer IV. Form/Frist d. Einlegung V. Form/Frist d. Begründung VI. kein(e) Rücknahme/Verzicht	I. Prozessvoraussetzungen/-hindernisse II. Verfahrensfehler (absoluter/relativer) **III. Sachrüge (rechtliche Würdigung) bedingter Tötungsvorsatz**

Obersatz:
Es könnte ein anfechtbarer Verstoß vorliegen, indem das Gericht in Fall 2 einen bedingten Tötungsvorsatz bejahte, ohne in die Gesamtwürdigung den Schock über die Schwere der Tatfolgen einzustellen.

Problem:
Fraglich ist also, ob der Angeklagte in Fall 2 mit zumindest bedingtem Tötungsvorsatz gehandelt hat.

Lösung:
Bedingt vorsätzliches Handeln setzt voraus, dass der Täter den Eintritt des tatbestandlichen Erfolges als möglich und nicht ganz fernliegend erkennt und ihn zudem billigt oder sich um des erstrebten Zieles willen zumindest mit ihm abfindet. Bei äußerst gefährlichen (Gewalt-)Handlungen liegt es nahe, dass der Täter mit der Möglichkeit rechnet, das Opfer könne zu Tode kommen und – weil er mit seinem Handeln gleichwohl fortfährt – einen solchen Erfolg billigend in Kauf nimmt. Eine hohe und zudem anschauliche konkrete Lebensgefährlichkeit der Tatausführung stellt mithin auf beiden Vorsatzebenen das wesentliche auf bedingten Tötungsvorsatz hinweisende Beweisanzeichen dar. Zwar kann im Einzelfall der (Eventual-) Vorsatz fehlen, wenn etwa dem Täter, obwohl er alle Umstände kennt, die sein Vorgehen zu einer das Leben gefährdenden Behandlung machen, das Risiko der Tötung infolge einer psychischen Beeinträchtigung – etwa bei Affekt oder alkoholischer Beeinflussung – nicht bewusst ist (Fehlen des Wissenselements) oder wenn er trotz erkannter objektiver Gefährlichkeit der Tat ernsthaft und nicht nur vage auf ein Ausbleiben des tödlichen Erfolges vertraut (Fehlen des Willenselements). Das Vertrauen auf einen glimpflichen Ausgang lebensgefährdenden Tuns darf dabei aber nicht auf bloßen Hoffnungen beruhen, sondern muss tatsachenbasiert sein. Schon eine Gleichgültigkeit gegenüber dem zwar nicht erstrebten, wohl aber hingenommenen Tod des Opfers rechtfertigt die Annahme bedingten Tötungsvorsatzes.
Davon ausgehend ist die Wertung des Landgerichts nicht als lückenhaft zu beanstanden, im Hinblick auf die Vorgeschichte, das Mitführen von Schlagstock und Messer und den schnellen Einsatz des Messers in einem dynamischen Geschehen gegen eine besonders gefährdete Körperregion (Hals) sei von einem bedingten Tötungsvorsatz auszugehen, weil der Angeklagte nicht darauf habe vertrauen können, den Nebenkläger nicht tödlich zu treffen. Die Erörterungsbedürftigkeit einzelner Tatumstände lässt sich nicht abstrakt, sondern immer nur konkret von Fall zu Fall bestimmen. Bei einem bewussten Einsatz eines 30 cm langen Küchenmessers mit ein oder zwei Schnittbewegungen gegen den Hals des Opfers im Rahmen eines dynamischen Geschehens ohne relevante Einschränkung der Einsichts- und Steuerungsfähigkeit hätte es zur Ablehnung eines Eventualtötungsvorsatzes ganz erheblicher gegenläufiger Gesichtspunkte bedurft, deren Vorliegen das Landgericht indes nicht festgestellt hat. Vor diesem Hintergrund musste die Strafkammer nicht noch einmal ausdrücklich den anschließenden „Schock" des Angeklagten über die Schwere der Verletzung in seine Gesamtwürdigung einstellen, da dies bei Eventualvorsatz nicht stets eine erörterungsbedürftige Besonderheit darstellt. Angesichts des gesamten Verhaltens des Angeklagten und insbesondere seiner absichtlichen Bewaffnung mit einem derart großen Messer zwecks Einsatzes im Rahmen einer Auseinandersetzung bedurften auch eine etwaige affektive Erregung und der mögliche Einfluss konsumierter Betäubungsmittel insoweit keiner weiteren ausdrücklichen Erwähnung.

Ergebnis:
Eine auf die Sachrüge gestützte Revision hätte keine Aussicht auf Erfolg.

Tipp:
Beachten Sie aber, dass das Ergebnis eine Einzelfallbewertung ist.

Gericht, Az.:	Datum:	Fundstelle:
BGH, 4 StR 30/21	10.06.2021	NStZ 2022, 93 f.

Prost und los

Das Landgericht hat den Angeklagten wegen fahrlässiger Tötung in Tateinheit mit fahrlässiger Gefährdung des Straßenverkehrs und mit vorsätzlichem Fahren ohne Fahrerlaubnis sowie wegen versuchten Mordes in Tateinheit mit unerlaubtem Entfernen vom Unfallort, mit vorsätzlicher Trunkenheit im Verkehr und mit vorsätzlichem Fahren ohne Fahrerlaubnis zu einer Gesamtfreiheitsstrafe von fünf Jahren und sechs Monaten verurteilt. Zudem hat es die Unterbringung des Angeklagten in einer Entziehungsanstalt und eine Sperre für die Erteilung einer Fahrerlaubnis von fünf Jahren angeordnet.

Nach den Feststellungen im Urteil verbrachte der wegen Straßenverkehrsdelikten vorbestrafte Angeklagte im September 2016 mehrere Stunden auf einem Fest, auf dem er in der Annahme, später von einem Bekannten abgeholt zu werden, erhebliche Mengen Alkohol sowie Amphetamin konsumierte. Nachdem die übrigen Gäste und ein Shuttle-Bus das Fest verlassen hatten, realisierte der Angeklagte, dass er wider Erwarten nicht abgeholt werden würde. Er befuhr deshalb selbst mit seinem Fahrzeug eine Bundesstraße, um nach Hause zu kommen, obwohl er wusste, dass er nicht über die erforderliche Fahrerlaubnis verfügte, und hätte erkennen können und müssen, dass er aufgrund der genossenen Rauschmittel zum Führen eines Kraftfahrzeugs nicht mehr in der Lage war. Seine Blutalkoholkonzentration betrug zu diesem Zeitpunkt mindestens 1,64‰ und maximal 2,54‰. Infolge überhöhter Geschwindigkeit und seiner drogen- und alkoholbedingten Fahruntüchtigkeit erkannte der Angeklagte einen mit niedriger Geschwindigkeit in seiner Fahrtrichtung vor ihm fahrenden und aus einer Entfernung von 100 Metern erkennbaren Roller zu spät und kollidierte trotz einer noch eingeleiteten Vollbremsung mit diesem, wodurch der Fahrer des Rollers gegen die Windschutzscheibe des Pkw des Angeklagten geschleudert und tödlich verletzt wurde (Fall 1). Obwohl er davon ausging, dass der Rollerfahrer schwer verletzt war und ohne sofortige Hilfe versterben könnte, fuhr der Angeklagte weiter und versenkte sein Fahrzeug anschließend in einem Fluss, um seine vorausgegangenen Straftaten zu verdecken. Ein Versterben des Rollerfahrers infolge der unterlassenen Rettungsmaßnahmen nahm er billigend in Kauf (Fall 2).

Das Landgericht hat angenommen, dass die Steuerungsfähigkeit des Angeklagten bei Begehung der Taten infolge seines Alkohol- und Drogenkonsums nicht ausschließbar erheblich vermindert war (§ 21 StGB). Während es im Fall 2 der Urteilsgründe den Strafrahmen des § 211 StGB gemäß §§ 21, 49 Abs. 1 StGB gemildert hat, hat es im Fall 1 eine Verschiebung des der Zumessung zugrunde gelegten Strafrahmens des § 222 StGB abgelehnt, da bei einer Gesamtwürdigung die Schuldminderung durch schulderhöhende Umstände aufgewogen werde. Als schulderhöhend sei zu werten, dass der Angeklagte mit seiner Trunkenheitsfahrt bis zum Unfall gleich mehrere Delikte verletzt habe und er sich seiner Alkoholisierung ebenso „bewusst" gewesen sei, wie des Umstandes, dass er den Shuttle-Bus hätte nutzen können. Außerdem habe er sich selbstverantwortlich betrunken, was unabhängig von einer für den Täter vorhersehbaren signifikanten Risikoerhöhung zu berücksichtigen sei, da die risikosteigernde Wirkung von Alkohol gerade bei der Teilnahme im Straßenverkehr allgemein bekannt sei.

Der Angeklagte ist der Ansicht, dass das Landgericht seine Schuld im Fall 1 etwas zu schwer gewichtet habe und möchte das Urteil deswegen anfechten. Würden Sie ihm dazu raten?

A. Zulässigkeit der Revision	B. Begründetheit der Revision
I. Statthaftigkeit	I. Prozessvoraussetzungen/-hindernisse
II. Rechtsmittelbefugnis	
III. Beschwer	II. Verfahrensfehler (absoluter/relativer)
IV. Form/Frist d. Einlegung	
V. Form/Frist d. Begründung	**III. Sachrüge (Strafrahmenverschiebung)**
VI. kein(e) Rücknahme/Verzicht	**§§ 21, 49 Abs. 1 StGB – ausreichende/richtige Darlegung**

Obersatz:
Es könnte ein anfechtbarer Verstoß gegen die §§ 21, 49 Abs. 1 StGB vorliegen, indem das Gericht in Fall 1 eine Strafrahmenverschiebung zugunsten des Angeklagten ablehnte.

Problem:
Fraglich ist, ob die Ermessensentscheidung rechtsfehlerfrei ist oder Lücken und Widersprüche aufweist.

Lösung:
Über die fakultative Strafrahmenverschiebung nach §§ 21, 49 Abs. 1 StGB entscheidet das Tatgericht nach seinem pflichtgemäßen Ermessen aufgrund einer Gesamtabwägung aller schuldrelevanten Umstände; insoweit steht dem Tatgericht ein weiter Ermessensspielraum zu. Im Rahmen seiner Ermessensausübung hat das Tatgericht zunächst zu berücksichtigen, dass aufgrund der erheblichen Verminderung der Schuldfähigkeit der Schuldgehalt der Tat in aller Regel verringert ist. Um dem Prinzip zu genügen, dass die Strafe das Maß der Schuld nicht überschreiten darf, erfordert die Versagung einer Strafrahmenverschiebung nach §§ 21, 49 Abs. 1 StGB deshalb schulderhöhende Umstände, die diese Schuldmilderung kompensieren. Beruht die erhebliche Verminderung der Schuldfähigkeit auf einer selbst zu verantwortenden Trunkenheit, kann dies allein zwar die Versagung einer Strafrahmenverschiebung tragen, auch wenn eine vorhersehbare signifikante Erhöhung des Risikos der Begehung von Straftaten aufgrund der persönlichen und situativen Verhältnisse des Einzelfalls nicht festgestellt ist. Dies bedeutet allerdings nicht, dass im Fall selbstverschuldeter Trunkenheit eine Strafmilderung stets zu versagen ist. Vielmehr obliegt es dem Tatgericht zu bewerten, ob das Gewicht dieses Umstandes im konkreten Einzelfall hoch genug ist, um die aufgrund der erheblich verminderten Einsichts- oder Steuerungsfähigkeit verringerte Tatschuld aufzuwiegen.
Gemessen hieran hält die tatrichterliche Ermessensentscheidung im Fall 1 rechtlicher Überprüfung nicht stand. Die Erwägungen des Landgerichts sind lückenhaft und nicht frei von Widersprüchen. Das Landgericht hat zwar im Grundsatz zutreffend die selbstverantwortete Trunkenheit als schulderhöhend gewertet, dabei aber nicht bedacht, dass der Angeklagte nach den Feststellungen im Zeitpunkt des Sich-Betrinkens nicht in Fahrbereitschaft war, sondern bis zuletzt davon ausging, abgeholt zu werden. Diesen Umstand hätte das Landgericht im Rahmen der erforderlichen Gesamtwürdigung mit Blick auf den dem Angeklagten zur Last gelegten Vorwurf einer Trunkenheitsfahrt und der hierdurch verursachten fahrlässigen Tötung nicht unberücksichtigt lassen dürfen. Soweit das Landgericht darüber hinaus in seine Erwägungen als schulderhöhend eingestellt hat, dass dem Angeklagten seine Alkoholisierung bewusst gewesen sei, ist dies mit der Feststellung, der Angeklagte habe im Hinblick auf das Fahren in fahruntüchtigem Zustand und die hierdurch verursachte Gefährdung lediglich fahrlässig gehandelt, nicht vereinbar. Schließlich kann auch aus dem Umstand, dass dem Angeklagten – wie er wusste – ein Shuttle-Bus zur Verfügung stand, nicht auf eine erhöhte Tatschuld geschlossen werden. Denn der Angeklagte ging nach den Feststellungen davon aus, abgeholt zu werden und deshalb den Shuttle-Bus nicht zu benötigen. Es ist aufgrund dieser rechtsfehlerhaften Erwägungen nicht auszuschließen, dass das Landgericht von einem zu hohen Schuldgehalt ausgegangen ist. Der Fehler berührt nicht die Feststellungen, die daher bestehen bleiben. Aufzuheben sind die Einzelstrafe im Fall 1 und der Gesamtstrafausspruch.

Antrag:
Auf die Revision des Angeklagten wird das Urteil des Landgerichts ... vom ... im Ausspruch über die im Fall 1 der Urteilsgründe verhängte Einzelstrafe und im Gesamtstrafausspruch aufgehoben und die Sache zu neuer Verhandlung und Entscheidung, auch über die Kosten des Rechtsmittels, an eine andere Strafkammer des Landgerichts zurückverwiesen.

Gericht, Az.:	Datum:	Fundstelle:
BGH, 5 StR 121/21	22.06.2021	NStZ 2022, 698

Das Missverständnis

Das Landgericht hat den Angeklagten zu einer Freiheitsstrafe verurteilt.

In der Beweisaufnahme hatte das Gericht mit einem Beschluss den Beweisantrag des Angeklagten abgelehnt, den Zeugen Y zu vernehmen. Die Strafkammer hatte den Antrag dahin ausgelegt und dies auch im Beschluss dargelegt, dass dieser darauf abstelle, dass der Zeuge wisse, dass der Geschädigte am Tattag ein Messer bei sich geführt habe.

Der Angeklagte kommt am Tag nach dem Urteil zu Ihnen und legt Ihnen dar, dass das Landgericht seinen Beweisantrag missverstanden habe. Er räumt ein, seinen Antrag nicht ganz eindeutig formuliert zu haben. Er habe aber nicht vom Wissen des Zeugen um das konkrete Handlungsgeschehen gesprochen, sondern „eine Gewohnheit des Geschädigten, ein für ihn typisches Verhalten“ in das Wissen des Zeugen gestellt. Aus einer solchen Gewohnheit hätte auf das Verhalten des Geschädigten am Tattag geschlossen werden können. Damit wäre die Annahme des Gerichts vom Handlungsgeschehen und Verhalten des Geschädigten widerlegt gewesen. Der dargelegten Gewohnheit des Geschädigten habe die Strafkammer keine Bedeutung beigemessen.

Er möchte, dass Sie das Urteil aufgrund dieses prozessualen Sachverhalts anfechten. Was werden Sie ihm sagen?

Obersatz:
Es könnte ein anfechtbarer Verstoß gegen § 244 Abs. 3 StPO vorliegen, indem das Gericht den Beweisantrag missverstanden und deswegen abgelehnt hat.

Problem:
Der Beweisantrag ist im vorstehenden Sachverhalt nicht formuliert und kann daher nicht geprüft werden. Unabhängig von einer fehlerhaften Ablehnung des Beweisantrages stellt sich hier die Frage, ob dies vom Angeklagten überhaupt gerügt werden kann, da er seine Rüge darauf stützt, das Gericht habe die Beweistatsache verkannt. Hier stellt sich die Frage, ob der Angeklagte dieses von ihm in der Hauptverhandlung erkannte vermeintliche „Missverständnis“ nicht hätte ausräumen müssen, um eine Entscheidung des Gerichts über die vermeintlich behauptete Tatsache herbeizuführen und sich so eine Rügemöglichkeit zu erhalten.

Lösung:
Ein anfechtbarer Verstoß des Gerichts liegt nicht vor. Eine etwaige Rügemöglichkeit wäre jedenfalls präkludiert.
Nachdem die Strafkammer den Antrag dahin ausgelegt hatte, in das Wissen des Zeugen sei gestellt worden, dass der Geschädigte am Tattag ein Messer bei sich geführt habe, hätte es dem Angeklagten oblegen, ein – vermeintliches – Missverständnis des Landgerichts bezüglich der von ihm aufgestellten Behauptung auszuräumen; da er dies nicht getan hat, kann er die von ihm behauptete fehlerhafte Ablehnung des Antrags nicht mehr zum Gegenstand einer Verfahrensrüge machen.
Ein Fall, in dem eine solche Gegenvorstellung entbehrlich war, weil ein Missverständnis des Gerichts aufgrund der eindeutigen Formulierung des Antrags nicht nachvollzogen werden kann, liegt nicht vor; erst recht bestehen keine Anhaltspunkte dafür, dass das Landgericht die Beweisbehauptung nur deshalb sinnentstellend verkürzt habe, um den Ablehnungsgrund der Ungeeignetheit anwenden zu können: Hinzu kommt, dass nach dem Vorbringen des Angeklagten, wie sein Antrag zu verstehen sei, bereits eine bestimmte Beweisbehauptung und damit ein Beweisantrag im Sinne von § 244 Abs. 3 Satz 1 StPO fraglich erscheint. Wenn – wie nun vom Angeklagten behauptet – „eine Gewohnheit des Geschädigten, ein für ihn typisches Verhalten“ in das Wissen des Zeugen gestellt worden wäre, wäre der Antrag auf die Aufklärung einer solchen Gewohnheit des Geschädigten gerichtet. Damit hätte allenfalls mittelbar auf das Verhalten des Geschädigten am Tattag geschlossen werden können. Daher lag es jedenfalls nicht fern, dies für die Entscheidung des Falles für bedeutungslos zu halten (§ 244 Abs. 3 Satz 3 Nr. 2 StPO).
Angesichts dessen war die von der Strafkammer vorgenommene Auslegung des Antrags, die zur Annahme einer bestimmt behaupteten konkreten, die Schuld- oder Rechtsfolgenfrage betreffenden Tatsache – und damit jedenfalls zu einem Beweisantrag im Rechtssinne – führte, noch nachvollziehbar und deshalb nicht rechtsfehlerhaft; vielmehr beruhte diese Auslegung auch auf der nicht eindeutigen Formulierung des Antrags in der Hauptverhandlung. Dies genügt, um die oben genannte Obliegenheit des Antragstellers zu begründen, ein etwaiges Missverständnis aufzuklären und seine Behauptung gegebenenfalls zu konkretisieren.

Vorschlag:
Der Angeklagte sollte eine Anfechtung des Urteils nicht auf seine Bedenken stützen.

Gericht, Az.:	**Datum:**	**Fundstelle:**
BGH, 3 StR 156/21	29.06.2021	NStZ 2022, 119 f.

Vorhalt ohne Hinterhalt

Das Landgericht hat die Angeklagte wegen schweren sexuellen Missbrauchs von Kindern in Tateinheit mit sexuellem Missbrauch von Schutzbefohlenen zu einer Freiheitsstrafe von einem Jahr und sechs Monaten verurteilt und deren Vollstreckung zur Bewährung ausgesetzt. Zwei Monate der Strafe hat es wegen rechtsstaatswidriger Verfahrensverzögerung für vollstreckt erklärt.

Nach den von der Strafkammer getroffenen Feststellungen missbrauchte die Angeklagte im Januar 2013 gemeinsam mit ihrem ehemaligen und inzwischen verstorbenen Ehemann ihre damals vierjährige Tochter, die Nebenklägerin.

Folgendes Geschehen liegt dem Verfahren zugrunde:
Die sich schweigend verteidigende Angeklagte hatte sich im Frühjahr 2013 in zwei polizeilichen Vernehmungen zur Tat geäußert. Zu ihren damaligen Angaben hörte das Landgericht die jeweiligen Vernehmungsbeamtinnen. Dabei hielt es den Zeuginnen die seinerzeit gefertigten Protokolle vor. Die Beamtin der ersten Vernehmung konnte sich laut den Urteilsfeststellungen "nicht mehr im Detail an die Einzelheiten der von ihr durchgeführten Vernehmung erinnern", bestätigte jedoch, darum bemüht gewesen zu sein, die Angaben der Angeklagten wörtlich aufzunehmen. Die Vernehmungsprotokolle wurden nicht anderweitig als Urkunden in die Hauptverhandlung eingeführt.

In dem angefochtenen Urteil hat die Strafkammer die Vernehmungsprotokolle wörtlich zitiert. Aus dem ersten Protokoll sind eine Frage und die insgesamt 17 Sätze umfassende Antwort der Angeklagten im Wortlaut übernommen. Das Zitat aus der zweiten polizeilichen Vernehmung erstreckt sich nahezu geschlossen über vier Seiten des Urteils.

Das Landgericht hat seine Überzeugung von der Täterschaft der Angeklagten maßgeblich auf ihre geständigen Einlassungen bei den damaligen polizeilichen Vernehmungen gestützt. Es hat im Rahmen der Beweiswürdigung den Wortlaut der zitierten Angaben der Angeklagten analysiert und ist auf dieser Grundlage zu dem Schluss gelangt, dass die Schilderung auf einem realen Erleben basierte. Ergänzend hat die Strafkammer weitere Beweismittel herangezogen.

Sehen Sie einen Verstoß des Gerichts, den der Angeklagte mit Erfolg rügen kann?

A. Zulässigkeit der Revision	B. Begründetheit der Revision
I. Statthaftigkeit *II. Rechtsmittelbefugnis* *III. Beschwer* *IV. Form/Frist d. Einlegung* *V. Form/Frist d. Begründung* *VI. kein(e) Rücknahme/Verzicht*	*I. Prozessvoraussetzungen/-hindernisse* ***II. Verfahrensfehler** (absoluter/**relativer**)* ***§ 261 StPO (Inbegriffsrüge) – Überdehnung v. § 253 StPO*** *III. Sachrüge*

Obersatz:
Es könnte ein anfechtbarer Verstoß gegen § 261 StPO vorliegen, indem das Gericht die Feststellungen zur Täterschaft der Angeklagten nicht aus dem Inbegriff des Beweisergebnisses der Hauptverhandlung gewonnen hat.

Problem:
Hier kommt die Inbegriffsrüge in Betracht. Die polizeilichen Aussagen der Angeklagten aus dem Jahr 2013 waren im Umfang ihrer Verwertung nicht Gegenstand der Beweisaufnahme. Es ist auszuschließen, dass die Strafkammer ihre Überzeugung vom wortgetreuen Inhalt der Vernehmungen allein durch Vorhalte und die darauf erfolgten Aussagen der Zeuginnen gewonnen hat. Eine Verlesung der Vernehmungsprotokolle ist nicht erfolgt.

Lösung:
Die Einführung von Urkunden im Wege des Vorhalts ist möglich. Beweisgrundlage ist in diesen Fällen aber nicht das vorgehaltene Schriftstück, sondern das, was die Vernehmungsperson hierzu erklärt. Nur die Aussage wird zum verwertbaren Teil des Inbegriffs der Verhandlung.
Bei längeren oder komplexen Urkunden besteht die Gefahr, dass der Zeuge den Sinn der schriftlichen Erklärung auf den mündlichen Vorhalt hin nicht richtig oder nur unvollständig erfasst oder sich an den genauen Wortlaut eines Schriftstücks nicht zuverlässig erinnert. In solchen Fällen muss die Urkunde für eine ordnungsgemäße Einführung gemäß § 249 Abs. 1 StPO verlesen werden.
Angesichts der Länge und Komplexität der aus den Protokollen zitierten Äußerungen der Angeklagten ist auszuschließen, dass sich die Polizeibeamtinnen an deren Richtigkeit in dem im Urteil zitierten Umfang im Wortlaut im Einzelnen erinnern konnten. Die Vernehmungen lagen bereits über sieben Jahre zurück. Hinzu kommt, dass eine Zeugin auf Erinnerungslücken verwies und auf Nachfrage lediglich ihre damalige Sorgfalt bei der Niederschrift bestätigte. Dies genügt für die Einführung von Vernehmungsprotokollen mittels Vorhalt nicht.
Das Urteil beruht auf dem Verfahrensverstoß (§ 337 Abs. 1 StPO). Das Landgericht hat die Protokolle, deren umfangreiches originalgetreues Zitat es für geboten hielt, seiner Entscheidung zugrunde gelegt und den Wortlaut der damaligen Angaben der Angeklagten für seine Beweiswürdigung herangezogen.

Antrag:
Auf die Revision der Angeklagten wird das Urteil des Landgerichts ... vom ... mit den Feststellungen aufgehoben. Die Sache wird zu neuer Verhandlung und Entscheidung, auch über die Kosten des Rechtsmittels, an eine andere Strafkammer des Landgerichts zurückverwiesen.

Tipp:
§ 253 StPO erlaubt im Anwendungsbereich der Verbotsnorm des § 250 Satz 2 StPO ausnahmsweise eine Urkundenverlesung anstatt der Erhebung des unmittelbaren Zeugenbeweises durch die Befragung des Vernehmungsbeamten. Es gibt daher in diesem Fall zwei denkbare Beweismittel: Zunächst die Aussage des Zeugen und darüber hinaus den Urkundenbeweis. Verwertbar sind die Beweise aber nur, wenn sie in der Hauptverhandlung ordnungsgemäß erhoben wurden (Zeugenvernehmung/Urkundenverlesung).

Gericht, Az.:	Datum:	Fundstelle:
BGH, 6 StR 298/21	14.07.2021	NStZ 2022, 42 f.

Bei Anruf Revision

Das Landgericht hat den Angeklagten wegen Raubes in Tateinheit mit Körperverletzung, Sachbeschädigung und mit Beleidigung sowie wegen Beleidigung in drei weiteren Fällen zu einer Gesamtfreiheitsstrafe von zwei Jahren und vier Monaten verurteilt und seine Unterbringung in einem psychiatrischen Krankenhaus angeordnet.

Nach den getroffenen Feststellungen hielten sich der alkoholisierte Angeklagte und der Nebenkläger am Tattag auf einer öffentlichen Grünfläche auf. Der Angeklagte forderte den Nebenkläger zum Gehen auf, anderenfalls werde er ihn schlagen. Nachdem der Nebenkläger erwidert hatte, er habe das Recht, sich dort aufzuhalten, schlug der Angeklagte ihm mit der Faust gegen die Schläfe, forderte ihn nochmals zum Gehen auf und versetzte ihm einen Fußtritt. Als nun der Nebenkläger seine Sachen aufnahm und die Örtlichkeit verlassen wollte, erblickte der Angeklagte das am Boden liegende Mobiltelefon des Nebenklägers und nahm dieses an sich, um es zu behalten. Dem Angeklagten war dabei bewusst, dass der durch die vorangegangenen Tätlichkeiten eingeschüchterte Nebenkläger im Falle einer Gegenwehr gegen die Wegnahme des Telefons mit erneuten Tätlichkeiten rechnete, und er machte sich diese Fortwirkung seiner Gewalttätigkeiten als Drohung mit gegenwärtiger Leibesgefahr gegenüber dem Nebenkläger zunutze. Aus Angst vor weiteren Schlägen unterließ der Nebenkläger den Versuch, sein Mobiltelefon gewaltsam zurückzuerlangen.

Der Angeklagte möchte von Ihnen wissen, ob es eine erfolgreiche Anfechtungsmöglichkeit gibt?

A. Zulässigkeit der Revision	B. Begründetheit der Revision
I. Statthaftigkeit II. Rechtsmittelbefugnis III. Beschwer IV. Form/Frist d. Einlegung V. Form/Frist d. Begründung VI. kein(e) Rücknahme/Verzicht	I. Prozessvoraussetzungen/-hindernisse II. Verfahrensfehler (absoluter/relativer) **III. Sachrüge (rechtliche Würdigung)** **§ 249 Abs. 1 StGB - Finalität von Nötigungsmittel und Wegnahme**

Obersatz:
Es könnte ein anfechtbarer Verstoß gegen § 249 Abs. 1 StGB vorliegen, indem das Gericht den Angeklagten deswegen schuldig gesprochen hat.

Problem:
Fraglich ist, ob die Verurteilung wegen Raubes von den Feststellungen getragen wird. Problematisch erscheint die Finalität von Nötigungsmittel und Wegnahme.

Lösung:
Nach ständiger Rechtsprechung des Bundesgerichtshofs muss zwischen der Drohung mit oder dem Einsatz von Gewalt und der Wegnahme beim Raub eine finale Verknüpfung bestehen; Gewalt oder Drohung müssen das Mittel zur Ermöglichung der Wegnahme sein. Deshalb fehlt es an einer solchen Verknüpfung, wenn eine Nötigungshandlung nicht zum Zweck der Wegnahme vorgenommen wird, sondern der Täter den Entschluss zur Wegnahme erst nach Abschluss dieser Handlung fasst. Der Umstand, dass die Wirkungen eines ohne Wegnahmevorsatz eingesetzten Nötigungsmittels noch andauern und der Täter dies ausnutzt, genügt für die Annahme eines Raubes nicht.

Hieran gemessen ist die von § 249 Abs. 1 StGB vorausgesetzte finale Verknüpfung zwischen dem qualifizierten Nötigungsmittel und der Wegnahme nicht festgestellt. Zum Zeitpunkt des Faustschlags und des Fußtritts, mit denen der Angeklagte seiner Forderung an den Nebenkläger, sich zu entfernen, Nachdruck verleihen wollte, hatte er noch nicht vor, dessen Mobiltelefon an sich zu bringen. Bezogen auf den Zeitpunkt nach Abschluss dieser Gewalthandlungen belegen die Feststellungen nicht, dass der Angeklagte – für den Fall geleisteten oder erwarteten Widerstands gegen die Wegnahme – ausdrücklich oder zumindest konkludent mit weiterer Gewalt drohte. Zwar hatte der Nebenkläger weiterhin Angst vor dem Angeklagten; das bloße Ausnutzen der vorangegangenen Nötigung reicht aber mangels einer aktualisierten Drohung erneuter Gewaltanwendung durch den Angeklagten für den Finalzusammenhang nicht aus.

Die Aufhebung des Schuldspruchs wegen Raubes zieht die Aufhebung der hiermit in Tateinheit stehenden Körperverletzung, Sachbeschädigung und Beleidigung nach sich, da bei den neu zu treffenden Feststellungen zur Finalität Wechselwirkungen mit den zu diesen Delikten getroffenen Feststellungen nicht auszuschließen sind. Darüber hinaus entzieht sie der insoweit erkannten Einzelstrafe sowie dem Gesamtstrafausspruch die Grundlage.

Antrag:
Auf die Revision des Angeklagten wird das Urteil des Landgerichts … vom … mit den zugehörigen Feststellungen aufgehoben,

a) soweit der Angeklagte wegen Raubes in Tateinheit mit Körperverletzung, Sachbeschädigung und Beleidigung verurteilt worden ist;
b) im Ausspruch über die Gesamtstrafe.

Im Umfang der Aufhebung wird die Sache zu neuer Verhandlung und Entscheidung, auch über die Kosten des Rechtsmittels, an eine andere Strafkammer des Landgerichts zurückverwiesen.

Tipp:
Die Finalität von Nötigungsmittel und Wegnahme beim Raub ist ein sehr beliebtes Prüfungsthema!

Gericht, Az.:	Datum:	Fundstelle:
BGH, 1 StR 29/21	29.07.2021	NStZ 2022, 126 f.

Ein Schwur ist kein Schwur

Das Landgericht hat den Angeklagten wegen zahlreicher Delikte zu einer Gesamtfreiheitsstrafe von sieben Jahren und sechs Monaten verurteilt. Dem lag folgendes Verfahrensgeschehen zugrunde:

Die beiden für die georgische Sprache zur Hauptverhandlung geladenen Dolmetscher Z und S wurden nach der Präsenzfeststellung vom Vorsitzenden auf ihre Pflichten, treu und gewissenhaft zu übertragen, hingewiesen. Beide Dolmetscher erklärten, sie seien öffentlich bestellt und allgemein beeidigt. Sie versicherten unter Berufung auf ihren allgemein geleisteten Eid, treu und gewissenhaft zu übertragen. Da der Vorsitzende den Angaben der Dolmetscher glaubte, sah er in der Hauptverhandlung davon ab, diesen die Eidesformel nach § 189 Abs. 1 GVG abzunehmen.
Die Dolmetscherin Z hatte jedoch als Dolmetscherin keinen allgemeinen Eid nach dem für sie geltenden Landesgesetz über die öffentliche Bestellung und allgemeine Beeidigung von Dolmetschern und Übersetzern (Dolmetschergesetz – DolmG) in Verbindung mit § 189 Abs. 2 GVG geleistet. Sie wurde allerdings in der Datenbank der Landesjustizverwaltung und einer länderübergreifenden Dolmetscher- und Übersetzerdatenbank als öffentlich bestellte und allgemein beeidigte Übersetzerin für die georgische Sprache geführt.

Tatsächlich hatte Z – wie der Verteidiger des Angeklagten nunmehr herausgefunden hat – das nach dem Landesgesetz vorgeschriebene besondere Justizverwaltungsverfahren zur allgemeinen Anerkennung als Übersetzerin durchlaufen und war damit zur Sprachübertragung für die Sprache georgisch für gerichtliche und behördliche Zwecke als Übersetzerin auf dem Gebiet des Landes öffentlich bestellt und allgemein beeidigt.

Das betreffende Landesdolmetschergesetz unterscheidet Dolmetscher und Übersetzer. Die Tätigkeit der Dolmetscher umfasst die mündliche und schriftliche Übertragung, die der Übersetzer grundsätzlich nur die schriftliche Übertragung einer Sprache.

Dem Angeklagten war die Anklageschrift bereits vor der Eröffnung des Hauptverfahrens in seine Heimatsprache Georgisch übersetzt worden.

Weder in der Hauptverhandlung noch bei einem Gespräch mit seinem Verteidiger über eine Verständigung nach § 257c StPO wies er darauf hin, dass die Übersetzungsleistung der beiden Dolmetscher fehlerhaft oder unzureichend sei.

Der Verteidiger will von Ihnen nun wissen, ob es im Hinblick auf dieses Verfahrensgeschehen eine erfolgreiche Anfechtungsmöglichkeit gibt. Was meinen Sie?

A. Zulässigkeit der Revision	B. Begründetheit der Revision
I. Statthaftigkeit II. Rechtsmittelbefugnis III. Beschwer IV. Form/Frist d. Einlegung V. Form/Frist d. Begründung VI. kein(e) Rücknahme/Verzicht	I. Prozessvoraussetzungen/-hindernisse **II. Verfahrensfehler** (absoluter/**relativer)** **§ 189 Abs. 1 GVG – unterbliebener Voreid** III. Sachrüge

Obersatz:
Es könnte ein anfechtbarer Verstoß gegen § 189 Abs. 1 StPO vorliegen, indem das Gericht die Verhandlung mit einer nicht ordnungsgemäß vorab vereidigten Dolmetscherin Z geführt hat.

Problem:
Das Landgericht hat hier gegen die Vorschriften der § 189 Abs. 1 GVG verstoßen, da die Dolmetscherin Z zwar einen Eid als Übersetzerin nicht aber einen allgemeinen Eid als Dolmetscherin nach dem für sie geltenden Landesgesetz geleistet hatte und daher die Berufung auf diesen gemäß § 189 Abs. 2 StPO ins Leere ging. Fraglich ist aber, ob das Urteil auf diesem Verstoß beruht.

Lösung:
Bei dem Verstoß gegen die Eidespflicht nach § 189 Abs. 1 GVG handelt es sich um einen relativen Revisionsgrund, auf den die Revision nur gestützt werden kann, wenn das Urteil auf der Verletzung des Gesetzes beruht (§ 337 Abs. 1 StPO). Maßgeblich dafür, ob das Beruhen ausgeschlossen werden kann, sind die konkreten Umstände des Einzelfalls.
Gemessen hieran kann vorliegend ein Beruhen des Urteils auf der fehlenden Vereidigung der Z als Dolmetscherin ausgeschlossen werden.
Die in der Hauptverhandlung hinzugezogene Dolmetscherin Z hatte das nach dem Landesgesetz vorgeschriebene besondere Justizverwaltungsverfahren zur allgemeinen Anerkennung als Übersetzerin durchlaufen und war damit zur Sprachübertragung für die Sprache georgisch für gerichtliche und behördliche Zwecke als Übersetzerin auf dem Gebiet des Landes öffentlich bestellt und allgemein beeidigt. Die Dolmetscherin hatte damit einen allgemeinen Eid tatsächlich geleistet, von dem sie sich bei ihrer Tätigkeit hat leiten lassen. Es kann daher hier – anders als etwa im Fall „Eine verschworene Sache" (vgl. Examens-Check Strafrecht 2020, S. 25 f. - fehlendes besonderes Justizverwaltungsverfahren) – ausgeschlossen werden, dass sich die Dolmetscherin ihrer besonderen Verantwortung und ihrer Pflichten zur treuen und gewissenhaften Übertragung nicht bewusst gewesen ist. Dies gilt umso mehr, als die Dolmetscherin darauf nochmals auch ausdrücklich in der Hauptverhandlung durch den Vorsitzenden hingewiesen wurde und keine Anzeichen dafür vorhanden sind, dass sie sich ihrer besonderen Verantwortung im konkreten Fall nicht bewusst war.
Hinzu kommt, dass während der gesamten Hauptverhandlung ein weiterer Dolmetscher, der sich auf seinen allgemeinen Eid berufen hatte, am Verfahren beteiligt war, welcher abwechselnd mit der Dolmetscherin Z übersetzte. Auch hat der Angeklagte weder in der Hauptverhandlung noch bei einem Gespräch mit seinem Verteidiger über eine Verständigung nach § 257c StPO gegenüber den beiden Dolmetschern darauf hingewiesen oder sonst mitgeteilt, dass er die Übersetzungen der Dolmetscherin Z nicht verstehen könne. Es bestehen daher keinerlei Zweifel an deren Sprachkenntnissen und dem für den Einsatz als Dolmetscherin in der Hauptverhandlung erforderlichen Übersetzerqualitäten.
Dem Angeklagten war zudem im vorliegenden Verfahren die den Tatvorwurf enthaltende Anklageschrift bereits vor der Eröffnung des Hauptverfahrens in seine Heimatsprache Georgisch übersetzt worden, sodass ihm – unabhängig von der späteren Hauptverhandlung – der konkrete Tatvorwurf bekannt war.

Vorschlag:
Sie sollten dem Verteidiger raten, die Rüge des von ihm aufgedeckten Verfahrensverstoßes zu unterlassen, da das Urteil auf diesem im vorliegenden Fall ausnahmsweise nicht beruht.

Gericht, Az.:	Datum:	Fundstelle:
BGH, 4 StR 156/21	29.07.2021	NStZ 2022, 30

Augen auf im Straßenverkehr

Das Landgericht hat den Angeklagten neben anderen Taten wegen tateinheitlich mit weiteren Delikten – unter anderem gemäß § 29a Abs. 1 BtMG – begangenen tätlichen Angriffs auf Vollstreckungsbeamte und Widerstands gegen Vollstreckungsbeamte in jeweils vier tateinheitlichen Fällen gemäß § 114 Abs. 1 und § 113 Abs. 1 StGB schuldig gesprochen. Die Einzelstrafe von 7 Jahren für diese tateinheitlich begangenen Taten hat das Landgericht dem Strafrahmen des § 29a Abs. 1 BtMG entnommen. In der Strafzumessung erwähnt das Landgericht die § 114 Abs. 1 und § 113 Abs. 1 StGB nicht. Insgesamt hat das Landgericht den Angeklagten zu einer Gesamtfreiheitsstrafe von neun Jahren verurteilt. Ferner hat es sichergestellte Betäubungsmittel eingezogen und eine Sperre für die Erteilung einer Fahrerlaubnis von vier Jahren angeordnet.

Nach den Feststellungen fuhr der Angeklagte mit dem von ihm gesteuerten Pkw Audi A 6, nachdem er zuvor mehrere Polizeifahrzeuge gerammt und sich auf diese Weise einem ersten Festnahmeversuch entzogen hatte, auf dem Standstreifen der Autobahn mit starker Beschleunigung geradlinig auf vier ihm zu Fuß entgegenlaufende Polizeibeamten zu, die sich nur durch jeweils reaktionsschnelles Ausweichen vor dem herannahenden Fahrzeug in Sicherheit bringen konnten. Der Angeklagte hatte die vier Polizeibeamten wahrgenommen, nicht ausschließbar aber erst zu einem Zeitpunkt, als er nicht mehr auf sie reagieren konnte.

Der Angeklagte ist mit der Verurteilung nicht zufrieden. Er findet die Strafe zu hoch. Finden Sie einen Rechtsfehler, der ihm auf jeden Fall zum Erfolg verhilft?

A. Zulässigkeit der Revision	*B. Begründetheit der Revision*
I. Statthaftigkeit	*I. Prozessvoraussetzungen/-hindernisse*
II. Rechtsmittelbefugnis	
III. Beschwer	*II. Verfahrensfehler (absoluter/relativer)*
IV. Form/Frist d. Einlegung	
V. Form/Frist d. Begründung	***III. Sachrüge (rechtliche Würdigung)***
VI. kein(e) Rücknahme/Verzicht	***§ 16 Abs. 1 StGB – Zeitpunkt der Vorsatzfassung***

Obersatz:
Es könnte ein anfechtbarer Verstoß vorliegen, indem das Gericht den Angeklagten rechtsfehlerhaft wegen § 114 Abs. 1 und § 113 Abs. 1 StGB verurteilte.

Problem:
Fraglich ist vorliegend, ob die Verurteilung des Angeklagten gemäß § 114 Abs. 1 und § 113 Abs. 1 StGB von den getroffenen Feststellungen getragen wird. Möglicherweise ergibt sich aus den Feststellungen nicht, dass der Vorsatz bei der Begehung des in vier tateinheitlich begangenen Fällen des tätlichen Angriffs auf Vollstreckungsbeamte und Widerstands gegen Vollstreckungsbeamte bereits gefasst war.

Lösung:
a) Die Feststellungen tragen in subjektiver Hinsicht keine Verurteilung des Angeklagten nach § 114 Abs. 1 und § 113 Abs. 1 StGB. Voraussetzung für eine Verurteilung wegen einer vorsätzlichen Tat ist nach § 16 Abs. 1 StGB, dass der Täter die Umstände, die zum gesetzlichen Tatbestand gehören, bei ihrer Begehung kennt. Die Verwirklichung des Tatbestands muss in subjektiver Hinsicht von einem diese Tatumstände umfassenden Vorsatz des Täters getragen werden. Dies ist der Fall, wenn der Vorsatz zu einem Zeitpunkt vorliegt, in welchem der Täter noch einen für die Tatbestandsverwirklichung kausalen Tatbeitrag leistet. Wird der Vorsatz dagegen erst gefasst, wenn der Täter die Tatbestandsverwirklichung nicht mehr vermeiden kann, fehlt es an einer vorsätzlichen Begehung der Tat. So liegt der Fall hier. Da der Angeklagte die vier Polizeibeamten nicht ausschließbar erst zu einem Zeitpunkt wahrnahm, als er auf sie nicht mehr reagieren konnte, handelte er beim Zufahren auf die Beamten nicht vorsätzlich, sodass insoweit eine Strafbarkeit des Angeklagten wegen tateinheitlich begangenen tätlichen Angriffs auf Vollstreckungsbeamte und Widerstands gegen Vollstreckungsbeamte nach § 114 Abs. 1 und § 113 Abs. 1 StGB ausscheidet.

b) Nicht so eindeutig lässt sich bei der vorliegenden Konstellation die Folge dieses Rechtsfehlers für das Urteil beantworten. Der BGH hat die tateinheitlichen Verurteilungen nach § 114 Abs. 1 und § 113 Abs. 1 StGB entfallen lassen und den Schuldspruch entsprechend abgeändert (§ 354 Abs. 1 StPO). Die Einzelfreiheitsstrafe von sieben Jahren wird durch die Schuldspruchänderung vorliegend nicht erkennbar berührt, da das Landgericht die Einzelstrafe dem Strafrahmen des § 29a Abs. 1 BtMG entnommen und die tateinheitlichen Verurteilungen nach § 114 Abs. 1 und § 113 Abs. 1 StGB im Rahmen der Strafzumessungserwägungen nicht erwähnt hat.

Tipp:
Die vorstehenden Erwägungen unter b) wären in Ihrer Klausur im Rahmen der „*Zweckmäßigkeit*“ (vgl. Prüfungsschema) anzusprechen. Denn der nachteilige Schuldspruch wird zwar abgeändert, aber dies führt nicht zu einer geringeren Einzelstrafe. Gäbe es keine anderen Rechtsfehler, die Auswirkungen auf die Gesamtstrafe hätten, würde auch diese bestehen bleiben und der Angeklagte würde mit der Revision sein eigentliches Ziel nicht erreichen können.

Gericht, Az.:	Datum:	Fundstelle:
BGH, 2 StR 307/20	05.08.2021	NStZ 2022, 313 f.

Klassenfahrt

Das Landgericht hat den Angeklagten wegen Beihilfe zum unerlaubten Umgang mit gefährlichen Abfällen in 56 Fällen zu einer Gesamtgeldstrafe von 350 Tagessätzen zu je 150 Euro verurteilt. Dem liegt im Wesentlichen folgendes Verfahrensgeschehen zugrunde:

Mit Verfügung vom 8. November 2017 bestimmte der Vorsitzende der Strafkammer Termin zur Hauptverhandlung auf den 23. Januar 2018 mit zunächst 19 Fortsetzungsterminen im Zeitraum vom 6. Februar 2018 bis zum 3. Juli 2018, darunter der 29. Mai 2018, der 5. Juni 2018 und der 12. Juni 2018. Die zur Mitwirkung an der Hauptverhandlung berufene Schöffin D teilte telefonisch und unter Vorlage einer Bescheinigung mit, dass sie dienstlich als betreuende Lehrkraft im Zeitraum vom 4. bis zum 8. Juni 2018 bei einer Klassenfahrt in den Niederlanden eingesetzt sei und bat um Freistellung. Mit Verfügung vom 12. Dezember 2017 entband der Vorsitzende diese Schöffin von ihrer Dienstleistung, wobei er ein Formular verwandte, auf dem als Freistellungsgrund „Urlaub“ angekreuzt und handschriftlich „Klassenfahrt Holland“ ergänzt war. Vor Beginn der Vernehmung zur Sache rügte der Angeklagte in der Hauptverhandlung die Besetzung der Strafkammer. In seiner hierdurch veranlassten dienstlichen Erklärung gab der Vorsitzende mit Bezug auf die Schöffin D unter anderem an, das Ankreuzen des Feldes „Urlaub“ sei missverständlich. Ihm sei klar gewesen, dass es sich um eine beruflich begründete Verhinderung dieser Schöffin gehandelt habe, bei der erkennbar gewesen sei, dass sie sich nicht verschieben oder durch eine Vertretung habe wahrnehmen lassen. Eine Aufhebung des Termins am 5. Juni 2018 sei vor dem Hintergrund des Verfahrensalters dieser Nichthaftsache und des voraussichtlichen Erfordernisses weiterer Termine nicht in Betracht gekommen. Mit Beschluss vom 1. Februar 2018 wies die Strafkammer den Besetzungseinwand des Angeklagten zurück. Auch wenn für den 5. Juni 2018 noch keine Zeugen geladen worden seien und eine Aufhebung des Termins unter Wahrung der Höchstfrist des § 229 StPO möglich gewesen wäre, sei es nicht fehlerhaft gewesen, dass der Vorsitzende an dem Termin vom 5. Juni 2018 festgehalten habe. Einer Erstreckung von Verhandlungsterminen oder einer Terminierung von mehr als zwei Tagen wöchentlich und dabei einer Dauer von mehr als vier bis fünf Stunden stehe ausweislich eines ärztlichen Gutachtens auch der Gesundheitszustand des Angeklagten entgegen. Für die Schöffin D nahm sodann die Schöffin G an der 49-tägigen, vom 23. Januar 2018 bis zum 24. Oktober 2019 andauernden Hauptverhandlung teil.

Der Verteidiger möchte von Ihnen wissen, ob dieser Sachverhalt eine erfolgreiche Anfechtungsmöglichkeit eröffnet. Was werden Sie ihm antworten?

A. Zulässigkeit der Revision	B. Begründetheit der Revision
I. Statthaftigkeit II. Rechtsmittelbefugnis III. Beschwer IV. Form/Frist d. Einlegung V. Form/Frist d. Begründung VI. kein(e) Rücknahme/Verzicht	I. Prozessvoraussetzungen/-hindernisse **II. Verfahrensfehler (absoluter/relativer)** **§ 338 Nr. 1 StPO – fehlerhafte Entbindung von Schöffen** III. Sachrüge

Obersatz:
Es könnte ein anfechtbarer Verstoß gegen Art. 101 Abs. 1 Satz 2 GG, § 16 Satz 2 GVG vorliegen, indem das Gericht das Verfahren mit der Schöffin G anstatt der Schöffin D geführt hat.

Problem:
Fraglich ist hier zunächst, ob die Entbindung der Schöffin D rechtsfehlerfrei nach §§ 77 Abs. 1, 54 Abs. 1 GVG erfolgte. Da gemäß § 54 Abs. 3 Satz 1 GVG, § 336 Satz 2 1. Alt. StPO diese Entbindung (grundsätzlich) nicht anfechtbar ist, muss geprüft werden, ob die Entscheidung willkürlich war (vgl. 1)). Außerdem darf die Verfahrensrüge nicht gemäß § 338 Abs. 1 Nr. 1 Hs. 2 StPO präkludiert sein (vgl. 2)).

Lösung:
1) Willkür liegt bei der Entbindung der Schöffin dann vor, wenn damit – wie hier – die Bestimmung des neuen Richters nicht mehr gerechtfertigt werden kann. Die Entscheidung des Vorsitzenden vom 12. Dezember 2017, der Schöffin D könne eine Dienstleistung nicht zugemutet werden, lässt besorgen, dass sie auf unzutreffender tatsächlicher Grundlage getroffen wurde und damit einhergehend die Bedeutung des grundrechtsgleichen Rechts des Angeklagten auf den gesetzlichen Richter (Art. 101 Abs. 1 Satz 2 GG) außer Acht gelassen hat. Der Begriff der Verhinderung (§ 54 Abs. 1 Satz 2 GVG) ist streng auszulegen; Bedeutung und Gewicht des Schöffenamtes verlangen, dass der Schöffe in zumutbaren Grenzen berufliche und private Interessen zurückstellt. Während der Erholungsurlaub eines Schöffen in der Regel zur Unzumutbarkeit der Dienstleistung führt, rechtfertigen berufliche Gründe nur ausnahmsweise die Verhinderung eines Schöffen. Über Unzumutbarkeit ist unter Abwägung aller Umstände des Einzelfalls, insbesondere unter Berücksichtigung der Belange des Schöffen, des Verfahrensstands und der voraussichtlichen Dauer des Verfahrens, nach pflichtgemäßem Ermessen zu entscheiden. Die tragenden Umstände sind – zumindest in gedrängter Form – aktenkundig zu machen, um dem Rechtsmittelgericht in Fällen, in denen die Unzumutbarkeit der Schöffendienstleistung nicht auf der Hand liegt, eine Überprüfung der Ermessensentscheidung am Maßstab der Willkür zu ermöglichen.
Gemessen hieran ist die Entscheidung des Vorsitzenden vom 12. Dezember 2017 nicht mehr vertretbar. Der angekreuzte Verhinderungsgrund „Urlaub von 4.6. bis 8.6." ist unzutreffend. Es handelte sich um eine beruflich veranlasste Ortsabwesenheit. Allein der handschriftliche Vermerk „Klassenfahrt" lässt nicht erkennen, ob die unterschiedlichen Maßstäbe für die Annahme einer Unzumutbarkeit beachtet wurden. Die Dokumentation lässt auch nicht erkennen, ob der Schöffin eine kurze Unterbrechung der Klassenfahrt zumutbar hätte sein können, oder der Verhinderung an nur einem Tag auf andere Weise, etwa durch eine Unterbrechung der Hauptverhandlung (§ 229 StPO), hätte Rechnung getragen werden können.
Die Erwägungen des Vorsitzenden, dass eine Aufhebung des bereits anberaumten Fortsetzungstermins vom 5. Juni 2018 „nicht geboten" gewesen sei, sind nach der Entscheidung erfolgt und tragen diese nicht. Die Notwendigkeit weiterer Termine spricht für und nicht gegen eine Verlegung des Termins, zumal für diesen Tag noch kein Beweisprogramm vorgesehen war und der Gesundheitszustand des Angeklagten nur eine Verhandlungsdauer von vier bis fünf Stunden pro Tag zuließ. Die Aufhebung hätte die Kapazitäten der Kammer nicht beeinträchtigt, da der Tag für andere Verfahren zur Verfügung gestanden hätte.
2) Die Rüge ist nicht präkludiert, da der rechtzeitige und formgerechte Einwand der vorschriftswidrigen Besetzung (§ 222b Abs. 1 StPO) gemäß § 338 Abs. 1 Nr. 1 Hs. 2 b) bb) StPO zurückgewiesen wurde.

Antrag:
Auf die Revision des Angeklagten wird das Urteil des Landgerichts ... vom ... mit den Feststellungen aufgehoben. Die Sache wird zu neuer Verhandlung und Entscheidung, auch über die Kosten des Rechtsmittels, an eine andere Strafkammer des Landgerichts zurückverwiesen.

Gericht, Az.:	Datum:	Fundstelle:
BGH, 5 StR 199/21	18.08.2021	NStZ 2022, 55 ff.

Dabei oder knapp davor?

Das Landgericht hat die Angeklagten A und J zu Freiheitsstrafen verurteilt. Folgendes Geschehen lag dem zugrunde:

Vor Beginn der Hauptverhandlung kam es zu keinen Gesprächen zwischen den Verfahrensbeteiligten, deren Gegenstand die Möglichkeit einer Verständigung war. Der Vorsitzende der Strafkammer hatte wenige Tage vor dem ersten Hauptverhandlungstag auf Bitte der Verteidigung des Angeklagten J schriftlich mitgeteilt, die Kammer werde einen Verständigungsvorschlag erarbeiten, sobald sich alle Verfahrensbeteiligten dazu geäußert hätten, ob überhaupt grundsätzliches Interesse an solchen Gesprächen bestehe; dies solle nach Beginn der Hauptverhandlung geklärt werden. Am dritten Hauptverhandlungstag (4. Mai 2020) unterbrach der Vorsitzende die Hauptverhandlung, die Kammer führte anschließend ein Rechtsgespräch mit den Verteidigern und dem Vertreter der Staatsanwaltschaft, was im Protokoll wie folgt notiert wurde: „Sodann sollen zwischen den Mitgliedern der Kammer, den Verteidigern und dem Vertreter der Staatsanwaltschaft Gespräche im Hinblick auf eine Verständigung nach § 257c StPO geführt werden."
In diesem Gespräch wurde zwischen den Beteiligten erörtert, ob hinsichtlich der angelasteten Taten von minder schweren Fällen auszugehen sei und ob deren Bejahung Gegenstand einer Verständigung sein könne. Während der Kammervorsitzende die Bejahung beider Fragen für vertretbar hielt, äußerte der Vertreter der Staatsanwaltschaft grundlegende Bedenken und lehnte deshalb die Möglichkeit einer Verständigung ab. Am nächsten Hauptverhandlungstag (15. Mai 2020) teilte der Vorsitzende mit, dass das Gespräch vom vorherigen Verhandlungstag ohne Ergebnis geblieben sei. Im Protokoll heißt es dazu: „Die Kammer gab bekannt, dass am 4. Mai 2020 ein Gespräch zwischen den Mitgliedern der Kammer, den Verteidigern und dem Vertreter der Staatsanwaltschaft gem. § 257c StPO geführt worden ist, eine Verständigung derzeit jedoch nicht zustande kommt." Anschließend gaben die übrigen Verfahrensbeteiligten Erklärungen zur Sach- und Rechtslage ab. Der Angeklagte A wurde von seinem Verteidiger in allgemeiner Form über das Gesprächsergebnis informiert. Nach einer späteren dienstlichen Erklärung hat der Vorsitzende in der Hauptverhandlung vom 15. Mai 2020 erklärt, dass die Kammer die Annahme eines minder schweren Falles, insbesondere auch für den Angeklagten A, weiterhin durchaus für möglich halte, dass jedoch eine Verständigung nach § 257c StPO an rechtlichen Bedenken hinsichtlich der Zulässigkeit einer Verständigung über die Annahme eines minder schweren Falles scheitere.
Auf die anschließende schriftsätzlich geäußerte Bitte des Verteidigers des Angeklagten J, die Strafkammer möge nach Beratung einen schriftlichen Verständigungsvorschlag unterbreiten, schrieb der Vorsitzende zurück, dies sei nicht möglich, weil die Staatsanwaltschaft ernst zu nehmende rechtliche Bedenken gegen eine Verständigung geäußert habe, die einen minder schweren Fall beinhalte. Der Schriftwechsel wurde den anderen Verteidigern zeitnah bekannt gegeben. Am 24. Hauptverhandlungstag gab der Angeklagte A über seinen Verteidiger eine teilgeständige Erklärung zu den in seiner Wohnung gefundenen erheblichen Betäubungsmittelmengen ab. Weitere Erörterungen zur Frage einer Verständigung fanden nicht statt.

Der Angeklagte A hat Revision eingelegt. Er möchte wissen, ob er diese mit einem Verstoß begründen kann, der sich aus dem vorstehenden Verfahrensgeschehen ergibt. Was würden Sie ihm raten?

A. Zulässigkeit der Revision	B. Begründetheit der Revision
I. Statthaftigkeit	I. Prozessvoraussetzungen/-hindernisse
II. Rechtsmittelbefugnis	
III. Beschwer	**II. Verfahrensfehler** (absoluter/**relativer**)
IV. Form/Frist d. Einlegung	**§ 243 Abs. 4 Satz 2 StPO – verständigungsbezogene Erörterung?**
V. Form/Frist d. Begründung	
VI. kein(e) Rücknahme/Verzicht	III. Sachrüge

Obersatz:
Es könnte ein anfechtbarer Verstoß gegen § 243 Abs. 4 Satz 2 StPO vorliegen, indem das Gericht seiner Mitteilungspflicht zu dem außerhalb der Hauptverhandlung am 4. Mai 2020 geführten Gespräch nicht ausreichend nachgekommen ist.

Problem:
Fraglich ist, ob der Anwendungsbereich der Norm eröffnet ist? Dazu müsste es sich bei dem Gespräch um eine verständigungsbezogene Erörterung gehandelt haben.

Lösung:
Nach § 243 Abs. 4 Satz 1 StPO teilt der Vorsitzende zu Beginn der Hauptverhandlung mit, ob Erörterungen nach den §§ 202a, 212 StPO stattgefunden haben, wenn deren Gegenstand die Möglichkeit einer Verständigung (§ 257c StPO) gewesen ist, und wenn ja, deren wesentlichen Inhalt. Diese Pflicht gilt nach § 243 Abs. 4 Satz 2 StPO auch im weiteren Verlauf der Hauptverhandlung, soweit sich Änderungen gegenüber der Mitteilung zu Beginn der Hauptverhandlung ergeben haben.
Die Mitteilungspflicht greift ein, sobald bei im Vorfeld oder neben der Hauptverhandlung geführten Gesprächen ausdrücklich oder konkludent die Möglichkeit und die Umstände einer Verständigung im Raum stehen. Dies ist jedenfalls dann der Fall, wenn Fragen des prozessualen Verhaltens in Konnex zum Verfahrensergebnis gebracht werden und damit die Frage nach oder die Äußerung zu einer Straferwartung naheliegt. Greifen Gesprächsteilnehmer verständigungsbezogene Themen auf, lösen ihre Erörterungen aber nicht zwingend Mitteilungspflichten aus, wenn die Unterredungen lediglich als mitteilungsirrelevante Rechtsgespräche über den Verfahrensstand nach § 212 StPO einzustufen sind.
Danach haben die Beteiligten hier ein Rechtsgespräch geführt und keine verständigungsbezogene Erörterung. Zwar war ein Gespräch „gem. § 257c StPO" angekündigt. Inhaltlich ging es aber nicht darum, eine Frage des prozessualen Verhaltens in Konnex zum Verfahrensergebnis zu bringen. Zunächst sollte vielmehr als Vorfrage möglicher Verständigungsgespräche die Frage geklärt werden, ob überhaupt die Möglichkeit einer Verständigung bei Annahme eines minder schweren Falls besteht, ohne dass ein Prozessverhalten des Angeklagten in Rede stand. Die Einbeziehung eines minder schweren Falls in eine Verständigung ist nicht unproblematisch.
Das BVerfG hat aus § 257c Abs. 2 Satz 1 StPO unter Berücksichtigung der Systematik und von Sinn und Zweck des gesetzlichen Regelungskonzepts gefolgert, dass eine Strafrahmenverschiebung nicht Gegenstand einer Verständigung sein darf, und zwar auch dann nicht, wenn sie sich auf Sonderstrafrahmen für besonders schwere oder minder schwere Fälle im Vergleich zum Regelstrafrahmen beziehe. Der BGH hat in Anwendung dieser verfassungsrechtlichen Vorgaben die Annahme eines minder schweren Falls im Rahmen einer Verständigung nach § 257c StPO jedenfalls dann als unbedenklich angesehen, wenn die Zubilligung des Sonderstrafrahmens nach herkömmlichen Strafzumessungsregeln nicht zu beanstanden sei, z.B. weil sich der minder schwere Fall aus dem Geständnis ableite und der Angeklagte nicht unter Druck gesetzt worden sei. In der Literatur wird die Frage kontrovers diskutiert.
Vor diesem Hintergrund hat die Strafkammer zunächst erörtert, ob sich der Fall überhaupt für eine Verständigung eignet und hierbei bereits keine Einigung erzielt. Eine solche abstrakte Erörterung der Vorfrage, ob aus Rechtsgründen überhaupt eine Verständigung in einer bestimmten Konstellation möglich ist, stellt noch keine konkrete verständigungsbezogene und deshalb mitteilungspflichtige Erörterung im Sinne von § 243 Abs. 4 StPO dar, sondern eine bloße Erörterung der Rechtslage.

Vorschlag:
Der Angeklagte A sollte seine Revision mangels Erfolgsaussicht zurücknehmen.

Gericht, Az.:	Datum:	Fundstelle:
BGH, 6 StR 344/21	24.08.2021	NStZ 2022, 42

Garagenwohnung

Das Landgericht hat den Angeklagten wegen Wohnungseinbruchdiebstahls in zehn Fällen zu einer Gesamtfreiheitsstrafe von vier Jahren und sechs Monaten verurteilt.

Nach den Feststellungen des Urteils ist der Angeklagte in Fall II.B.2 der Urteilsgründe zur Tatausführung in eine Garage eingedrungen, die sich, getrennt durch einen Zwischenraum, separat vom Wohngebäude auf dem Grundstück befand.

Das Landgericht hat einen minder schweren Fall nach § 244 Abs. 3 StGB geprüft und verneint. Für den Wohnungseinbruchdiebstahls in Fall II.B.2 der Urteilsgründe hat es eine Freiheitsstrafe von 8 Monaten festgesetzt. Für die übrigen Fälle hat es auf Einzelfreiheitsstrafen von zwei Jahren und sechs Monaten, zwei Jahren und drei Monaten und sieben Mal einem Jahr und zehn Monaten erkannt.

Sehen Sie eine Anfechtungsmöglichkeit, mit welcher der Angeklagte auf ein besseres Ergebnis für ihn hoffen kann?

A. Zulässigkeit der Revision	B. Begründetheit der Revision
I. Statthaftigkeit II. Rechtsmittelbefugnis III. Beschwer IV. Form/Frist d. Einlegung V. Form/Frist d. Begründung VI. kein(e) Rücknahme/Verzicht	I. Prozessvoraussetzungen/-hindernisse II. Verfahrensfehler (absoluter/relativer) **III. Sachrüge (rechtliche Würdigung) § 244 Abs. 1 Nr. 3 StGB - Wohnungsbegriff**

Obersatz:
Es könnte ein anfechtbarer Verstoß gegen § 244 Abs. 1 Nr. 3 StGB vorliegen, indem das Gericht den Angeklagten in Fall II.B.2 der Urteilsgründe insoweit zu Unrecht schuldig gesprochen hat.

Problem:
Zunächst stellt sich die Frage, ob der Schuldspruch in Fall II.B.2 der Urteilsgründe von den getroffenen Feststellungen getragen wird (nachfolgen a)). Fraglich ist aber auch, ob sich der Rechtsfehler zum Nachteil des Angeklagten auf das Urteil ausgewirkt haben kann (nachfolgend b)).

Lösung:
a) Der Schuldspruch hält in Fall II.B.2 der Urteilsgründe rechtlicher Überprüfung nicht stand. Die Urteilsgründe belegen nicht, dass der Angeklagte zur Ausführung der Tat in eine Wohnung eingebrochen ist. Nebenräume unterfallen dem Wohnungsbegriff dann, wenn sie durch eine unmittelbare Verbindung dem Wohnbereich typischerweise zuzuordnen sind, weil sie – wie etwa die Kellerräume eines Einfamilienhauses – mit der Wohnung räumlich und baulich eine Einheit bilden bzw. so mit ihr verbunden sind, dass keine erheblichen Zugangshindernisse zu den Wohnräumen mehr bestehen. Daran fehlt es hier. Denn die betroffene Garage war durch einen Zwischenraum vom Wohngebäude baulich und räumlich getrennt.

b) Der Schuldspruch ist für den Angeklagten nachteilig. Da das Revisionsgericht hier aber ausschließen kann, dass noch weitere Feststellungen getroffen werden können, kann es den Schuldspruch in entsprechender Anwendung von § 354 Abs. 1 StPO selbst abändern.
Außerdem kommt hier in Betracht, dass das Revisionsgericht aus prozessökonomischen Gründen entsprechend § 354 Abs. 1 StPO auf die in § 243 Abs. 1 Satz 1 StGB bestimmte Mindeststrafe von drei Monaten Freiheitsstrafe erkennt. Angesichts der Ablehnung eines minder schweren Falls nach § 244 Abs. 3 StGB sowie des Seriencharakters der Tat kann es ausschließen, dass die Strafkammer eine Entkräftung der in § 243 Abs. 1 StGB angeordneten Regelwirkung angenommen oder gemäß § 47 Abs. 2 StGB eine Geldstrafe verhängt hätte. Mit Blick auf die verbleibenden Freiheitsstrafen von zwei Jahren und sechs Monaten, zwei Jahren und drei Monaten und sieben Mal einem Jahr und zehn Monaten wird der Gesamtstrafausspruch hierdurch nicht tangiert.

Ergebnis:
Bei einer mit der Sachrüge begründeten Revision würde der BGH folgende Entscheidung treffen:
1. Auf die Revision des Angeklagten wird das Urteil des Landgerichts … vom … dahin geändert, dass der Angeklagte in Fall II.B.2 der Urteilsgründe wegen Diebstahls zu einer Freiheitsstrafe von drei Monaten verurteilt wird.
2. Die weitergehende Revision wird auf Kosten des Angeklagten (§ 473 Abs. 1 StPO) verworfen.

Tipp:
Die vorstehenden Ausführungen unter b) wären in der „Zweckmäßigkeit" im Gutachten anzusprechen. Es handelt sich hierbei um eine Einzelfallentscheidung. In der Klausur wäre es auch vertretbar, das Urteil im Schuldspruch abzuändern und hinsichtlich der Einzelstrafe zu Fall II.B.2 sowie zur Gesamtstrafe aufzuheben und die Sache zur erneuten Verhandlung und Entscheidung, auch über die Kosten des Rechtsmittels, an eine andere Strafkammer des Landgerichts zurückzuverweisen.

Vorbei oder doch nicht?

Das Landgericht E hat den Angeklagten – unter Freisprechung im Übrigen – wegen gefährlicher Körperverletzung in Tateinheit mit Bedrohung, Hausfriedensbruch und Zuwiderhandlung gegen eine vollziehbare Anordnung nach dem Waffengesetz sowie wegen Körperverletzung in zwei Fällen, in einem Fall in Tateinheit mit Hausfriedensbruch, zu einer Gesamtfreiheitsstrafe von fünf Jahren und sechs Monaten verurteilt und die Unterbringung des Angeklagten in der Sicherungsverwahrung angeordnet. Der Verurteilung lag folgendes Verfahrensgeschehen zugrunde:

Eine Tat (Ziffer III.2. der Urteilsgründe) war zunächst mit Anklageschrift der Staatsanwaltschaft D an das Amtsgericht D angeklagt worden. Das Amtsgericht D hatte das Verfahren insoweit zunächst – vor Eröffnung des Hauptverfahrens – gemäß § 153a Abs. 2 StPO gegen Auflagen oder Weisungen vorläufig eingestellt. Dabei hatte das Amtsgericht zur Erfüllung der dem Angeklagten unter anderem erteilten Weisung, an einem sechsmonatigen sozialen Trainingskurs teilzunehmen, keine ausdrückliche Frist bestimmt. Daneben war ihm eine Zahlungsweisung erteilt worden.

Nach über einem Jahr hatte der Angeklagte seine Geldauflage nur teilweise erfüllt und auch noch keinen sozialen Trainingskurs absolviert. Er hatte sich zwar weisungsgemäß bei dem Anbieter des Trainingskurses gemeldet. Den vorgesehenen Kurs konnte er indes nicht antreten, weil er weitere Straftaten beging und deshalb in Untersuchungshaft genommen wurde. Mit einer Entlassung aus der Untersuchungshaft war nicht innerhalb der folgenden drei Monate zu rechnen.

Das Amtsgericht D setzte das Verfahren daher fort. Noch vor der Eröffnung des Hauptverfahrens vor dem Amtsgericht D nahm die Staatsanwaltschaft die Anklage zurück. Anschließend wurde das Verfahren an die Staatsanwaltschaft E abgegeben und die Tat durch diese zum Landgericht E angeklagt, welches sie mit der vorgenannten Verurteilung – in den Urteilsgründen unter Ziffer III.2. aufgeführt – aburteilte.

Der Angeklagte findet diese Verfahrensweise nicht in Ordnung. Er könne doch nichts dafür, dass er die Auflage und Weisung nicht erfüllt habe. Er sei ja nicht freiwillig in Untersuchungshaft gewesen. Außerdem könne man doch nicht einfach eine Anklage zurücknehmen und ihn bei einem anderen Gericht anklagen, wenn das Verfahren vorläufig eingestellt wurde.

Er möchte von Ihnen wissen, ob er sich gegen diese Verfahrensweise durch ein Rechtsmittel mit Erfolg wehren kann. Was werden Sie ihm raten?

A. Zulässigkeit der Revision	B. Begründetheit der Revision
I. Statthaftigkeit II. Rechtsmittelbefugnis III. Beschwer IV. Form/Frist d. Einlegung V. Form/Frist d. Begründung VI. kein(e) Rücknahme/Verzicht	I. **Prozess**voraussetzungen/-**hindernisse (bedingtes) vorläufige Einstellung, § 153a Abs. 2 StPO** II. Verfahrensfehler (absoluter/relativer) III. Sachrüge

Obersatz:
Es könnte ein anfechtbarer Verstoß gegen § 153a Abs. 2 Satz 2, Abs. 1 Satz 5 StPO vorliegen, indem das Gericht den Angeklagten hinsichtlich der in den Urteilsgründen unter Ziffer III.2. aufgeführten Tat verurteilt hat.

Problem:
Fraglich ist, ob ein Verfahrenshindernis einem Sachurteil entgegenstand. Die vorläufige Verfahrenseinstellung durch das Gericht gemäß § 153a Abs. 2 Satz 1 StPO bewirkt ein bedingtes Verfahrenshindernis. Endgültigkeit bewirkt die Erfüllung der Auflagen oder Weisungen. Werden die Auflagen oder Weisungen nicht fristgerecht erfüllt, entfällt das Hindernis und das Verfahren wird fortgeführt.

Lösung:
Der Verurteilung wegen der Tat zu Ziffer III.2. der Urteilsgründe steht ein Verfahrenshindernis nicht entgegen. Es begegnet keinen rechtlichen Bedenken, dass die diese Tat betreffende Anklageschrift der Staatsanwaltschaft D an das Amtsgericht D zurückgenommen und die Tat anschließend durch die Staatsanwaltschaft E zum Landgericht E angeklagt wurde. Der Zulässigkeit dieses Vorgehens der Staatsanwaltschaften stand nicht entgegen, dass das Amtsgericht D das Verfahren zunächst – vor Eröffnung des Hauptverfahrens – gemäß § 153a Abs. 2 StPO vorläufig eingestellt hatte. Durch die Einstellung gegen Auflagen oder Weisungen nach § 153a StPO entstand zwar ein bedingtes Verfahrenshindernis, das die Fortsetzung des Verfahrens hinderte. Ob das bedingte Verfahrenshindernis auch einer Rücknahme der zugrundeliegenden Anklageschrift entgegensteht, welche lediglich bewirkt, dass das Verfahren in den Stand des Ermittlungsverfahrens zurückversetzt wird, kann offenbleiben. Denn die Rücknahme der Anklage durch die Staatsanwaltschaft D erfolgte nach dem Ende des durch die vorläufige Einstellung bewirkten Schwebezustandes und auch nach der Fortführung des Verfahrens durch das Amtsgericht D. Spätestens ab diesem Zeitpunkt war der Staatsanwaltschaft D deshalb der Weg zur Rücknahme der Anklage gemäß § 156 StPO wieder eröffnet, wovon sie – vor Eröffnung des Hauptverfahrens – Gebrauch gemacht hat.

Der Beendigung des Schwebezustandes steht nicht entgegen, dass das Amtsgericht D in dem Beschluss über die vorläufige Einstellung entgegen § 153a Abs. 1 Satz 3 i.V.m. Abs. 2 Satz 2 StPO eine Frist zur Erfüllung der dem Angeklagten unter anderem erteilten Weisung, an einem sechsmonatigen sozialen Trainingskurs teilzunehmen (§ 153a Abs. 1 Satz 2 Nr. 6 StPO), nicht ausdrücklich bestimmt hatte. Denn im Zeitpunkt der Anklagerücknahme war bereits diejenige Frist verstrichen, die das Amtsgericht D dem Angeklagten nach dem Gesetz höchstens hätte setzen können (§ 153a Abs. 1 Satz 3 Hs. 2 Alt. 2 i.V.m. Abs. 2 Satz 2 StPO). Es stand darüber hinaus fest, dass der Angeklagte selbst nach einer Verlängerung der Frist gemäß § 153a Abs. 1 Satz 4 i.V.m. Abs. 2 Satz 2 StPO den sechsmonatigen Trainingskurs nicht mehr würde ableisten können. Auch der sich aus dem Rechtsstaatsprinzip (Art. 20 Abs. 3 GG) ergebende Vertrauensschutz gebietet hier keine andere Beurteilung. Der Angeklagte hatte sich zwar weisungsgemäß bei dem Anbieter des Trainingskurses gemeldet. Den vorgesehenen Kurs konnte er indes nicht antreten, weil er weitere Straftaten beging und deshalb in Untersuchungshaft genommen wurde. Er war demnach nicht ohne sein Verschulden gehindert, die Weisung innerhalb der gesetzlichen Höchstfrist zu erfüllen.

Vorschlag:
Die Verfahrensweise ist nicht zu beanstanden. Der Angeklagte sollte diesbezüglich kein Rechtsmittel einlegen.

Gericht, Az.:	Datum:	Fundstelle:
BGH, 1 StR 315/21	07.10.2021	NStZ 2022, 94 f.

Polizeiruf 110

Die Schwurgerichtskammer des Landgerichts hat den Angeklagten wegen versuchten Mordes in Tateinheit mit gefährlicher Körperverletzung zu einer Freiheitsstrafe von acht Jahren und neun Monaten verurteilt. Dabei ging das Landgericht beim versuchten Mord davon aus, dass der Versuch beendet war und lehnte einen Rücktritt ab.

Nach den Feststellungen des Landgerichts begab sich der Angeklagte, ein Küchenmesser in seiner Kleidung verbergend, am 28. September 2020 gegen 13.42 Uhr zur Wohnung des Nebenklägers C im zweiten Obergeschoss eines Mehrfamilienhauses. Der Angeklagte wollte erzwingen, seine Kinder zu sehen; mit diesen war seine Lebensgefährtin, die Zeugin K, zu ihrem Vater in dessen Wohnung nach jahrelangen Auseinandersetzungen mit dem Angeklagten gezogen. Im Hausflur stritten der Nebenkläger und der Angeklagte über dessen Besuchsrecht. Der Nebenkläger rief seiner Tochter, die sich im Wohnzimmer mit den beiden Kindern eingeschlossen hatte, zu, sie solle die Polizei rufen. Auch der Angeklagte rief in die Wohnung: „Jaja, ruf die Polizei." Daraufhin wählte K um 13.45 Uhr den Polizeinotruf, was der Angeklagte und der Nebenkläger mitbekamen. Der Nebenkläger sagte daraufhin zum Angeklagten: „Geh, geh, die Polizei kommt!" Er hielt das Streitgespräch für beendet und ging davon aus, der Angeklagte habe eingesehen, seine Kinder an diesem Tag nicht zu sehen. Der Nebenkläger, der nicht mit einem Angriff rechnete, drehte sich um, um in seine Wohnung zurückzugehen und die Wohnungstür zu schließen. Über die Weigerung des Nebenklägers, ihn die Kinder sehen zu lassen, erbost, holte der Angeklagte, der ohnehin jenen für das Scheitern der Beziehung mit K verantwortlich machte, das Messer hervor, entfernte die Schutzhülle und äußerte sinngemäß: „Ich sitze 30 Jahre, aber es lohnt sich." Er stach von hinten mindestens 14-mal auf den Nebenkläger ein; davon waren drei Stiche konkret lebensgefährlich. Die Tochter rief wegen des Angriffs die Polizei um 13.46 Uhr erneut an. Der Angeklagte ließ den blutüberströmten Nebenkläger in der Annahme, dieser werde sterben, am Tatort zurück, flüchtete von dort, stieg in sein Auto und rief um 13.47 Uhr, wenige hundert Meter vom Tatort entfernt, seinerseits den Polizeinotruf an. Er bezichtigte der Wahrheit zuwider den Nebenkläger des rechtswidrigen Angriffs, um die Schuld von sich abzulenken, und sagte, er brauche Hilfe. Erst nach rund anderthalb Minuten erklärte er auf mehrfache Nachfrage, der Nebenkläger sei verletzt. Der Nebenkläger wurde durch eine notfallmedizinische Versorgung, insbesondere durch das Legen von Drainagen im Brustkorb, Herausnahme einer Blutader aus der linken Leiste und Verabreichen von Blutkonserven, gerettet.

In den Urteilsgründen ist in der Beweiswürdigung ausgeführt, dass der Polizeidisponent beim ersten Anruf die aufgeregte und schreiende K unterbrechen musste, um ihr anzukündigen, die Polizei werde zur Wohnung der Familie entsandt. Nicht ausgeführt ist, ob der Polizist dies sofort entsprechend umsetzte.

Der Angeklagte fühlt sich falsch beurteilt. Er habe doch etwas getan, das könne doch nicht so einfach übergangen werden. Was meinen Sie?

A. Zulässigkeit der Revision	*B. Begründetheit der Revision*
I. Statthaftigkeit *II. Rechtsmittelbefugnis* *III. Beschwer* *IV. Form/Frist d. Einlegung* *V. Form/Frist d. Begründung* *VI. kein(e) Rücknahme/Verzicht*	*I. Prozessvoraussetzungen/-hindernisse* *II. Verfahrensfehler (absoluter/relativer)* ***III. Sachrüge (rechtliche Würdigung)*** ***Rücktritt (beendeter Versuch) – Erfolgsabwendung/Freiwilligkeit***

Obersatz:
Es könnte ein anfechtbarer Verstoß gegen § 24 StGB vorliegen, indem das Gericht einen Rücktritt vom beendeten Versuch verneint hat, ohne aufzuklären, durch welchen Anruf die Rettung ausgelöst wurde.

Problem:
Fraglich ist, ob nach den Feststellungen auszuschließen ist, dass der Angeklagte vom beendeten Versuch des Mordes nach § 24 Abs. 1 Satz 1 Alt. 2 StGB strafbefreiend zurückgetreten ist. Die Feststellungen könnten dazu, ob er den Erfolg kausal verhindert und dabei freiwillig gehandelt hat, lückenhaft sein.

Lösung:
Für einen Rücktritt vom beendeten Versuch ist gemäß § 24 Abs. 1 Satz 1 Alt. 2 StGB nicht erforderlich, dass der Täter unter mehreren Möglichkeiten der Erfolgsverhinderung die schnellste, sicherste oder optimale gewählt hat; es reicht aus, dass er eine neue Kausalkette in Gang gesetzt hat und sich sein auf Erfolgsabwendung gerichtetes Verhalten als erfolgreich, nämlich für die Verhinderung der Tatvollendung als ursächlich oder zumindest mitursächlich erweist. Das Erfordernis eines "ernsthaften Bemühens" gemäß § 24 Abs. 1 Satz 2 StGB gilt für diese Rücktrittsvariante nicht. Ohne Belang ist, ob der Täter noch mehr hätte tun können, sofern er nur die ihm bekannten und zur Verfügung stehenden Mittel genutzt hat, die aus seiner Sicht den Erfolg verhindern konnten.
Das Landgericht hat nicht festgestellt, dass die ärztlichen Rettungskräfte bereits aufgrund des ersten oder jedenfalls aufgrund des zweiten Anrufs der K an den Tatort entsandt wurden. Solches kann den Urteilsgründen auch in der Gesamtschau mit den Ausführungen in der Beweiswürdigung nicht entnommen werden. Auch danach bleibt offen, ob der Polizist nach dem zweiten Anruf von K eine Rettung veranlasste. Zudem rief der Angeklagte unmittelbar danach an. Innerhalb dieses engen Geschehens ist nicht auszuschließen, dass der Anruf des Angeklagten kausal für das Eintreffen der Rettungskräfte in der Wohnung war.
Auch das Merkmal der Freiwilligkeit (§ 24 Abs. 1 Satz 1 StGB) lässt sich nach den bisherigen Feststellungen nicht verneinen. Freiwilligkeit in diesem Sinne ist anzunehmen, wenn der Täter "Herr seiner Entschlüsse" geblieben ist und er die Ausführung seines Verbrechensplans noch für möglich hält, er also weder durch eine äußere Zwangslage daran gehindert noch durch seelischen Druck unfähig geworden ist, die Tat zu vollbringen. Ob er von außen zum Umdenken angestoßen wird oder erst nach dem Einwirken durch einen Dritten von der Tat Abstand nimmt, berührt für sich genommen die Autonomie seiner Entscheidung nicht. Es bleibt vielmehr maßgebend, ob der Täter trotz des Eingreifens oder der Anwesenheit eines Dritten noch "aus freien Stücken" handelt oder aber ob äußere Umstände ihn zur Tataufgabe zwingen oder eine innere Unfähigkeit zur Tatvollendung auslösen.
Zum Zeitpunkt des Telefonanrufs war der Angeklagte nicht derart unter Zugzwang gesetzt, dass er nicht mehr aus selbstgesetzten Motiven hätte handeln können. Er hätte das Telefonat jederzeit abbrechen können.
Die Aufhebung erfasst die für sich genommen rechtsfehlerfreie Verurteilung wegen tateinheitlich begangener gefährlicher Körperverletzung (§ 353 Abs. 1 StPO). Die Feststellungen bleiben von der aufgezeigten Lücke unberührt und daher aufrechterhalten (§ 353 Abs. 2 StPO).

Antrag:
Auf die Revision des Angeklagten wird das Urteil des Landgerichts … vom … aufgehoben; jedoch bleiben die Feststellungen aufrechterhalten. Im Umfang der Aufhebung wird die Sache zu neuer Verhandlung und Entscheidung, auch über die Kosten des Rechtsmittels, an eine andere Schwurgerichtskammer des Landgerichts zurückverwiesen.

Gericht, Az.:	Datum:	Fundstelle:
BGH, 2 StR 477/19	13.10.2021	NStZ 2022, 501 ff.

Einsturz des Stadtarchivs

Das Landgericht hat den Angeklagten wegen tateinheitlich begangener zweifacher fahrlässiger Tötung zu einer Freiheitsstrafe von einem Jahr verurteilt, deren Vollstreckung es zur Bewährung ausgesetzt hat.

Das Verfahren betrifft den Einsturz des historischen Archivs der Stadt Köln sowie zweier Wohngebäude am 3. März 2009, bei dem zwei Menschen zu Tode kamen. Der Angeklagte hat in dem Zeitraum, in dem die unmittelbar handelnde Baumannschaft die schadhafte Schlitzwand errichtete, die dreieinhalb Jahre später zum Einsturz des Stadtarchivs und der umliegenden Bebauung führte, für zwei Tage den zuständigen gesondert verfolgten Bauleiter L urlaubsbedingt vertreten.

In der Hauptverhandlung am 10. Januar 2019 beantragte der Verteidiger die Vernehmung von drei sachverständigen Zeugen aus der Baupraxis u.a. zum Beweis dafür, „dass das Betonierprotokoll der Lamelle 11 und der dort dokumentierte Betonverbrauch unter der Zugrundelegung der seitens des gesondert Verfolgten Herrn L gegenüber Herrn H mitgeteilten Verjüngung des Schlitzes im Rahmen der erlaubten Maßabweichung sowie der üblichen Messtoleranz der Lotung insgesamt plausibel ist". Die Strafkammer hat diesen Beweisantrag – unter Rückgriff auf die bisherigen Beweisergebnisse aus Vernehmungen der technischen Sachverständigen – abgelehnt, weil die behauptete Beweistatsache bereits erwiesen sei. Die Entscheidung wurde im Laufe der Hauptverhandlung nicht geändert.

In den Urteilsgründen stellt die Strafkammer fest, dass es nach Fertigstellung der Lamelle 11 dem Angeklagten als Bauleiter in Urlaubsvertretung oblag, „die ordnungsgemäße und planmäßige Herstellung der Lamelle 11 nach den allgemeinen Regeln der Technik anhand der ihm vorgelegten Dokumente zu prüfen. Bei Prüfung der Dokumentenlage mit der ihm obliegenden Sorgfaltspflicht hätte er festgestellt, dass keine objektiven Anhaltspunkte für die ihm mitgeteilte Verjüngung der Lamelle 11 vorlagen". Dem Angeklagten habe es – unabhängig von den Auffälligkeiten des Schlitzwandprotokolls der Lamelle 11 – oblegen, „das Betonierprotokoll der Lamelle 11 kritisch zu prüfen. (...) Bei sorgfältiger Prüfung des Betonierprotokolls der Lamelle 11 hätte der Angeklagte eindeutige Warnsignale aus dem Protokoll entnehmen müssen, die darauf hindeuten, dass etwas in der Lamelle 11 verblieben war und keine Verjüngung der Lamelle vorliegt".

Aus den „eindeutigen Warnsignalen" des Betonierprotokolls hat die Strafkammer weitere (sorgfaltswidrig nicht wahrgenommene) Prüfpflichten des Angeklagten abgeleitet, die seine Strafbarkeit nach § 222 StGB begründen.

Den Inhalt des Bauprotokolls hat das Landgericht als Dokumentationsgrundlage der Bauarbeiten und der darauf bezogenen Mitteilungen weiterer Beteiligter gegenüber dem Angeklagten verwertet.

Der Angeklagte wundert sich nach dem Verfahrensverlauf über dieses Urteil. Seine Einlassung und seinen übrigen Beweisbemühungen, so der Angeklagte, hätten erkennbar darauf abgezielt, dass er – aufgrund der zu prüfenden Aufzeichnungen und der Mitteilungen von L und des unmittelbar an der schadhaften Herstellung der Schlitzwand beteiligten Baggerführers K – die fehlerhafte Herstellung der Lamelle 11 nicht habe erkennen können.

Soll er das Urteil nach Ihrer Ansicht anfechten?

Obersatz:
Es könnte ein anfechtbarer Verstoß gegen § 244 Abs. 3 Satz 3 Nr. 3 StPO vorliegen, indem das Gericht in den Urteilsfeststellungen von der als erwiesen angenommenen Tatsache abgewichen ist.

Problem:
Anhaltspunkte für einen Verstoß gegen die mit der Entscheidung gemäß § 244 Abs. 3 Satz 3 Nr. 3 StPO eingetretene Bindungswirkung ergeben sich aus der widersprüchlichen Behandlung der Plausibilität und Nachvollziehbarkeit des Betonierprotokolls der Lamelle 11 im Ablehnungsbeschluss einerseits und in den Urteilsfeststellungen andererseits.

Lösung:
Erachtet das Gericht durch Beschluss eine unter Beweis gestellte Tatsache als erwiesen, so ist diese damit auch für das Urteil bindend. Das Gericht darf sich im Urteil zu ihr nicht in Widerspruch setzen. Dazu gehört auch, dass diese Tatsache in ihrer vollen, aus Sinn und Zweck sich ergebenden Bedeutung unverändert als erwiesen behandelt und nicht in unzulässiger Weise eingeengt wird. Maßgebend ist dabei nicht der Wortlaut des Antrages, sondern dessen Sinn und Zweck, wie er sich aus dem gesamten Vorbringen des Angeklagten sowie aus dem Gang der Hauptverhandlung ergibt.
Der Beweisantrag zielte hier auf die Behauptung, für den Angeklagten hätten sich aus dem Betonierprotokoll der Lamelle 11 keine baulichen Mängel oder Warnhinweise ergeben. Unter Beweis wurde gestellt, dass er aufgrund des ihm vorgelegten Protokolls – unter Berücksichtigung der Mitteilung von L zum Vorliegen einer „Verjüngung" – keine Veranlassung hatte, den ausgewiesenen Betonverbrauch mit einem unvollständigen Aushub der Lamelle 11 in Verbindung zu bringen. Das Protokoll enthielt danach keinerlei Auffälligkeiten, die den Angeklagten zu weiteren Prüfungen hätten drängen müssen. Dass es ihm mit diesem Beweisantrag gerade auf die Plausibilität des Betonierprotokolls ankam, zeigen auch seine Einlassung und seine übrigen Beweisbemühungen. Diese zielten darauf ab, dass er – aufgrund der zu prüfenden Aufzeichnungen und der Mitteilungen von L und des unmittelbar an der schadhaften Herstellung der Schlitzwand beteiligten Baggerführers K – die fehlerhafte Herstellung der Lamelle 11 nicht habe erkennen können und er auf die ordnungsgemäße Ausführung der Bauarbeiten durch die übrigen Beteiligten habe vertrauen dürfen.
Der Strafkammer war diese Zielrichtung bekannt, wie sich dem Ablehnungsbeschluss entnehmen lässt. Der danach erwiesene Umstand, dass der „im Betonierprotokoll der Lamelle 11 dokumentierte Betonverbrauch (...) auch mit der von dem Angeklagten angenommenen Verjüngung des Schlitzes in Einklang zu bringen sein" könnte, beinhaltet, dass sich aus diesem Betonierprotokoll für den Angeklagten keine baulichen Mängel oder sonstigen Warnhinweise ergeben haben. Da die Entscheidung im Verlauf der Verhandlung nicht geändert wurde, konnte sich der Angeklagte darauf verlassen, das Gericht werde diese Tatsache als erwiesen behandeln. Die Urteilsgründe, die dem Betonierprotokoll „eindeutige Warnsignale" zusprechen und an die die Strafkammer anschließend weitere Prüfpflichten des Angeklagten knüpft, stehen mit der für erwiesen erachteten Tatsache in nicht auflösbarem Widerspruch.
Das Urteil beruht auf dem Verfahrensfehler (§ 337 Abs. 1 StPO). Ein Ausnahmefall, in dem ein Beruhen des Urteils im Zusammenhang mit einer fehlerhaften Behandlung eines Beweisantrags ausgeschlossen werden kann, liegt nicht vor. Von dem Verfahrensfehler sind alle Tatsachenfeststellungen betroffen.

Antrag:
Auf die Revision des Angeklagten wird das Urteil des Landgerichts ... vom ... mit den Feststellungen aufgehoben. Die Sache wird zu neuer Verhandlung und Entscheidung, auch über die Kosten des Rechtsmittels, an eine andere Strafkammer des Landgerichts zurückverwiesen.

Gericht, Az.:	Datum:	Fundstelle:
BGH, 6 StR 319/21	20.10.2021	NStZ 2022, 125 & 188 ff.

Bezugsfrei

Das Landgericht hat den Angeklagten von den Vorwürfen des Wohnungseinbruchdiebstahls und der Hehlerei aus tatsächlichen Gründen freigesprochen.

Mit der zugelassenen Anklage und einer in das Verfahren einbezogenen Nachtragsanklage legt die Staatsanwaltschaft dem Angeklagten wahlweise zur Last, in fünf Fällen das Fenster eines Wohnhauses und in einem Fall die Hintertür eines nicht zu Wohnzwecken genutzten Hauses gewaltsam geöffnet, sich dadurch Zutritt zum Gebäude verschafft und jeweils eine Vielzahl von Wertgegenständen erbeutet oder Wertgegenstände, die ein anderer bei diesen Taten gestohlen hatte, angekauft oder sich sonst verschafft zu haben.

Nach den Feststellungen des Landgerichts wurde im Februar 2016 in das Wohnhaus der Zeugin K, im Mai 2016 in das Wohnhaus der Zeugin S, im Juni 2016 in das Wohnhaus des Zeugen A, im August 2016 in das Wohnhaus des Zeugen U, im September 2016 in das Wohnhaus der Zeugin O und im Oktober 2016 in ein von einem Verein betriebenes „Bürgerhaus“ eingebrochen. Dabei wurden viele Wertgegenstände entwendet, darunter ein Goldbarren der Zeugin O samt zugehöriger Quittung. Der Angeklagte verkaufte am 11. Oktober 2016 182 Gramm Gold für 5.910,45 Euro und am 4. November 2016 121,2 Gramm Gold für 4.095,96 Euro an ein Edelmetallhandelsunternehmen. Am 17. Oktober 2016 veräußerte der Zeuge T im Auftrag des Angeklagten und im eigenen Namen 202,14 Gramm Gold für 6.605,94 Euro an das genannte Unternehmen; den Erlös händigte er kurz danach dem Angeklagten aus. Ausweislich der Urteilsgründe handelte es sich teilweise um Goldbarrenstücke. Am 11. November 2016 wurde in anderer Sache ein Haftbefehl gegen den Angeklagten vollstreckt. Bei Durchsuchungen seiner Wohnung am 11., 14. und 18. November 2016 wurden zahlreiche Gegenstände sichergestellt, bei denen es sich nach Einschätzung der Ermittlungsbeamten um Diebesgut handelte, das im Rahmen einer Einbruchsserie entwendet worden war. Bei der Sichtung der Asservate erkannten die Zeugin K eine Damenarmbanduhr, die Zeugin S eine „Ständerlupe“, der Zeuge A einen Rasierapparat sowie ein Paar Motorradhandschuhe, die Zeugin O einen Ring sowie eine Damenarmbanduhr und ein Mitarbeiter des Vereins „Bürgerhaus“ einen Beamer jeweils als ihr Eigentum wieder.

Das Landgericht hat sich nicht davon zu überzeugen vermocht, dass der Angeklagte an den Diebstahlstaten beteiligt war oder sich Beutestücke aus diesen Taten durch Hehlerei verschaffte. Es hat sich im Rahmen der Beweiswürdigung mehrfach mit bei den Akten befindlichen Schriftstücken befasst und dabei regelmäßig „wegen der Einzelheiten“ auf diese „Bezug“ genommen, etwa auf einen „Vermerk vom 28. April 2017“, „das Durchsuchungs- und Sicherstellungsprotokoll vom 15. November 2016“, „den Durchsuchungsbericht vom 18. November 2016 und die Auflistung der Gegenstände“ sowie „die drei Quittungen zu den Goldankäufen auf den Namen des Angeklagten“.

Die Staatsanwaltschaft möchte das Urteil anfechten. Sehen Sie eine Möglichkeit?

A. Zulässigkeit der Revision	B. Begründetheit der Revision
I. Statthaftigkeit	*I. Prozessvoraussetzungen/-hindernisse*
II. Rechtsmittelbefugnis	
III. Beschwer	*II. Verfahrensfehler (absoluter/relativer)*
IV. Form/Frist d. Einlegung	
V. Form/Frist d. Begründung	***III. Sachrüge (Beweiswürdigung)***
VI. kein(e) Rücknahme/Verzicht	***fehlerhafter Bezug – § 267 Abs. 1 Satz 3 StPO)***

Obersatz:
Es könnte ein anfechtbarer Verstoß vorliegen, indem das Gericht die getroffenen Feststellungen aufgrund einer fehlerhaften Beweiswürdigung getroffen hat.

Problem:
Das Urteil würde in diesem Fall auf einem erheblichen Darstellungsmangel beruhen. Problematisch könnten die im Rahmen der Beweiswürdigung getroffenen Bezugnahmen sein.

Lösung:
Gemäß § 267 Abs. 1 Satz 1 StPO müssen Urteilsgründe stets eine in sich geschlossene, aus sich heraus verständliche Darstellung der Feststellungen und der sie tragenden Beweiserwägungen enthalten; Bezugnahmen oder Verweisungen auf andere Urkunden, Aktenbestandteile oder sonstige Erkenntnisse sind grundsätzlich unzulässig. Eine Bezugnahme wegen der Einzelheiten lässt § 267 Abs. 1 Satz 3 StPO nur für bei den Akten befindliche Abbildungen zu. Sind die Urteilsgründe – wie hier – aufgrund von unzulässigen Bezugnahmen nicht aus sich heraus verständlich, fehlt es verfahrensrechtlich an einer Urteilsbegründung und sachlich-rechtlich an der Möglichkeit einer Überprüfung durch das Revisionsgericht.

Antrag:
Auf die Revision der Staatsanwaltschaft wird das Urteil des Landgerichts ... vom ... mit den Feststellungen aufgehoben. Die Sache wird zu neuer Verhandlung und Entscheidung, auch über die Kosten des Rechtsmittels, an eine andere Strafkammer des Landgerichts zurückverwiesen.

Tipp:
Bitte beachten Sie, dass § 267 Abs. 1 Satz 3 StPO als Ausnahmevorschrift nicht die generelle Bezugnahme auf Abbildungen erlaubt, sondern nur auf solche, die sich bei den Akten befinden und diesbezüglich auch nur wegen der Einzelheiten. Daher muss die Beweiswürdigung des Urteils im Hinblick auf das Beweisthema von der Abbildung jedenfalls die wesentlichen Inhalte beschreiben (z.B.: *Auf dem Bild auf Bl. 15 d. A. ist der kniende Angeklagte mit einem Messer in der rechten Hand über dem auf dem Boden liegenden Zeugen B zu sehen. Im Übrigen wird hinsichtlich der Einzelheiten gemäß § 267 Abs. 1 Satz 3 StPO auf die Einzelheiten des Bildes Bezug genommen.*).
Aufpassen muss man bei Abbildungen, die weitere Daten enthalten, die sich nicht durch einen Blick, sondern nur durch Lesen inhaltlich erschließen lassen (z.B. Messwerte auf einem Radarfoto). Hier genügt verfahrensrechtlich nicht eine Inaugenscheinnahme. Vielmehr ist der textliche Inhalt als Urkunde zu verlesen (§ 249 Abs. 1 StPO).

Gericht, Az.:	Datum:	Fundstelle:
BGH, 6 StR 387/21	15.11.2021	NStZ-RR 2022, 50 f.

Gleich hab' ich einen

Das Landgericht hat den Angeklagten wegen Betäubungsmitteldelikten zu einer Gesamtfreiheitsstrafe von drei Jahren und sechs Monaten verurteilt.

Der Angeklagte begehrt nun nach Versäumung der Frist zur Begründung der Revision die Wiedereinsetzung in den vorigen Stand und rügt mit seiner Revision die Verletzung sachlichen Rechts. Folgendes Verfahrensgeschehen liegt zugrunde:

Gegen das in seiner Anwesenheit am 15. März 2021 verkündete Urteil des Landgerichts legte der Angeklagte selbst am 18. März 2021 Revision ein. Am 27. April 2021 wurde das Urteil dem Wahlverteidiger des Angeklagten wirksam zugestellt. Mit Schreiben vom 30. April 2021 teilte der Angeklagte dem Landgericht mit, dass er kein Vertrauen mehr in seinen Wahlverteidiger habe und ihn nicht bezahlen könne. Er beantragte, ihm für die Anfertigung der Revisionsbegründungsschrift einen Pflichtverteidiger beizuordnen. Unter dem 20. Mai 2021 teilte der Vorsitzende ihm mit, dass die Beiordnung eines Pflichtverteidigers erst erfolgen könne, wenn das Mandat des Wahlverteidigers beendet und dies dem Landgericht mitgeteilt sei. Mit Schreiben vom 17. Juni 2021 übermittelte das Landgericht dem Angeklagten und seinem Verteidiger den Antrag der Staatsanwaltschaft, die Revision wegen Ablaufs der Revisionsbegründungsfrist als unzulässig zu verwerfen. Am 21. Juni 2021 ging beim Landgericht die Mitteilung des Wahlverteidigers über die Mandatsniederlegung ein. Am 24. Juni 2021 beauftragte der Angeklagte Rechtsanwalt M mit seiner weiteren Vertretung. Noch innerhalb der „Stellungnahmefrist", die der Vorsitzende antragsgemäß bewilligt hatte, führte dieser mit Schriftsatz vom 13. Juli 2021 aus, seinem Mandanten sei aufgrund unverschuldeter Fristversäumnis „von Amts wegen" Wiedereinsetzung in den vorigen Stand zu gewähren und Frist zur Fertigung der Revisionsbegründung einzuräumen. Zugleich begründete er die Revision „höchst vorsorglich" mit der allgemeinen Sachrüge.

Rechtsanwalt M fragt Sie nach Ihrer Meinung. Er möchte wissen, wie die Sache ausgehen wird. Was werden Sie ihm sagen?

A. Zulässigkeit der Revision	***B. Begründetheit der Revision***
I. Statthaftigkeit	*I. Prozessvoraussetzungen/-hindernisse*
II. Rechtsmittelbefugnis	
III. Beschwer	*II. Verfahrensfehler (absoluter/relativer)*
IV. Form/Frist d. Einlegung	
*V. Form/**Frist d. Begründung (Wiedereinsetzung)***	*III. Sachrüge*
VI. kein(e) Rücknahme/Verzicht	

Obersatz (ist aufgrund der Fragestellung ausnahmsweise anders aufgebaut):

Fraglich ist, ob die Revision des Angeklagten rechtzeitig gemäß § 345 Abs. 1 StPO begründet wurde, was nur der Fall ist, wenn ihm insoweit Wiedereinsetzung in den vorigen Stand zu gewähren ist.

Problem:

Fraglich ist, ob ein zulässiger Wiedereinsetzungsantrag gestellt wurde. Andernfalls wären der Wiedereinsetzungsantrag und die Revision unzulässig.

Lösung:

1) Der Schriftsatz vom 13. Juli 2021 ist entsprechend § 300 StPO als Antrag auf Wiedereinsetzung in den vorigen Stand auszulegen. Der Antrag ist indes unzulässig, da ein Wiedereinsetzungsgrund weder dargelegt noch glaubhaft gemacht ist. Nach § 45 Abs. 2 StPO bedarf es einer Darlegung und Glaubhaftmachung der Tatsachen, die ein Verschulden des Verurteilten an der Versäumung der Frist des § 345 Abs. 1 StPO ausschließen könnten. Die Begründung des Antrags erfordert daher grundsätzlich eine genaue Darlegung und Glaubhaftmachung aller zwischen Beginn und Ende der versäumten Frist liegenden Umstände, die für die Frage bedeutsam sind, wie und gegebenenfalls durch wessen Verschulden es zur Säumnis gekommen ist. Dem Schreiben des Verteidigers Rechtsanwalt M sind keine Ausführungen zu einem Hindernis, welches der Einreichung der Revisionsbegründungsschrift entgegengestanden haben könnte, zu entnehmen. Nach Aktenlage war der Angeklagte während des gesamten Laufs der Revisionsbegründungsfrist, nämlich von Dienstag, dem 27. April 2021, bis Donnerstag, den 27. Mai 2021, durch seinen Wahlverteidiger, dem auch das Urteil zugestellt wurde, anwaltlich vertreten. Ereignisse, die eine fristgerechte Einreichung der Revisionsbegründungsschrift gehindert haben könnten, sind nicht vorgetragen. Der Verweis auf ein Abrücken des Angeklagten von seinem Wahlverteidiger sowie einen weder im Schreiben des Angeklagten vom 30. April 2021 noch im Schriftsatz des Rechtsanwalts M näher dargetanen und mithin nicht nachvollziehbaren Vertrauensverlust genügen insoweit nicht.

Es sind auch keine Umstände mitgeteilt, die einen „offenkundigen Mangel" der Verteidigung begründen könnten, dem das Landgericht mit Blick auf die Gewährleistung einer wirksamen Verteidigung (Art. 6 Abs. 3 c) EMRK) hätte entgegenwirken müssen.

Darüber hinaus hätte der Angeklagte die Revisionsbegründung eigenständig zu Protokoll der Geschäftsstelle erklären können oder selbst einen Verteidigerwechsel bewirken können, wie er es später auch getan hat. Er konnte nicht darauf vertrauen – worauf er sich auch nicht berufen hat –, das Landgericht werde ihm aufgrund seines Antrags auf Beiordnung eines Pflichtverteidigers trotz weiterhin bestehenden Wahlmandats einen solchen bestellen; das gilt jedenfalls seit Erhalt des gerichtlichen Schreibens vom 20. Mai 2021. Dass ihm dieses nicht zugegangen sei, ist weder dargelegt noch glaubhaft gemacht oder sonst ersichtlich.

Für eine Wiedereinsetzung von Amts wegen gelten keine geringeren Anforderungen (§ 45 Abs. 2 Satz 3 StPO).

2) Die Revision des Angeklagten ist nach alldem wegen Versäumung der Begründungsfrist des § 345 Abs. 1 StPO als unzulässig zu verwerfen (§ 349 Abs. 1 StPO).

Ergebnis:

Der Antrag des Angeklagten auf Wiedereinsetzung in den Stand vor Ablauf der Revisionsbegründungsfrist sowie seine Revision gegen das Urteil des Landgerichts … vom … werden als unzulässig verworfen. Der Angeklagte hat die Kosten seiner Revision zu tragen.

Gericht, Az.:	Datum:	Fundstelle:
BGH, 1 StR 397/21	18.11.2021	NStZ 2022, 288 ff.

Eine Mordssache

Das Landgericht hat den Angeklagten wegen Mordes zu lebenslanger Freiheitsstrafe verurteilt.

Nach den Feststellungen des Landgerichts verband den Angeklagten und das spätere Tatopfer S eine Bekanntschaft dergestalt, dass der Angeklagte von S regelmäßig Kokain erwarb und beide gelegentlich zusammen zum Feiern oder Essen ausgingen. Mitte November 2019 kündigte S eine bis dahin mit dem Angeklagten bei den laufenden Betäubungsmittelgeschäften praktizierte Zahlungsvereinbarung, wonach der Angeklagte die von S bezogenen Betäubungsmittel erst zum Monatsende zu bezahlen hatte, und forderte vom Angeklagten die sofortige Bezahlung ausstehender 700 €. Da der Angeklagte diese Zahlung erst Anfang Dezember 2019 erbringen konnte, forderte S von ihm „Strafzinsen" in Höhe von 300 €. In der Folgezeit erhob S erhebliche weitere, aus Sicht des Angeklagten unberechtigte, also nicht mit den gemeinsamen Drogengeschäften begründbare Forderungen. Diese bekräftigte er gelegentlich mit Schlägen und Drohungen gegen den Angeklagten – insbesondere dann, wenn der Angeklagte die Berechtigung der Mehrforderungen in Frage stellte. Anfang Februar 2020 kündigte S dem Angeklagten an, dass er, wenn dieser die von ihm erhobenen Forderungen nicht begleichen sollte, jede Woche zusätzlich weitere 1.000 € fordern werde, und sprach massive Drohungen gegen den Angeklagten für den Fall aus, dass dieser den Forderungen nicht nachkommen sollte. Der Angeklagte übergab S infolge der Drohungen wiederholt aus seiner Sicht nicht geschuldete Beträge in dreistelliger Höhe. Nachdem der Angeklagte den immer weiter steigenden Zahlungsverlangen des S nicht hatte nachkommen können, forderte S Mitte März 2020 zuletzt einen Betrag von 8.000 oder 9.000 € vom Angeklagten. Dieser erklärte S am 16. März 2020 wahrheitswidrig, dass seine Mutter einen Kredit aufgenommen habe und er den geforderten Betrag am kommenden Tag bezahlen werde. Am 17. März 2020 rief der Angeklagte S an und vereinbarte mit diesem ein Treffen. Beide verbrachten einige Stunden zusammen, wobei die Stimmung des S wegen der ausstehenden Zahlung immer aggressiver wurde. Gegen 17.30/17.45 Uhr fuhr S mit dem Angeklagten zur Wohnung von dessen Familie, damit dieser dort das Geld holen könne. Im Hausflur schlug S dem Angeklagten mit voller Wucht in den Bauch und sagte, dass er noch etwas zu erledigen habe, danach aber wiederkomme. In einem vom Angeklagten und S in der Zwischenzeit geführten Telefonat drohte S dem Angeklagten zudem damit, dass er „nach oben kommen und alles auseinandernehmen" werde, wenn sich herausstelle, dass das Geld nicht da sei. Der Angeklagte holte – nachdem er Kokain konsumiert hatte – vom Dachboden eine Selbstladepistole, Kaliber 6,35 mm, steckte diese in die Jackentasche und begab sich zu dem verabredeten Standort des S, der dort in seinem PKW auf den Angeklagten wartete. Der Angeklagte setzte sich auf die Rückbank, um zu verhindern, dass S ihm die Waffe entreißt oder ihn schlägt. S drehte sich um und fragte nach dem Geld, woraufhin der Angeklagte sagte, seine Mutter sei noch nicht da. Dann zog der Angeklagte die Waffe und sagte, dass er mehr Zeit für die Beschaffung des Geldes benötige und S nicht mit in die Wohnung kommen dürfe. S lachte den Angeklagten aus, fragte, was dieser mit dem „Spielzeug" wolle, und sagte „Schieß doch, Hurensohn, ich lasse Dich nicht so einfach in Ruhe". Zudem machte er, von der Waffe unbeeindruckt, mit seiner Hand eine Bewegung in Richtung des Angeklagten. Hierauf schoss der Angeklagte S aus kurzer Distanz mit der zuvor entsicherten Waffe dreimal schnell hintereinander in den Kopf, wodurch S, der sich keines Angriffs auf Leib oder Leben versehen hatte und sich deshalb nicht effektiv gegen den Angriff des Angeklagten verteidigen konnte, verstarb. Den Umstand, dass sich S keines Angriffs auf Leib oder Leben versah, nutzte der aufgrund des vorangegangenen Kokainkonsums zwar enthemmte, aber weder in seiner Einsichts- noch in seiner Steuerungsfähigkeit beeinträchtigte Angeklagte bewusst zur Tatbegehung aus. Das Landgericht hat weder die Tat des Angeklagten als gerechtfertigt noch diesen als entschuldigt angesehen; die Vorgehensweise des Angeklagten hat es als heimtückisch im Sinne von § 211 Abs. 2 StGB gewertet.

Der Angeklagte fühlt sich als Opfer und möchte das Urteil anfechten. Raten Sie ihm dazu?

A. Zulässigkeit der Revision	B. Begründetheit der Revision
I. Statthaftigkeit	*I. Prozessvoraussetzungen/-hindernisse*
II. Rechtsmittelbefugnis	
III. Beschwer	*II. Verfahrensfehler (absoluter/relativer)*
IV. Form/Frist d. Einlegung	
V. Form/Frist d. Begründung	***III. Sachrüge (rechtliche Würdigung)***
VI. kein(e) Rücknahme/Verzicht	***§ 211 StGB – Heimtücke des Erpressungsopfers in Notwehrlage***

Obersatz:
Es könnte ein anfechtbarer Verstoß gegen § 211 Abs. 2 StGB vorliegen, indem das Gericht den Angeklagten wegen Mordes verurteilt hat.

Problem:
Fraglich ist hier insbesondere, ob nach den Feststellungen des Landgerichts das Mordmerkmal der Heimtücke gegeben ist.

Lösung:
Das Landgericht hat rechtsfehlerfrei angenommen, dass die Tat des Angeklagten nicht gerechtfertigt oder entschuldigt war. Die Tat des Angeklagten war nicht durch Notwehr (§ 32 StGB) gerechtfertigt. Zwar war der Angeklagte einem andauernden und damit gegenwärtigen rechtswidrigen Angriff auf seine freie Willensentschließung und sein Vermögen ausgesetzt, weil die von gewalttätigen Übergriffen begleiteten fortlaufenden Drohungen des Tatopfers zwecks Durchsetzung der von ihm erstrebten rechtsgrundlosen Zahlungen ununterbrochen fortwirkten und sich sogar zunehmend intensivierten; die Tötung des S war indes zur Abwehr dieses fortdauernden und sich zunehmend steigernden Angriffs nicht erforderlich. Auch die Voraussetzungen des § 33 StGB oder eines entschuldigenden Notstandes gemäß § 35 StGB sind nicht gegeben.
Der Angeklagte handelte nach den Feststellungen jedoch nicht heimtückisch im Sinne von § 211 Abs. 2 StGB. Heimtückisch handelt, wer in feindlicher Willensrichtung die Arg- und Wehrlosigkeit des Tatopfers bewusst zur Tötung ausnutzt. Wesentlich ist dabei, dass der Mörder sein Opfer, das keinen Angriff erwartet, also arglos ist, in einer hilflosen Lage überrascht und dadurch daran hindert, dem Anschlag auf sein Leben zu begegnen oder ihn wenigstens zu erschweren. Heimtückisches Handeln erfordert jedoch kein „heimliches“ Vorgehen. Das Opfer kann auch dann arglos sein, wenn der Täter ihm zwar offen feindselig entgegentritt, die Zeitspanne zwischen dem Erkennen der Gefahr und dem unmittelbaren Angriff aber so kurz ist, dass ihm keine Möglichkeit bleibt, dem Angriff zu begegnen. Maßgebend für die Beurteilung ist die Lage bei Beginn des ersten mit Tötungsvorsatz geführten Angriffs. Begeht der Täter seine Tat als Opfer einer Erpressung in einer bestehenden Notwehrlage, kann dies – unbeschadet der weiteren Voraussetzungen dieses Rechtfertigungsgrundes – Auswirkungen auf die Beantwortung der Frage heimtückischen Handelns haben und die Frage aufwerfen, ob das Tatopfer überhaupt arglos sein kann. Die Beurteilung, ob ein Mensch arglos ist, richtet sich dabei grundsätzlich nach seiner tatsächlichen Einsicht im konkreten Einzelfall in das Bestehen einer Gefahr. Ist ein Erpresser angesichts eines etwaigen abwehrenden Gegenangriffs des Opfers auf sein Leben bereit, seine Tat zu vollenden oder zu beenden, handelt das sich wehrende Erpressungsopfer in aller Regel nicht heimtückisch. Denn hier ist regelmäßig der Erpresser der Angreifer, weil er durch sein Verhalten den schützenden oder trutzwehrenden Gegenangriff herausgefordert hat, unabhängig davon, ob der Gegenangriff sich an die Grenzen der Notwehr hält. Jedenfalls muss der Erpresser in der von ihm geschaffenen Notwehrlage jederzeit mit einer Ausübung des Notwehrrechts durch sein Opfer rechnen.
Nach alledem ist das Verhalten des Angeklagten nicht als heimtückisch zu bewerten.

Antrag:
Auf die Revision des Angeklagten wird das Urteil des Landgerichts ... vom ... im Schuldspruch dahin geändert, dass der Angeklagte des Totschlags schuldig ist, und im Strafausspruch aufgehoben. Im Umfang der Aufhebung wird die Sache zu neuer Verhandlung und Entscheidung, auch über die Kosten des Rechtsmittels, an eine andere als Schwurgericht zuständige Strafkammer des Landgerichts zurückverwiesen.

Gericht, Az.:	Datum:	Fundstelle:
BGH, 5 StR 300/21	23.11.2021	NStZ 2022, 191 f.

Da war noch was

Das Landgericht hat den Angeklagten zu einer Freiheitsstrafe von vier Jahren und sechs Monaten verurteilt. Diese empfindet er als zu hoch und hat deswegen Revision eingelegt. Folgendes Geschehen gibt ihm dazu Anlass:

In einem am ersten Hauptverhandlungstag unterbreiteten Verständigungsvorschlag hatte das Gericht für den Fall eines umfassenden Geständnisses eine Strafe zwischen drei Jahren und neun Monaten und vier Jahren und drei Monaten in Aussicht gestellt. Der Angeklagte hatte dem nicht zugestimmt. Am letzten (fünften) Hauptverhandlungstag legte der Angeklagte jedoch im Rahmen seines letzten Wortes ein Geständnis ab. Ohne einen weiteren Hinweis kam es sodann zu der vorstehenden Verurteilung.

Was raten Sie dem Angeklagten im Hinblick auf die eingelegte Revision?

A. Zulässigkeit der Revision	B. Begründetheit der Revision
I. Statthaftigkeit	I. Prozessvoraussetzungen/-hindernisse
II. Rechtsmittelbefugnis	
III. Beschwer	**II. Verfahrensfehler** (absoluter/**relativer**)
IV. Form/Frist d. Einlegung	**§ 265 Abs. 2 Nr. 2 StPO – abweichende Bewertung**
V. Form/Frist d. Begründung	
VI. kein(e) Rücknahme/Verzicht	III. Sachrüge

Obersatz:
Es könnte ein anfechtbarer Verstoß gegen § 265 Abs. 2 Nr. 2 StPO vorliegen, indem das Gericht den Angeklagten ohne vorherigen Hinweis zu einer höheren Strafe verurteilt hat, als dies vom Gericht zuvor im Verständigungsvorschlag angekündigt worden war.

Problem:
Fraglich ist, ob allein durch den Verständigungsvorschlag des Gerichts ein Vertrauen geschaffen wurde, das sogar noch bis zum Ende der Hauptverhandlung – hier bis zum letzten Wort – fortwirkt und die Pflicht des Gerichts auslöst, dem Angeklagten einen Hinweis zu geben, wenn es von diesem Vorschlag abweichen möchte. Wäre dies der Fall, läge hier im unterbliebenen Hinweis ein Rechtsfehler, da das Gericht seinen zuvor im Verständigungsvorschlag angekündigten Strafrahmen im Urteil überschritten hat.

Lösung:
Einen Rechtsfehler zeigt die Revision damit nicht auf. Ein Hinweis nach § 265 Abs. 2 Nr. 2 StPO ist in derartigen Konstellationen nicht erforderlich. Denn einem vom Gericht zu Beginn der Hauptverhandlung unterbreiteten Verständigungsvorschlag liegt regelmäßig – für alle Beteiligten ersichtlich – die Erwartung zugrunde, dass der Angeklagte zeitnah dazu ein Geständnis ablegt und damit die Verhandlungsdauer verkürzt. Ein solcher Vorschlag begründet nicht das für die Hinweispflicht nach § 265 Abs. 2 Nr. 2 StPO erforderliche Vertrauen dahingehend, dass die ursprüngliche Strafrahmenzusage auch für ein späteres Geständnis gilt.

Vorschlag:
Aus Sicht des Angeklagten wäre es zweckmäßig, seine Revision zurückzunehmen.

Tipp:
Verstehen Sie das System, um die richtige möglicherweise verletzte Rechtsnorm zu finden und zu prüfen. Als verletzte Rechtsnorm war hier § 265 StPO zu prüfen, da eine Verständigung nicht zustande gekommen war (§ 257c Abs. 3 Satz 4 StPO). Daher musste das Gericht auch keine Abweichung von der Verständigung gemäß § 257c Abs. 4 Satz 4 StPO mitteilen. In Betracht kam nur ein Verstoß des Gerichts gegen seine Pflicht, erhebliche Veränderungen im Gegenstand des Verfahrens transparent zu machen. Dieses Gebot der Fairness ist die Grundlage der in § 265 StPO normierten Hinweispflicht.

Gericht, Az.:	Datum:	Fundstelle:
BGH, 4 StR 345/21	24.11.2021	NStZ-RR 2022, 39

Hallo, ich kenne Dich!

Das Landgericht hat den Angeklagten wegen versuchten besonders schweren Raubes in Tateinheit mit fahrlässiger Körperverletzung zu einer Freiheitsstrafe von drei Jahren verurteilt und die Unterbringung des Angeklagten in einer Entziehungsanstalt angeordnet. Das Landgericht hat im Wesentlichen folgende Feststellungen und Wertungen getroffen:

Am 9. Februar 2020 fasste der Angeklagte den Entschluss, zur Finanzierung seines Drogenkonsums den in der Nachbarschaft wohnenden Geschädigten zu überfallen, wobei er ein Messer mitführte, welches er ausschließlich als Drohmittel einsetzen wollte. Er klingelte maskiert an der Haustür des Geschädigten. Als dieser öffnete, hielt ihm der Angeklagte das Messer entgegen. Noch bevor der Angeklagte etwas sagen konnte, griff der Geschädigte nach dem Messer, wobei er sich verletzte. Zugleich griff der Geschädigte nach der Maskierung des Angeklagten, so dass diese verrutschte, und drängte den Angeklagten von dem Hauseingang weg. Dabei rief er: „Ich kenne dich! Hier gibt es nichts zu holen!“ Der Angeklagte flüchtete.

Das Landgericht hat einen strafbefreienden Rücktritt vom Versuch des besonders schweren Raubes verneint. Der Versuch sei fehlgeschlagen. Die überraschende Gegenwehr des Geschädigten habe eine Zäsur bewirkt. Zwar habe der Angeklagte angesichts seiner körperlichen Überlegenheit sein Ziel danach gegebenenfalls durch die Anwendung von Gewalt noch erreichen können. Dies sei für ihn aber nicht in Betracht gekommen, wie sich indiziell aus seinem Tatplan ergebe. Der Einsatz von Nötigungsmitteln über die ursprünglich geplante Drohung hinaus sei für ihn keine gleichwertige Handlungsalternative gewesen. Dies habe eine hohe innere Hürde dargestellt, „die zu nehmen er weder willens noch in der Lage gewesen sei, womöglich zusätzlich auch, da er davon ausgehen musste, erkannt worden zu sein, und der Geschädigte ihm gegenüber geäußert hatte, dass es nichts zu holen gäbe“.

Was halten Sie von der Entscheidung? Sehen Sie einen möglichen Rechtsfehler des Gerichts, auf den eine erfolgreiche Revision gestützt werden könnte?

A. Zulässigkeit der Revision	B. Begründetheit der Revision
I. Statthaftigkeit II. Rechtsmittelbefugnis III. Beschwer IV. Form/Frist d. Einlegung V. Form/Frist d. Begründung VI. kein(e) Rücknahme/Verzicht	I. Prozessvoraussetzungen/-hindernisse II. Verfahrensfehler (absoluter/relativer) **III. Sachrüge (rechtliche Würdigung)** **§ 24 Abs. 1 StGB - Fehlschlag**

Obersatz:
Es könnte ein anfechtbarer Verstoß gegen § 24 Abs. 1 StGB vorliegen, indem das Gericht den Angeklagten wegen tateinheitlich begangenen versuchten besonders schweren Raubes verurteilt und dabei einen strafbefreienden Rücktritt mit der Begründung verneint hat, der Versuch sei fehlgeschlagen.

Problem:
Fraglich ist hier, ob der Versuch fehlgeschlagen war.

Lösung:
Ein Fehlschlag ist gegeben, wenn die Tat nach Misslingen des zunächst vorgestellten Tatablaufs mit den bereits eingesetzten oder anderen naheliegenden Mitteln objektiv nicht mehr vollendet werden kann und der Täter dies erkennt oder wenn er subjektiv die Vollendung nicht mehr für möglich hält. Maßgeblich dafür ist nicht der ursprüngliche Tatplan, dem je nach Fallgestaltung allerdings Indizwirkung für den Erkenntnishorizont des Täters zukommen kann, sondern dessen Vorstellung nach Abschluss der letzten Ausführungshandlung. Ein Fehlschlag liegt nicht bereits darin, dass der Täter die Vorstellung hat, er müsse von seinem Tatplan abweichen, um den Erfolg herbeizuführen. Hält er die Vollendung der Tat im unmittelbaren Handlungsfortgang noch für möglich, wenn auch mit anderen Mitteln, so ist der Verzicht auf ein Weiterhandeln als freiwilliger Rücktritt vom unbeendeten Versuch zu bewerten.
Die Urteilsausführungen lassen besorgen, dass das Landgericht entgegen diesen Vorgaben dem Tatplan des Angeklagten nicht nur indizielle Bedeutung für dessen Vorstellungsbild zum sog. Rücktrittshorizont beigemessen, sondern den angenommenen Fehlschlag maßgeblich auf die vom Angeklagten erkannte Notwendigkeit gestützt hat, zur Erreichung seines Ziels andere als die ursprünglich geplanten Mittel anzuwenden. Für die weitere Erwägung der Strafkammer, der Angeklagte sei nach seiner erfolglos gebliebenen Drohung nicht nur nicht willens, sondern auch nicht „in der Lage“ gewesen, die „innere Hürde“ zur Anwendung von Gewalt als Nötigungsmittel zu überwinden, fehlt es an einem tragfähigen Beleg.
Die Ablehnung eines strafbefreienden Rücktritts vom Versuch erweist sich auf der Grundlage der Urteilsfeststellungen auch nicht aus anderen Gründen als tragfähig. Dass der Angeklagte nach Ausführung seiner erfolglos gebliebenen Drohung annahm, es gebe bei dem Geschädigten „nichts zu holen“, er sein Vorhaben also aus tatsächlichen Gründen für gescheitert hielt und deshalb von weiteren Ausführungshandlungen Abstand nahm, hat das Landgericht zwar erwogen, aber nicht sicher festgestellt. Ebenfalls offengelassen hat die Strafkammer, ob der Angeklagte, der für möglich hielt, von dem Geschädigten erkannt worden zu sein, das Entdeckungsrisiko für unvertretbar gestiegen hielt und deshalb nicht freiwillig von der weiteren Tatausführung Abstand nahm.
Die Verurteilung wegen versuchten besonders schweren Raubes hat daher keinen Bestand. Wegen des tateinheitlichen Zusammentreffens erstreckt sich die Aufhebung des Urteils auch auf den Schuldspruch wegen fahrlässiger Körperverletzung, der für sich genommen keinen den Angeklagten beschwerenden Rechtsfehler aufweist.

Antrag:
Auf die Revision des Angeklagten wird das Urteil des Landgerichts ... vom ... mit den Feststellungen aufgehoben. Die Sache wird zu neuer Verhandlung und Entscheidung, auch über die Kosten des Rechtsmittels, an eine andere Strafkammer des Landgerichts zurückverwiesen.

Gericht, Az.:	Datum:	Fundstelle:
BGH, 5 StR 115/21	25.11.2021	NStZ-RR 2022, 55 f.

Filmvorführung

Das Landgericht hat den Angeklagten wegen mehrerer Delikte zu einer Gesamtfreiheitsstrafe verurteilt.

In der Beweisaufnahme hat die Kammer zum verfahrensgegenständlichen Geschehen eine Videoaufzeichnung in Augenschein genommen. Entgegen dem Widerspruch der Verteidigung, hat sie dabei die Sequenzen zum Teil verlangsamt und/oder vergrößert abgespielt und bei einem Einzelbild das Video gestoppt. Die Verteidigung hatte beanstandet, dass ihr die verlangsamten und/oder vergrößerten Sequenzen und das Einzelbild nicht zuvor im Wege der Akteneinsicht zugänglich gemacht worden seien.

Die Verteidigung möchte diese Verfahrensweise nun in der Revision beanstanden und fragt Sie, auf welche Weise dies mit Erfolg erfolgen kann. Wie wird Ihre Antwort aussehen?

A. Zulässigkeit der Revision	B. Begründetheit der Revision
I. Statthaftigkeit	I. Prozessvoraussetzungen/-hindernisse
II. Rechtsmittelbefugnis	
III. Beschwer	**II. Verfahrensfehler (absoluter/relativer)**
IV. Form/Frist d. Einlegung	**Art. 6 Abs. 1 EMRK/§ 261 StPO – Augenschein Videoaufnahme**
V. Form/Frist d. Begründung	
VI. kein(e) Rücknahme/Verzicht	III. Sachrüge

Obersatz:
Es kommen zwei Verstöße in Betracht. Es könnte ein anfechtbarer Verstoß sowohl gegen den fair trail Grundsatz und damit eine unzulässige Beschränkung der Verteidigung in einem für die Entscheidung wesentlichen Punkt (Art. 6 Abs. 1 EMRK, § 338 Nr. 8 StPO) als auch ein Verstoß gegen § 261 StPO vorliegen, indem die Strafkammer in der Hauptverhandlung Videoaufnahmen von dem verfahrensgegenständlichen Geschehen gegen den Widerspruch der Verteidigung unter anderem auch dergestalt in Augenschein genommen hat, dass sie einzelne Sequenzen zum Teil verlangsamt und/oder vergrößert abgespielt oder bei einem Einzelbild angehalten hat, ohne die verlangsamten und/oder vergrößerten Sequenzen oder das Einzelbild der Verteidigung zuvor im Wege der Akteneinsicht zugänglich zu machen.

Problem:
Unabhängig von der möglicherweise verletzten Norm, müsste die Augenscheinnahme in der erfolgten Form rechtsfehlerhaft sein, um eine erfolgreiche Rüge zu ermöglichen. Ein Verstoß kommt nur in Betracht, wenn ein neues Beweismittel geschaffen worden wäre. Dies ist z.B. in einem Verfahren (BGH, 2 StR 557/04, NStZ 2006, 406) bejaht worden. In diesem hatte die Verteidigung beantragt 1.800 Einzelbilder einer bereits in der Hauptverhandlung in Zeitlupe in Augenschein genommenen Videosequenz (36 Sekunden bei 50 Bildern pro Sekunde) auszudrucken, technisch aufzubereiten und nachfolgend vergrößert in Augenschein zu nehmen, weil auf den Bildern dann zu erkennen sei, dass andere Männer als der Angeklagte Messer in der Hand gehalten hätten. Der 2. Strafsenat des BGH hatte entschieden, dass das in jenem Verfahren befasste Landgericht den Antrag nicht mit der Begründung hätte zurückweisen dürfen, er ziele auf eine Wiederholung der Beweisaufnahme ab. Denn bei der Inaugenscheinnahme von (vergrößerten) Einzelbildern und einem gegebenenfalls auch in Zeitlupe abgespielten Film handele es sich nicht um identische Beweismittel.

Lösung:
Zu Recht ist das Landgericht hier jedoch davon ausgegangen, dass es durch seine Vorgehensweise in der Hauptverhandlung keine „neuen Beweismittel" geschaffen hat, die den Verfahrensbeteiligten vor der Inaugenscheinnahme hätten zur Verfügung gestellt werden müssen.
Die der Entscheidung des 2. Strafsenats zugrundeliegende Konstellation ist mit dem vorliegenden Fall nicht vergleichbar. Hier wurden in der Hauptverhandlung nur die vorhandenen Beweismittel, die Videoaufzeichnungen – teilweise mit technischer Unterstützung etwa in Zeitlupe oder mittels einer computergestützten Vergrößerung – in Augenschein genommen. Dadurch wurden indes keine anderen oder neuen Beweismittel geschaffen. Dies erhellt schon ein Vergleich mit der entsprechenden Situation bei der Inaugenscheinnahme analoger Fotografien, Urkunden oder Filmaufnahmen: Würde bei deren Inaugenscheinnahme in der Hauptverhandlung etwa eine Lupe verwendet oder der Filmprojektor mechanisch verlangsamt, würde dies die Identität des Beweismittels auch nicht verändern. Nichts anderes ergibt sich aus dem zitierten Urteil des 2. Strafsenats, in dem davon ausgegangen wird, dass auch die verlangsamte Inaugenscheinnahme eines Films immer noch die Inaugenscheinnahme des nämlichen Beweismittels darstellt. Über das „genauere" in Augenscheinnehmen hinaus ist es hier gerade nicht zu einer technischen Aufbereitung gekommen, welche über die Erhebungsmöglichkeiten in der Hauptverhandlung hinausging.

Vorschlag:
Mangels eines Rechtsverstoßes kann auf das beschriebene Verfahrensgeschehen keine erfolgreiche Revisionsrüge gestützt werden.

Gericht, Az.:	Datum:	Fundstelle:
BGH, 5 StR 187/21	07.12.2021	NStZ-RR 2022, 56

9 Monate

Das Landgericht hat den Angeklagten zu einer neunmonatigen Freiheitsstrafe verurteilt und die Vollstreckung nicht zur Bewährung ausgesetzt.

An der Entscheidung hatte eine Schöffin mitgewirkt, der gemäß § 16 Abs. 1 MuSchG durch ein ärztliches Attest ein Beschäftigungsverbot für ihre Arbeitsstelle ausgesprochen worden war, da ihre Gesundheit oder die ihres Kindes bei Fortdauer der Beschäftigung gefährdet sei.

Die Verteidigung hatte die Gerichtsbesetzung bereits zu Beginn der Hauptverhandlung erfolglos gerügt und möchte hierauf nun eine Revisionsrüge stützen. Was halten Sie davon?

A. *Zulässigkeit der Revision*	**B. *Begründetheit der Revision***
I. Statthaftigkeit	*I. Prozessvoraussetzungen/-hindernisse*
II. Rechtsmittelbefugnis	
III. Beschwer	***II. Verfahrensfehler** (**absoluter**/relativer)*
IV. Form/Frist d. Einlegung	***Art. 101 Abs. 1 Satz 2 GG, §§ 16 MuSchG, 338 Nr. 1 StPO***
V. Form/Frist d. Begründung	
VI. kein(e) Rücknahme/Verzicht	*III. Sachrüge*

Obersatz:
Es könnte ein anfechtbarer Verstoß gegen Art. 101 Abs. 1 Satz 2 GG, §§ 16 MuSchG, 338 Nr. 1 StPO vorliegen, indem das Gericht das Urteil unter Mitwirkung der Schöffin gefällt hat.

Problem:
Fraglich ist, ob das Beschäftigungsverbot für den Arbeitgeber aus § 16 Abs. 1 MuSchG auch eine Tätigkeit als ehrenamtliche Richterin ausschließt.

Lösung:
Die Rüge der fehlerhaften Besetzung der Strafkammer erweist sich als unbegründet. Denn das einer ehrenamtlichen Richterin nach § 16 Abs. 1 MuSchG ausgesprochene Beschäftigungsverbot führt nicht zu einem Mitwirkungsverbot in der Hauptverhandlung. Das an den Arbeitgeber, nicht aber an das Gericht gerichtete Beschäftigungsverbot führt schon deshalb nicht zu einer gesetzeswidrigen Besetzung, weil die als öffentliches Ehrenamt ausgeführte Schöffentätigkeit (§ 31 Satz 1 GVG) nicht dem persönlichen Anwendungsbereich des Mutterschutzgesetzes unterfällt (vgl. dazu hinten „Zur weiteren Vertiefung" auch BGH, 5 StR 161/21 v. 30.09.2021, NJW 2022, 1111).

Vorschlag:
Die beabsichtigte Rüge der Verteidigung wird keinen Erfolg haben.

Tipp:
Achten Sie darauf, dass ein Umstand auch an mehreren Stellen in der Revisionsklausur von Bedeutung sein kann. Der 5. Strafsenat des BGH hat die Entscheidungsbegründung hier zum Anlass genommen, darauf hinzuweisen, dass auch die Rüge der Befangenheit regelmäßig keinen Erfolg haben wird. Die weitere Mitwirkung einer Schöffin, für die ein ärztliches Beschäftigungsverbot nach § 16 MuSchG erteilt ist, stellt nach dessen Ansicht keinen Verstoß gegen das Recht auf den gesetzlichen Richter dar. Zudem sei eine Strafkammer unter keinem rechtlichen Gesichtspunkt dazu verpflichtet, die Schwangerschaft einer Berufsrichterin oder Schöffin offenzulegen oder Fragen der Verfahrensbeteiligten dazu zu beantworten; jedenfalls bei einer Schöffin gilt im Hinblick auf etwaige ärztliche Beschäftigungsverbote nach § 16 MuSchG Gleiches. Anderes möge allenfalls gelten, wenn ausnahmsweise die Verhandlungsunfähigkeit einer zur Entscheidung berufenen Person wegen einer ernsthaften Erkrankung aufgrund konkreter und tragfähiger Anhaltspunkte in Rede stehe oder es um die Frage gehe, ob ein zwingender nachgeburtlicher Mutterschutz einer Berufsrichterin zu beachten sei. Dass eine Schöffin aufgrund einer Schwangerschaft aus gesundheitlichen Gründen nicht geeignet sein solle, das Schöffenamt auszuüben, liege jedoch auch in Fällen des § 16 MuSchG regelmäßig fern.

Gericht, Az.:	Datum:	Fundstelle:
BGH, 3 StR 411/21	07.12.2021	NStZ-RR 2022, 68

Eine kleine Lüge ist doch nicht schlimm!

Das Landgericht hat den Angeklagten zu einer Freiheitsstrafe von zwei Jahren und sechs Monaten verurteilt. Dabei hat es im Rahmen der Strafzumessung zu dessen Lasten Folgendes ausgeführt:

> *„Der Angeklagte hat durch seine Einlassung die beiden vormals Mitangeklagten bewusst zu Unrecht über ihren geleisteten Tatbeitrag hinaus belastet.“*

Auch wenn das Gericht die Angaben des Angeklagten über den strafschärfenden Umstand hinaus nicht als besonders verwerflich ansah, weil er damit die Mitangeklagten nicht verleumdet, herabgewürdigt oder sie einer besonders verwerflichen Handlung bezichtigt hatte, so ist der Angeklagte doch nicht zufrieden. Er ist der Ansicht, dass das Gericht nicht fair mit ihm umgegangen sei. Er habe sich doch nur verteidigt. Da müsse eine kleine Lüge doch erlaubt sein.

Allerdings muss der Angeklagte auch einräumen, dass das Landgericht eine äußerst maßvolle Strafe ausgesprochen hat. Die untere Strafrahmengrenze lag bei zwei Jahren. Außer dem gerügten Umstand, habe das Landgericht zahlreiche weitere gewichtige Umstände zu Recht zu seinen Lasten eingestellt. Wirklich entlastende Umstände kann er nicht vortragen.

Würden Sie ihm zu einem Rechtsmittel raten?

Obersatz:
Es könnte ein anfechtbarer Verstoß gegen die Regeln der Strafzumessung gemäß § 46 StGB vorliegen, indem das Gericht ein zulässiges Verteidigungsverhalten zu Lasten des Angeklagten gewertet hat.

Problem:
Es gehört zu den Rechten des Angeklagten, sich zu verteidigen. Bleibt er damit innerhalb der zulässigen Grenzen, darf ihm sein Verteidigungsverhalten bei der Strafzumessung nicht angelastet werden. Fraglich ist hier, ob das Verhalten des Angeklagten zulässig war (1.) und welche Folge eine rechtsfehlerhafte Strafzumessung im vorliegenden Fall hätte (2.).

Lösung:
1. Die Strafzumessung zu Lasten des Angeklagten ist rechtsfehlerhaft. Wenn ein Angeklagter die Tat leugnet, bagatellisiert oder einem anderen die Schuld an dieser zuschiebt, ist dies grundsätzlich zulässiges Verteidigungsverhalten.
Die Grenze ist erst erreicht, wenn das Leugnen, Verharmlosen oder die Belastung des Opfers sich als Ausdruck einer besonders verwerflichen Einstellung des Täters darstellt, etwa weil die Falschbelastung mit einer Verleumdung oder Herabwürdigung oder der Verdächtigung einer besonders verwerflichen Handlung einhergeht. Letzteres ist den Urteilsgründen nicht zu entnehmen. Es liegt also eine rechtsfehlerhafte Strafzumessung vor.

2. Der Strafausspruch beruht indessen nicht auf dem dargelegten Rechtsfehler. Es ist auf der Grundlage der maßvollen Freiheitsstrafe von zwei Jahren und sechs Monaten sowie der übrigen Strafzumessungsgesichtspunkte auszuschließen, dass das Landgericht im vorliegenden Einzelfall unter Außerachtlassung der rechtsfehlerhaften Erwägung auf eine mildere Strafe erkannt hätte.

Vorschlag:
Der Angeklagte sollte aus Zweckmäßigkeitserwägungen von einer Anfechtung absehen. Zwar ist die Begründung der Strafe rechtsfehlerhaft, die Strafe selbst hingegen nicht, da sich der Fehler im vorliegenden Einzelfall auf diese nicht nachteilig ausgewirkt hat.

Tipp:
Dieser Fall zeigt, dass man auch bei der Sachrüge die Prüfung noch nicht mit der Bejahung eines Rechtsfehlers beenden kann, wenn es um eine Revision zugunsten des Angeklagten geht. Es muss außerdem geprüft werden, ob sich der Rechtsfehler zum Nachteil des Angeklagten ausgewirkt hat.
Bei dem Ergebnis handelt es sich um eine Einzelfallentscheidung. Achten Sie in der Klausur auf entsprechende Hinweise. Oftmals sind in solchen Fällen am Ende des Prüfungsweges mit guter Begründung unter Ausschöpfung der Umstände des jeweiligen Einzelfalls beide Lösungswege vertretbar.

Gericht, Az.:	Datum:	Fundstelle:
BGH, 4 StR 242/21	09.12.2021	NStZ-RR 2022, 87

Darf´s auch mehr sein?

Das Landgericht hat den Angeklagten unter Freisprechung im Übrigen wegen sexuellen Missbrauchs von Jugendlichen in 30 Fällen und Förderung sexueller Handlungen Minderjähriger in zwei Fällen zu einer Gesamtfreiheitsstrafe von drei Jahren und sechs Monaten verurteilt. Folgendes liegt der Verurteilung zugrunde:

Mit der unverändert zur Hauptverhandlung zugelassenen Anklage vom 4. Dezember 2020 hatte die Staatsanwaltschaft dem Angeklagten zur Last gelegt, im Tatzeitraum in seiner Wohnung an den minderjährigen Zeugen W und D jeweils einmalig gegen Entgelt sexuelle Handlungen vorgenommen zu haben (Fälle 1 und 2 der Anklage). Außerdem soll er es dem Zeugen W ermöglicht haben, in seiner Wohnung mehrfach der Prostitution nachzugehen (Fälle 3 bis 6 der Anklage).

In den Urteilsgründen werden für den Tatzeitraum folgende Taten festgestellt, nämlich zehn gegen Entgelt vorgenommene sexuelle Handlungen zum Nachteil des Zeugen W (Fälle 1 bis 10 der Urteilsgründe), 15 gegen Entgelt vorgenommene sexuelle Handlungen zum Nachteil des Zeugen D (Fälle 11 bis 25 der Urteilsgründe) sowie die Ermöglichung der mehrfachen Prostitutionsausübung durch die Zeugen W und D in der Wohnung des Angeklagten (Fälle 26 und 27 der Urteilsgründe).

Der Angeklagte wundert sich über das Urteil und fragt Sie, ob Sie diesen Eindruck teilen und vielleicht eine Anfechtungsmöglichkeit sehen. Was werden Sie ihm antworten?

A. *Zulässigkeit der Revision*	B. *Begründetheit der Revision*
I. *Statthaftigkeit* II. *Rechtsmittelbefugnis* III. *Beschwer* IV. *Form/Frist d. Einlegung* V. *Form/Frist d. Begründung* VI. *kein(e) Rücknahme/Verzicht*	***I. Prozessvoraussetzungen****/-hindernisse* ***tragende Anklageschrift – übereinstimmende prozessuale Tat*** *II. Verfahrensfehler (absoluter/relativer)* *III. Sachrüge*

Obersatz:
Es könnte ein anfechtbarer Verstoß vorliegen, indem das Landgericht in den Fällen 2 bis 10, 12 bis 25 und 27 ein Sachurteil fällte, obwohl diese Fälle nicht Gegenstand der Anklage waren.

Problem:
Eine tragende Anklage ist eine Verfahrensvoraussetzung. Fehlt sie für abgeurteilte prozessuale Taten (§ 264 StPO) und besteht damit ein Verfahrenshindernis, muss das Verfahren außerhalb der Hauptverhandlung insoweit durch Beschluss (§ 206a StPO) und innerhalb durch Prozessurteil (§ 260 Abs. 3 StPO) eingestellt werden.

Lösung:
Die auf die Feststellungen des Urteils gestützten Schuldsprüche haben keinen Bestand, soweit der Angeklagte wegen sexuellen Missbrauchs von Jugendlichen in neun (weiteren) Fällen zum Nachteil des Zeugen W (Fälle 2 bis 10 der Urteilsgründe), wegen sexuellen Missbrauchs von Jugendlichen in 14 weiteren Fällen zum Nachteil des Zeugen D (Fälle 12 bis 25 der Urteilsgründe) und wegen Förderung sexueller Handlungen von Minderjährigen zum Nachteil des Zeugen D (Fall 27 der Urteilsgründe) verurteilt worden ist. Denn diese Taten waren nicht Gegenstand der zugelassenen Anklage.
Erscheint ein Angeklagter nach dem Ergebnis der Beweisaufnahme in der Hauptverhandlung weiterer Straftaten im Sinne des § 264 StPO hinreichend verdächtig, hat die Staatsanwaltschaft diese – gegebenenfalls im Wege der Nachtragsanklage (§ 266 StPO) – (neu) anzuklagen. Da dies nicht geschehen ist, muss das Urteil insoweit aufgehoben und das Verfahren eingestellt werden. Denn es fehlt dem Urteil mit einer tragenden Anklageschrift an einer Sachurteilsvoraussetzung.
Die Teilaufhebung des Urteils und die sich daran anschließende Teileinstellung des Verfahrens haben eine Änderung des Schuldspruchs und die Aufhebung der Gesamtstrafe zur Folge.

Antrag:
1.
a) Auf die Revision des Angeklagten gegen das Urteil des Landgerichts ... vom ... wird das vorbezeichnete Urteil mit den Feststellungen aufgehoben, soweit der Angeklagte in den Fällen 2 bis 10 der Urteilsgründe wegen sexuellen Missbrauchs von Jugendlichen in neun Fällen, in den Fällen 12 bis 25 der Urteilsgründe wegen sexuellen Missbrauchs von Jugendlichen in 14 Fällen und im Fall 27 der Urteilsgründe wegen Förderung sexueller Handlungen von Minderjährigen verurteilt worden ist.
b) Das Verfahren wird im Umfang der Aufhebung auf Kosten der Staatskasse eingestellt, die auch die insoweit entstandenen notwendigen Auslagen des Angeklagten zu tragen hat.
c) Das vorgenannte Urteil wird
   - im Schuldspruch dahingehend geändert, dass der Angeklagte des sexuellen Missbrauchs von Jugendlichen in sieben Fällen und der Förderung sexueller Handlungen von Minderjährigen schuldig sowie im Übrigen freigesprochen ist, und
   - im Gesamtstrafausspruch mit den zugehörigen Feststellungen aufgehoben.

2. Im Umfang der Aufhebung zu Ziffer 1. c) wird die Sache zu neuer Verhandlung und Entscheidung, auch über die verbleibenden Kosten des Rechtsmittels, an eine andere Strafkammer des Landgerichts zurückverwiesen.
3. Die weitergehende Revision wird verworfen.

Tipp:
Vergleichen Sie die angeklagten und abgeurteilten prozessualen Taten mit dem Begriff der „Nämlichkeit“.

Gericht, Az.:	Datum:	Fundstelle:
BGH, 3 StR 378/21	16.12.2021	NStZ-RR 2022, 122

Eile mit Weile

Das Landgericht hat die beiden nicht in Haft befindlichen Angeklagten wegen einer im Mai 2017 von ihnen gemeinschaftlich begangenen gefährlichen Körperverletzung jeweils zu nachträglichen Gesamtfreiheitsstrafen verurteilt.

Dem Verfahren liegt ein einfach gelagerter Sachverhalt zugrunde. Den Angeklagten wird lediglich eine Tat angelastet. Aus den Urteilsgründen geht hervor, dass die Akte im Mai 2017 bei der Staatsanwaltschaft einging, das Verfahren dort jedoch "nicht erkennbar gefördert" wurde, bis die Behörde "ohne weitere Ermittlungstätigkeit" im Dezember 2018 Anklage erhob. Weitere 16 Monate vergingen bis zur Eröffnung des Hauptverfahrens vor der Strafkammer im April 2020. Bis dahin erfolgte nur die Zustellung der Anklage, die Bestellung von Pflichtverteidigern, die Gewährung von Akteneinsicht und die Zulassung der Nebenklage. Schließlich dauerte es mehr als ein weiteres Jahr bis zum Beginn der dreitägigen Hauptverhandlung Ende Mai 2021. Die Beweisaufnahme bestand im Wesentlichen aus der Vernehmung von zwei Zeugen.

Von der Anordnung einer Kompensation wegen rechtsstaatswidriger Verzögerung des Verfahrens hat die Strafkammer jeweils abgesehen. Es hat die Verfahrensdauer als insgesamt angemessen bezeichnet und die lange Dauer des Verfahrens innerhalb der Strafzumessung pauschal zugunsten der beiden Angeklagten berücksichtigt. Nähere Ausführungen zu der mit der Verfahrensdauer jeweils für die Angeklagten verbundenen Belastung finden sich nicht im Urteil.

Die Angeklagten haben beide Revision eingelegt und die Verletzung materiellen Rechts gerügt. Werden sie damit Erfolg haben?

A. Zulässigkeit der Revision	B. Begründetheit der Revision
I. Statthaftigkeit II. Rechtsmittelbefugnis III. Beschwer IV. Form/Frist d. Einlegung V. Form/Frist d. Begründung VI. kein(e) Rücknahme/Verzicht	I. Prozessvoraussetzungen/-hindernisse II. Verfahrensfehler (absoluter/relativer) **III. Sachrüge (Darstellungsprüfung: Erörterungsmangel) und (Rechtsfolge: Vollstreckungslösung)**

Obersatz:
Es könnte ein anfechtbarer Verstoß vorliegen, indem die Strafkammer davon abgesehen hat, eine Kompensation für eine rechtsstaatswidrige Verfahrensverzögerung auszusprechen.

Problem:
1. Fraglich ist, ob die erhobene Sachrüge genügt. Die unterlassene Kompensation wegen rechtsstaatswidriger Verzögerung im Wege der Vollstreckungslösung durch den Tatrichter ist grundsätzlich mit einer Verfahrensrüge zu beanstanden.
2. Fraglich ist, ob das Landgericht rechtsfehlerfrei von der Kompensation einer rechtstaatswidrigen Verfahrensverzögerung abgesehen hat.

Lösung:
Zu 1.) Die Sachrüge greift ausnahmsweise für die revisionsrechtliche Beanstandung einer unterbliebenen tatgerichtlichen Entscheidung über die Kompensation wegen rechtsstaatswidriger Verzögerung im Wege der Vollstreckungslösung ein, wenn die Voraussetzungen einer solchen Verzögerung
a) den Urteilsgründen zu entnehmen sind oder
b) wenn sich aus jenen ausreichende Anhaltspunkte ergeben, die das Tatgericht zur Prüfung einer Kompensation drängen mussten, sodass ein Erörterungsmangel zu besorgen ist.

Letzteres ist vorliegend der Fall.
zu 2.) Hier erweist sich das Absehen von der Anordnung einer Kompensation in materiell-rechtlicher Hinsicht zudem als durchgreifend rechtsfehlerhaft, da die vom Landgericht getroffenen Feststellungen den Verfahrensablauf hinreichend dokumentieren und seine Entscheidung, die Voraussetzungen einer rechtsstaatswidrigen Verfahrensverzögerung nach Art. 6 Abs. 1 Satz 1 EMRK nicht als gegeben anzusehen, nicht zu stützen vermögen.
In Anbetracht des verhältnismäßig einfach gelagerten Sachverhalts und des überschaubaren Verfahrensstoffs - es haben eine Tat, zwei Beschuldigte und im Wesentlichen zwei Zeugen in Rede gestanden - ist es auf der Grundlage der getroffenen Feststellungen auch eingedenk des Umstands, dass die Angeklagten sich nicht in Haft befanden, nicht gerechtfertigt, das Verfahren in seinen verschiedenen Stadien jeweils derart lange unbearbeitet zu lassen, dass es insgesamt über vier Jahre bis zu einem Urteil dauerte. Entgegen der Wertung des Landgerichts kann dieser Zeitablauf weder als insgesamt angemessen bezeichnet noch durch eine Berücksichtigung innerhalb der Strafzumessung ausgeglichen werden.
Die Kompensation für eine rechtsstaatswidrige Verzögerung ist aus dem Strafzumessungsvorgang herausgelöst; sie steht getrennt von Schuld und Strafmaß. Das Tatgericht hat den Umfang der staatlich zu verantwortenden Verzögerung und die daraus folgenden individuellen Belastungen für die Angeklagten einer wertenden Betrachtung aller Umstände des Einzelfalls zu unterziehen, um die Art - Feststellung oder Vollstreckungsabschlag - und gegebenenfalls Höhe der Kompensation im Rahmen des sogenannten Vollstreckungsmodells zu bestimmen. Dies ist rechtsfehlerhaft unterblieben.

Antrag:
Auf die Revisionen der Angeklagten wird das Urteil des Landgerichts ... mit den jeweils zugehörigen Feststellungen aufgehoben, soweit jeweils von der Anordnung einer Kompensation für eine rechtsstaatswidrige Verfahrensverzögerung abgesehen worden ist. Im Umfang der Aufhebung wird die Sache zu neuer Verhandlung und Entscheidung, auch über die Kosten der Rechtsmittel, an eine andere Strafkammer des Landgerichts zurückverwiesen.

Gericht, Az.:	Datum:	Fundstelle:
BGH, 1 StR 418/21	16.12.2021	NStZ 2022, 371

Einmal ist keinmal

Das Landgericht hat den Angeklagten wegen schweren sexuellen Missbrauchs von Kindern in drei Fällen und wegen sexuellen Missbrauchs von Kindern zu einer Gesamtfreiheitsstrafe von drei Jahren und sechs Monaten verurteilt. Der Entscheidung liegt folgendes Verfahrensgeschehen zugrunde:

In der Hauptverhandlung am 23. Januar 2020 unterbreitete der Vorsitzende den Verfahrensbeteiligten einen Verständigungsvorschlag, händigte diesen den Beteiligten in Schriftform aus und setzte ihnen eine Frist zur Stellungnahme. Während die Staatsanwaltschaft dem Vorschlag fristgerecht am nächsten Hauptverhandlungstag zustimmte, erteilte der Angeklagte seine Zustimmung nicht und machte in der Folge von seinem Schweigerecht Gebrauch. Die Hauptverhandlung wurde noch im selben Termin zwecks Einholung eines aussagepsychologischen Sachverständigengutachtens ausgesetzt. Am ersten Verhandlungstag der neu begonnenen Hauptverhandlung gab der Vorsitzende bekannt, „dass in der letzten Hauptverhandlung vom 23. Januar 2020 eine Verständigung unterbreitet wurde“. Zudem teilte er mit: „Diese Verständigung wurde nicht *angenommen*. Weitere Verständigungen sind nicht erfolgt“. Weiteres zum Verständigungsversuch führte der Vorsitzende nicht aus. Der Angeklagte äußerte sich in der Folge zur Sache, räumte aber die Tatvorwürfe nicht ein.

Der Angeklagte hat während der Untersuchungshaft ein Buch über Strafprozessrecht gelesen und nun eine Idee, wie er das Urteil angreifen könnte. Haben Sie auch eine? Wird sie Erfolg haben?

Obersatz:
Es könnte ein anfechtbarer Verstoß gegen §§ 243 Abs. 4 Satz 1, 257c Abs. 3 Satz 1 StPO vorliegen, indem das Gericht seine hiernach bestehende Mitteilungspflicht nicht ordnungsgemäß erfüllt hat.

Problem:
Gemäß § 243 Abs. 4 Satz 1 StPO hat der Vorsitzende nach Verlesung des Anklagesatzes und vor Belehrung und Vernehmung des Angeklagten mitzuteilen, ob Erörterungen nach §§ 202a, 212 StPO stattgefunden haben, wenn deren Gegenstand die Möglichkeit einer Verständigung (§ 257c StPO) gewesen ist und wenn ja, deren wesentlichen Inhalt. Die Mitteilungspflicht greift bei sämtlichen Vorgesprächen ein, die auf eine Verständigung abzielen; auch wenn es zu keiner Verständigung gekommen ist. Dass die Verständigungsgespräche in einem ausgesetzten Verfahren geführt und im Rahmen dieser Hauptverhandlung ordnungsgemäß mitgeteilt sowie protokolliert wurden, lässt die Mitteilungspflicht nicht entfallen und schränkt auch deren Umfang nicht ein. Denn Hauptverhandlung im Sinne von § 243 Abs. 4 StPO ist allein diejenige, die zum Urteil geführt hat. Nicht nur der Angeklagte, sondern auch die Schöffen und die Öffentlichkeit haben im Fall einer erneut begonnenen Hauptverhandlung ein berechtigtes Interesse, über etwa vorangegangene Verständigungsgespräche bzw. über eine zuvor zustande gekommene Verständigung informiert zu werden. Die Mitteilungspflicht des Vorsitzenden erstreckt sich nicht nur auf den Umstand, dass Verständigungsgespräche geführt wurden, sondern auch auf deren Gegenstand, Verlauf und Inhalt beziehungsweise auf Gegenstand und Inhalt eines etwa unterbreiteten Verständigungsvorschlags sowie die Reaktion der einzelnen Verfahrensbeteiligten hierauf. Gegebenenfalls ist auch der Grund dafür, warum die Verständigung im ausgesetzten Verfahren nicht zustande oder nicht zum Tragen gekommen ist, in der neuen Hauptverhandlung mitzuteilen.

Lösung:
Demzufolge durfte sich der Vorsitzende nicht auf die Mitteilung beschränken, dass in der vorangegangenen Hauptverhandlung ein Verständigungsvorschlag unterbreitet worden war, der nicht in eine Verständigung mündete; er hätte gemäß § 243 Abs. 4 Satz 1 StPO auch den Inhalt des Verständigungsvorschlags und die Reaktionen der Verfahrensbeteiligten auf diesen mitteilen müssen. Auch dem berechtigten Interesse der nicht an der früheren Hauptverhandlung beteiligten Schöffen an einer Kenntnis dieser Umstände war durch den pauschalen Hinweis des Vorsitzenden nicht hinreichend Rechnung getragen.
Bei Verstößen gegen die Mitteilungspflicht aus § 243 Abs. 4 StPO ist regelmäßig davon auszugehen, dass das Urteil auf diesem Verstoß beruht; ein Ausnahmefall, bei dem Abweichendes vertretbar wäre, liegt nicht vor. Selbst wenn der Angeklagte, sein Verteidiger und die Staatsanwaltschaft den Inhalt des in der vorangegangenen öffentlichen Hauptverhandlung unterbreiteten Verständigungsvorschlags und dessen Ablehnung durch den Angeklagten in der neuen Hauptverhandlung noch vor Augen gehabt haben sollten, hätten jedenfalls die an der ersten Hauptverhandlung nicht beteiligten Schöffen hiervon keine Kenntnis gehabt und daher der Mitteilung des Vorsitzenden bedurft. Der Senat vermag vor diesem Hintergrund nicht auszuschließen, dass die Strafkammer ohne den Verfahrensverstoß zu einer anderen Entscheidung gelangt wäre.

Antrag:
Auf die Revision des Angeklagten wird das Urteil des Landgerichts ... vom ... mit den Feststellungen aufgehoben. Die Sache wird zu neuer Verhandlung und Entscheidung, auch über die Kosten des Rechtsmittels, an eine andere als Jugendschutzkammer zuständige Strafkammer des Landgerichts zurückverwiesen.

Gericht, Az.:	Datum:	Fundstelle:
BGH, 6 StR 431/21	11.01.2022	NStZ 2022, 349 ff.

Ich will in den Knast

Die Jugendkammer des Landgerichts hat die Angeklagte wegen versuchten Mordes in Tateinheit mit gefährlicher Körperverletzung zu einer Jugendstrafe von drei Jahren verurteilt und die Einziehung des Tatmessers angeordnet.

Nach den Feststellungen des Landgerichts stach die in belastenden familiären Verhältnissen aufgewachsene Angeklagte am Vortag ihres 15. Geburtstags während des Schulunterrichts dem in der Bankreihe vor ihr sitzenden Mitschüler F ein spitz zulaufendes Messer (Klingenlänge: neun Zentimeter) kräftig zwischen Wirbelsäule und Schulterblatt in den Rücken. Ihr war bewusst, dass der ihr den Rücken zuwendende und in sein Heft schreibende F nicht mit einem Angriff rechnete und sich deshalb auch nicht zur Wehr setzen konnte. Dies wollte sie sich zunutze machen. Denn sie wusste, dass sie nur dann würde zustechen können, wenn ihr das Opfer nicht in die Augen schauen würde. Sie wollte F, dem gegenüber sie weder positive noch negative Gefühle empfand, durch den Messerstich erheblich verletzen. Dabei war ihr bewusst, dass er an seiner Verletzung sterben könnte. Sie nahm seinen Tod billigend in Kauf, um ihr Ziel zu erreichen, inhaftiert zu werden und auf diesem Weg aus den neuen, konfliktbehafteten Familien ihrer völlig zerstrittenen leiblichen Eltern zu „verschwinden". F hatte den unerwarteten Angriff wie einen Schlag empfunden und äußerte überrascht, er spüre seine Beine nicht mehr. Er „sackte mit dem Oberkörper auf den Tisch"; auf seinem Rücken bildete sich ein größer werdender Blutfleck. Aufgrund dieser von ihr wahrgenommenen Umstände und ihres Wissens um die Intensität ihres Angriffs erkannte die Angeklagte, dass F schwer verletzt war. „Sie war zufrieden, dass sie ihren seit längerem gehegten Tatplan verwirklicht hatte und ihr Ziel, ins Gefängnis zu kommen, in greifbare Nähe gerückt war." Nach der Tat blieb sie teilnahmslos und still vor sich hin lächelnd an ihrem Platz stehen. Auf dessen Aufforderung händigte sie dem Lehrer das Messer unter der ausdrücklichen Bedingung aus, dass er es der Polizei übergeben werde. F erlitt Verletzungen im Bereich des Rückenmarks, die unter anderem zu Lähmungserscheinungen in den Beinen führten. Er wurde zwei Monate lang stationär behandelt. Im Zeitpunkt der Hauptverhandlung konnte er kürzere Strecken ohne Hilfsmittel leicht hinkend laufen. Für weitere Strecken benötigte er eine Orthese. Ob dauerhafte Schäden infolge der Tat bleiben werden, war noch nicht abzusehen.

Die Jugendkammer ist von einem beendeten Versuch ausgegangen, da die Angeklagte die Schwere der Verletzung ihres Mitschülers erkannt habe und ihr bewusst gewesen sei, „eine derart schwere Straftat begangen zu haben, dass sie ins Gefängnis kommen würde". Aus ihrer Sicht habe sie damit, „gemessen an ihrem Rücktrittshorizont", ihr Ziel erreicht.

Die Angeklagte hat ihre Situation mittlerweile erkannt und möchte nun doch nicht so lange ihre Freiheit verlieren. Sehen Sie eine erfolgreiche Möglichkeit, das Urteil anzufechten?

A. Zulässigkeit der Revision	B. Begründetheit der Revision
I. Statthaftigkeit *II. Rechtsmittelbefugnis* *III. Beschwer* *IV. Form/Frist d. Einlegung* *V. Form/Frist d. Begründung* *VI. kein(e) Rücknahme/Verzicht*	*I. Prozessvoraussetzungen/-hindernisse* *II. Verfahrensfehler (absoluter/relativer)* ***III. Sachrüge – rechtliche Würdigung*** ***Rücktritt (beendeter/unbeendeter Versuch)***

Obersatz:
Es könnte ein anfechtbarer Verstoß gegen §§ 211, 23 Abs. 1 StGB vorliegen, indem das Gericht die Angeklagte wegen versuchten Mordes schuldig gesprochen hat.

Problem:
Hier könnte die Angeklagte möglicherweise strafbefreiend von dem Versuch des Mordes zurückgetreten sein.

Lösung:
1) Das Landgericht hat rechtsirrig einen beendeten Versuch mit der Begründung angenommen, der die schwere Verletzung ihres Mitschülers erkennenden Angeklagten sei bewusst gewesen, „eine derart schwere Straftat begangen zu haben, dass sie ins Gefängnis kommen würde“ und aus ihrer Sicht habe sie damit, „gemessen an ihrem Rücktrittshorizont“, ihr Ziel erreicht.
Damit hat das Landgericht verkannt, dass ein strafbefreiender Rücktritt vom unbeendeten Versuch auch dann möglich ist, wenn der Täter von weiteren Handlungen allein deshalb absieht, weil er sein außertatbestandsmäßiges Handlungsziel bereits erreicht hat. Auch in diesen Fällen kommt es für die Abgrenzung des unbeendeten vom beendeten Versuch und damit für die Voraussetzungen eines strafbefreienden Rücktritts allein darauf an, ob der Täter nach der letzten von ihm konkret vorgenommenen Ausführungshandlung den Eintritt des tatbestandsmäßigen Erfolges für möglich hält. Zu dem hierauf bezogenen Vorstellungsbild der Angeklagten nach Abschluss der letzten Ausführungshandlung lassen sich dem Urteil keine Feststellungen entnehmen. Derer hätte es jedoch bedurft, zumal die weiterhin hinter F stehende Angeklagte das Tatmesser sofort nach dem Stich aus dessen Rücken gezogen hatte und es zunächst noch in der Hand hielt.

2) Der dargelegte Rechtsfehler nötigt zur Aufhebung des gesamten Schuldspruchs. Die Aufhebung erfasst auch die Verurteilung wegen tateinheitlich begangener gefährlicher Körperverletzung, die für sich genommen rechtsfehlerfrei ist. Bei Tateinheit steht die Einheitlichkeit einer Tat der Aufrechterhaltung des vom Rechtsfehler nicht betroffenen Teils entgegen.

3) Die Aufhebung des Schuldspruchs entzieht dem Rechtsfolgenausspruch die Grundlage; jedoch können die von dem Wertungsfehler nicht berührten Feststellungen zum objektiven und subjektiven Tatgeschehen bestehen bleiben.

Antrag:
Auf die Revision der Angeklagten wird das Urteil des Landgerichts ... vom ... aufgehoben; jedoch bleiben die Feststellungen zum objektiven und subjektiven Tatgeschehen bestehen. Im Umfang der Aufhebung wird die Sache zu neuer Verhandlung und Entscheidung, auch über die Kosten des Rechtsmittels, an eine andere Jugendkammer des Landgerichts ... zurückverwiesen.

Gericht, Az.:	Datum:	Fundstelle:
BGH, 3 StR 406/21	11.01.2022	NStZ-RR 2022, 124 f.

Eine verschworene Sache

Das Landgericht hat den Angeklagten wegen versuchten Mordes in Tateinheit mit gefährlicher Körperverletzung zu einer Freiheitsstrafe von elf Jahren verurteilt.

In der Hauptverhandlung wurde bei der Vernehmung von zwei Zeugen ein Dolmetscher tätig; der Angeklagte selbst war der deutschen Sprache hinreichend mächtig. Vor seinem Tätigwerden erklärte der Dolmetscher auf Frage des Gerichts, er sei allgemein beeidigt, und berief sich in dem Glauben an die Wirksamkeit seiner allgemeinen Beeidigung auf diese. Das Landgericht sah in der Annahme der Richtigkeit der Angaben des Dolmetschers davon ab, ihn gemäß § 189 Abs. 1 GVG zu vereidigen. Der Dolmetscher übersetzte daraufhin bei der Vernehmung des einen Zeugen, der kein Deutsch sprach. Da der andere Zeuge der deutschen Sprache weitgehend kundig war, wurde der Dolmetscher bei dessen Vernehmung nur partiell benötigt. Beanstandungen gegen die Übersetzungsleistungen wurden nicht erhoben, insbesondere nicht vom Angeklagten und dessen Verteidiger, die selbst Kenntnisse der fremden Sprache haben beziehungsweise ihrer mächtig sind.

Der Dolmetscher war für die betreffende Sprache gemäß § 189 Abs. 2 GVG in seinem Bundesland vor dem 1.Januar 2011 allgemein beeidigt worden. Diese Beeidigung war indes zum Zeitpunkt seines Tätigwerdens in der Hauptverhandlung nicht mehr gültig. Denn mit Wirkung vom 1. Januar 2011 wurden in seinem Bundesland die Vorschriften über die allgemeinen Beeidigungen von Dolmetschern und Ermächtigungen von Übersetzern grundlegend neu gestaltet. Alle vor dem 1. Januar 2011 vorgenommenen allgemeinen Beeidigungen - darunter auch diejenige des hier tätig gewordenen Dolmetschers - waren nur während einer Übergangsfrist bis zum 31. Dezember 2015 weiter wirksam; sie erloschen mithin zum 1. Januar 2016. Allein die seit dem 1. Januar 2011 erfolgten allgemeinen Beeidigungen sind noch wirksam. Sie verlieren ihre Gültigkeit - wie alle nach den landesrechtlichen Vorschriften der einzelnen Bundesländer vorgenommenen allgemeinen Beeidigungen von Dolmetschern - nach derzeitiger Rechtslage erst zum Ablauf des 11. Dezember 2024, wenn eine im Anschluss an das Inkrafttreten des Gerichtsdolmetschergesetzes des Bundes zum 1. Januar 2023 geltende Übergangsfrist endet. Ab dann wird nur noch eine Berufung auf eine nach dem Gerichtsdolmetschergesetz des Bundes vorgenommene allgemeine Beeidigung von § 189 Abs. 2 GVG erfasst sein.

Die vorgenannte Neuregelung der allgemeinen Beeidigung von Dolmetschern stellt besondere Anforderungen an die fachliche Qualifikation und persönliche Zuverlässigkeit von Dolmetschern auf. Dadurch ist es nicht ohne Weiteres gewährleistet, dass Dolmetscher, die lediglich vor dem 1. Januar 2011 allgemein beeidigt wurden, die seither geltenden Voraussetzungen für eine allgemeine Beeidigung erfüllen.

Diese Umstände waren aber weder dem Dolmetscher noch dem Gericht bekannt.

Allerdings erfuhr der Verteidiger nach der Urteilsverkündung davon. Er möchte von Ihnen wissen, ob er darauf mit Erfolg eine Anfechtung des Urteils stützen kann.

A. Zulässigkeit der Revision	*B. Begründetheit der Revision*
I. Statthaftigkeit	*I. Prozessvoraussetzungen/-hindernisse*
II. Rechtsmittelbefugnis	
III. Beschwer	***II. Verfahrensfehler** (absoluter/**relativer)***
IV. Form/Frist d. Einlegung	***§ 189 GVG – nicht mehr gültige allgemeine Beeidigung***
V. Form/Frist d. Begründung	
VI. kein(e) Rücknahme/Verzicht	*III. Sachrüge*

Obersatz:
Es könnte ein anfechtbarer Verstoß gegen § 189 GVG vorliegen, indem das Gericht einen Dolmetscher ohne ausreichende Beeidigung in der Hauptverhandlung mitwirken ließ.

Problem:
Das Problem ist bei dieser Konstellation nicht der Verstoß, sondern die Frage, ob das Urteil auf diesem beruht.

Lösung:
a) Es liegt ein Verfahrensverstoß gegen § 189 GVG vor, da der Dolmetscher weder nach § 189 Abs. 2 GVG zum Zeitpunkt seines Tätigwerdens rechtswirksam allgemein beeidigt war, noch wurde er vor seinem Tätigwerden vom Gericht nach § 189 Abs. 1 GVG i.V.m. § 64 StPO individuell vereidigt.
b) Das Urteil beruht regelmäßig auf dem Verstoß, weil zumeist nicht ausgeschlossen werden kann, dass ein nach § 189 Abs. 1 GVG vom Gericht einzelfallbezogen vereidigter oder ein nach § 189 Abs. 2 GVG allgemein beeidigter Dolmetscher, der sich zudem unmittelbar vor seinem Tätigwerden in der Hauptverhandlung auf die allgemeine Beeidigung berufen und sich damit seine Eidespflicht noch einmal vergegenwärtigt hat, sorgfältiger als ein nicht vereidigter Dolmetscher übersetzt hätte. Hier ist jedoch auszuschließen, dass der Dolmetscher sorgfältiger als geschehen übersetzt hätte, wenn seine erloschene allgemeine Beeidigung noch wirksam gewesen wäre. Denn er ging, wie seine ausdrückliche Berufung auf seine allgemeine Beeidigung zeigt, bei seinem Tätigwerden in der Hauptverhandlung - wenngleich irrtümlich - davon aus, diese vor dem 1. Januar 2011 vorgenommene allgemeine Beeidigung sei noch wirksam. Er fühlte sich mithin ebenso an seinen geleisteten Eid gebunden, treu und gewissenhaft zu übertragen, wie dies der Fall gewesen wäre, wenn der Eid noch rechtsgültig gewesen wäre.
c) Rechtlich unerheblich ist, dass die vorgenannte Neuregelung der allgemeinen Beeidigung von Dolmetschern besondere Anforderungen an die fachliche Qualifikation und persönliche Zuverlässigkeit von Dolmetschern aufstellt und nicht ohne Weiteres gewährleistet ist, dass Dolmetscher, die lediglich vor dem 1. Januar 2011 allgemein beeidigt wurden, die seither geltenden Voraussetzungen für eine allgemeine Beeidigung erfüllen. Denn § 189 Abs. 1 GVG gestattet es den Gerichten, auch solche Personen als Dolmetscher zu vereidigen und einzusetzen, die den in einzelnen Bundesländern aufgestellten Anforderungen nicht genügen oder dies nicht nachgewiesen haben. § 189 GVG dient mithin nicht dazu, Dolmetscher von einem Tätigwerden auszuschließen, welche die derzeit landesrechtlich und zukünftig in §§ 3 f. GDolmG festgelegten formellen Voraussetzungen für eine allgemeine Beeidigung nicht erfüllen.

Vorschlag:
Der Verteidiger sollte davon absehen, auf die nicht mehr bestehende allgemeine Beeidigung eine Verfahrensrüge zu stützen.

Tipp:
Der vorgenannte Verstoß war in der Vergangenheit häufig Gegenstand von veröffentlichten Entscheidungen und eignet sich sehr gut für eine Revisionsklausur. Achten Sie darauf, die Prüfung eines Verstoßes von der Beruhensprüfung zu trennen. Bei letzterer sollten Sie – wie hier – zunächst darstellen, dass regelmäßig vom Beruhen auszugehen ist und dann prüfen, ob die Umstände des Einzelfalls eine Ausnahme von diesem Grundsatz ergeben.

Gericht, Az.:	Datum:	Fundstelle:
BGH, 4 StR 209/21	12.01.2022	NStZ-RR 2022, 79 f.

Mitteilung mit Folgen?

Das Landgericht hat den Angeklagten wegen Vergewaltigung in zwei Fällen zu der Gesamtfreiheitsstrafe von zwei Jahren und neun Monaten verurteilt, von welcher wegen überlanger Verfahrensdauer drei Monate als vollstreckt gelten. Folgendes Verfahrensgeschehen liegt der Verurteilung zugrunde:

Vor Beginn der Hauptverhandlung am 16. November 2020 kam es außerhalb des Sitzungssaals zu einem Gespräch, an dem die Berufsrichter, die Schöffen, der Sitzungsvertreter der Staatsanwaltschaft und der Verteidiger, nicht aber der Angeklagte teilnahmen. In diesem Gespräch legte der Vorsitzende dar, dass im Falle eines Geständnisses des Angeklagten eine Gesamtfreiheitsstrafe im Bereich von zwei Jahren in Betracht komme. Der Sitzungsvertreter der Staatsanwaltschaft brachte seine Bedenken gegen eine Strafe in der genannten Höhe, die er für zu gering erachtete, zum Ausdruck und äußerte sich in diesem Zusammenhang zu einem Rechtsmittel der Staatsanwaltschaft, wobei diese Äußerung entweder die nur geringen Erfolgsaussichten einer Strafmaßrevision bei einem handwerklich gut gemachten Urteil – so die dienstliche Erklärung des Sitzungsvertreters der Staatsanwaltschaft – oder das mögliche Unterbleiben einer Revisionseinlegung – so die anwaltliche Versicherung des Instanzverteidigers – zum Gegenstand hatte. Der Verteidiger erklärte, den Vorschlag mit dem Angeklagten besprechen zu wollen. Nach Beginn der Hauptverhandlung teilte der Vorsitzende im Anschluss an die Verlesung der Anklageschrift und die Feststellung der Verfahrenseröffnung mit, dass mit den Verfahrensbeteiligten ein Rechtsgespräch geführt und eine Verständigung nicht getroffen worden sei. Im Anschluss äußerte sich der über sein Schweigerecht belehrte Angeklagte bestreitend zur Sache.

Der Angeklagte möchte wissen, ob dieses Geschehen eine Rügemöglichkeit eröffnet. Was meinen Sie?

A. Zulässigkeit der Revision	***B. Begründetheit der Revision***
I. Statthaftigkeit	*I. Prozessvoraussetzungen/-hindernisse*
II. Rechtsmittelbefugnis	
III. Beschwer	***II. Verfahrensfehler** (absoluter/**relativer**)*
IV. Form/Frist d. Einlegung	***§ 243 Abs. 4 Satz 1 StPO – Beruhen***
V. Form/Frist d. Begründung	
VI. kein(e) Rücknahme/Verzicht	*III. Sachrüge*

Obersatz:
Es könnte ein anfechtbarer Verstoß gegen § 243 Abs. 4 Satz 1 StPO vorliegen, indem das Gericht seine Mitteilungspflicht über eine verständigungsbezogene Erörterung verletzt hat.

Problem:
Fraglich ist, ob die Mitteilung des Vorsitzenden genügte und andernfalls, welche Auswirkung dies hatte.

Lösung:
Indem der Vorsitzende in der Hauptverhandlung lediglich die Gesprächsführung als solche und als deren Ergebnis das Ausbleiben einer Verständigung, nicht aber den wesentlichen Inhalt des Gesprächs mitteilte, genügte er nicht der sich aus § 243 Abs. 4 Satz 1 StPO ergebenden Informationspflicht. Denn bei der im Vorfeld der Hauptverhandlung erfolgten Unterredung, in deren Verlauf eine Verbindung zwischen einem möglichen Geständnis des Angeklagten und dem Verfahrensergebnis hergestellt wurde, handelte es sich um ein Gespräch, das die Möglichkeit einer Verständigung zum Gegenstand hatte. Die Mitteilungspflicht des § 243 Abs. 4 Satz 1 StPO gehört zu den normierten Transparenz- und Dokumentationsregeln, durch die gewährleistet werden soll, dass Erörterungen mit dem Ziel einer Verständigung stets in öffentlicher Hauptverhandlung zur Sprache kommen, sodass für informelles und unkontrollierbares Verhalten unter Umgehung der strafprozessualen Grundsätze kein Raum verbleibt.
Es ist nicht auszuschließen, dass das angefochtene Urteil auf diesem Verfahrensverstoß beruht.
a) Die Mitteilungspflicht des § 243 Abs. 4 Satz 1 StPO verfolgt den Zweck, den Angeklagten, der an den Verständigungsgesprächen nicht teilgenommen hat, durch eine umfassende Unterrichtung über die wesentlichen Gesprächsinhalte seitens des Gerichts in die Lage zu versetzen, eine sachgerechte autonome Entscheidung über sein Verteidigungsverhalten zu treffen. Außerdem sollen die Transparenz- und Dokumentationspflichten eine effektive Kontrolle des Verständigungsgeschehens durch die Öffentlichkeit, die Staatsanwaltschaft und das Rechtsmittelgericht ermöglichen. Die Beruhensprüfung hat beide Aspekte in den Blick zu nehmen. Das Beruhen ist nur auszuschließen, wenn der Mitteilungsmangel sich einerseits nicht in entscheidungserheblicher Weise auf das Prozessverhalten des Angeklagten ausgewirkt haben kann und mit Blick auf die Kontrollfunktion der Mitteilungspflicht andererseits der Inhalt der geführten Gespräche zweifelsfrei feststeht und diese nicht auf die Herbeiführung einer gesetzwidrigen Absprache gerichtet waren.
b) Ein Beruhen ist nicht zu verneinen, da nicht auszuschließen ist, dass eine den gesetzlichen Vorgaben entsprechende Unterrichtung des Angeklagten über den wesentlichen Inhalt des geführten Verständigungsgesprächs zu einem anderen, gegebenenfalls geständigen Einlassungsverhalten geführt hätte. Vorliegend war nicht davon auszugehen, dass der Angeklagte unabhängig von dem Inhalt der Mitteilung sicher an seiner gewählten Verteidigungsstrategie festgehalten hätte. Angesichts des Umstands, dass der Sitzungsvertreter der Staatsanwaltschaft seine ablehnende Stellungnahme zu der vom Vorsitzenden unterbreiteten Strafmaßvorstellung mit einer inhaltlich nicht dokumentierten und von ihm sowie dem Verteidiger unterschiedlich verstandenen Äußerung über ein Rechtsmittel der Staatsanwaltschaft verknüpfte, liegt zudem ein gravierender die Kontrollfunktion berührender Transparenzmangel vor, wonach es möglich ist, dass es in der Unterredung um eine informelle Verständigung ging.

Antrag:
Auf die Revision des Angeklagten wird das Urteil des Landgerichts … vom … mit den Feststellungen aufgehoben. Die Sache wird zu neuer Verhandlung und Entscheidung, auch über die Kosten des Rechtsmittels, an eine andere Strafkammer des Landgerichts zurückverwiesen.

Gericht, Az.:	Datum:	Fundstelle:
BGH, 3 StR 318/21	13.01.2022	NStZ-RR 2022, 119

Wo hat das Gericht nur den Kopf

Das Landgericht hat den Angeklagten wegen Totschlags zu einer Freiheitsstrafe von zehn Jahren verurteilt.

Nach den Feststellungen versetzte der Angeklagte - oder sein Bruder aufgrund eines gemeinsamen Tatplans in seiner Gegenwart - der Mutter von hinten in deren Wohnung mit einem schweren, stumpfen Gegenstand mindestens drei wuchtig ausgeführte Schläge gegen die rechte Schläfe, infolge derer sie verstarb. Im Anschluss verbrachte der Angeklagte ihren Leichnam in die Badewanne, entkleidete ihn und trennte den linken Arm, beide Beine und den Kopf ab. Sodann verstaute der Angeklagte den Torso sowie die abgetrennten Gliedmaßen und die blutige Kleidung der Getöteten in mehrere Müllsäcke, die er in einen zur Wohnung gehörenden Kellerverschlag verbrachte und dort deponierte. Anschließend reinigte er die Wohnung gründlich und setzte sich nach Serbien ab. Die Strafkammer hat nicht ausschließen können, dass der Angeklagte alle vorgenannten Handlungen in arbeitsteiligem Zusammenwirken mit seinem Bruder vornahm.

Die Strafkammer hatte in der Hauptverhandlung im Wege des Selbstleseverfahrens nach § 249 Abs. 2 StPO den Tatortbefundbericht des Polizeipräsidiums D erhoben, ihn aber im Urteil unberücksichtigt gelassen.

Die Strafkammer hat im Urteil u.a. festgestellt, dass in der Wohnung zum Zeitpunkt der Tatortaufnahme keine aufgehäuften Textilien oder Schuhe aufgefunden wurden, was nach Entleerung von insgesamt neun … zuvor anderweitig befüllten Müllsäcken nahegelegen hätte. Dies widerspricht allerdings dem Inhalt des Tatortbefundberichts. Danach befanden sich im Schlafzimmer der Getöteten vor dem dortigen Kleiderschrank etliche Kleidungsstücke, die ca. hüfthoch übereinandergestapelt waren.

Nach Ansicht der Strafkammer sprachen ganz maßgeblich für die Täterschaft des Angeklagten die von ihm in großer Menge verursachten DNA-Spuren an den Zugbändern der Müllsäcke, in denen die Leichenteile verpackt waren. Dessen bestreitende Einlassung, er könne sich die vorgenannten DNA-Spuren nur in der Weise erklären, dass seine Mutter Kleidung in Müllsäcke verstaut habe, die er zuvor von einer Rolle gerissen und ihr übergeben habe, hat die Strafkammer ausgeschlossen. Eine derartige Tätigkeit des Angeklagten erkläre nicht, weshalb sich die Zellspuren des Angeklagten in großer Menge gerade an den Zugbändern der Säcke befanden. Auch habe der Angeklagte angegeben, es seien fünf Säcke durch seine Mutter mit Kleidung befüllt worden; die Leichenteile hätten sich aber in neun sichergestellten Säcken befunden. Schließlich hielt es die Strafkammer für überwiegend wahrscheinlich, dass ein Täter auf die sichtbar in der Küche liegende Rolle mit unbenutzten Müllsäcken zurückgegriffen hätte.
Die Kammer stellte weiter ein, dass der Angeklagte aufgrund des seit Jahren konfliktbeladenen Verhältnisses zu seiner Mutter ein Tatmotiv gehabt habe. Auch sei er während des Tatzeitraums am Tatort gewesen und hätte ein Interesse an der Beseitigung des Leichnams gehabt. Daneben sei er kurz nach der Tat spontan und ohne nachvollziehbaren Grund nach Serbien gereist und trotz des Todes seiner Mutter sowie eines für ihn bedeutsamen arbeitsgerichtlichen Rechtsstreits über Jahre nicht nach Deutschland zurückgekehrt.

Mit dem Tatortbericht und den Abweichungen zu den im Urteil getroffenen Feststellungen setzen sich die Urteilsgründe nicht auseinander.

Der Angeklagte möchte dieses Unterlassen rügen. Kann er das?

A. Zulässigkeit der Revision	B. Begründetheit der Revision
I. Statthaftigkeit *II. Rechtsmittelbefugnis* *III. Beschwer* *IV. Form/Frist d. Einlegung* *V. Form/Frist d. Begründung* *VI. kein(e) Rücknahme/Verzicht*	*I. Prozessvoraussetzungen/-hindernisse* ***II. Verfahrensfehler** (absoluter/**relativer**)* ***§ 261 StPO – Inbegriffsrüge*** *III. Sachrüge*

Obersatz:
Es könnte ein anfechtbarer Verstoß gegen § 261 StPO vorliegen, indem das Gericht den erhobenen Tatortbefundbericht bei seiner Überzeugungsbildung unberücksichtigt gelassen hat.

Problem:
Eine Inbegriffsrüge nach § 261 StPO ist zulässig, wenn sie geltend macht, eine verlesene Urkunde, Aussage oder ein in Augenschein genommenes Lichtbild sei unvollständig oder unrichtig im Urteil gewürdigt worden und der Nachweis kann ohne Rekonstruktion der Hauptverhandlung geführt werden. Für die Begründetheit muss das Urteil zudem noch auf der unterbliebenen Würdigung beruhen.

Lösung:
Die Inbegriffsrüge nach § 261 StPO könnte zulässig erhoben werden. Beanstandet werden kann, dass der in die Hauptverhandlung eingeführte Tatortbefundbericht in den Urteilsgründen nicht gewürdigt wurde. Ob dies zutreffend ist, kann ohne Rekonstruktion der Hauptverhandlung allein durch Vergleich des Inhalts des Berichts mit den Urteilsgründen geprüft werden.
Der Verfahrensfehler liegt auch vor. Die Urteilsfeststellung, wonach "in der Wohnung zum Zeitpunkt der Tatortaufnahme keine aufgehäuften Textilien oder Schuhe aufgefunden wurden, was nach Entleerung von insgesamt neun ... zuvor anderweitig befüllten Müllsäcken nahegelegen hätte", widerspricht dem Tatortbefundbericht. Danach befanden sich im Schlafzimmer der Getöteten vor dem dortigen Kleiderschrank etliche Kleidungsstücke, die "ca. hüfthoch übereinandergestapelt" waren. Hiermit setzen sich die Urteilsgründe nicht auseinander.
Auf diesem Verfahrensmangel beruht das Urteil indes nicht (§ 337 Abs. 1 StPO). Es ist auszuschließen, dass sich die fehlende Würdigung des Tatortbefundberichts bei der Überzeugungsbildung der Strafkammer zum Nachteil des Angeklagten ausgewirkt hat. Aus Sicht der Strafkammer haben "ganz maßgeblich für die Täterschaft des Angeklagten" die von ihm in großer Menge verursachten DNA-Spuren an den Zugbändern der Müllsäcke gesprochen, in denen die Leichenteile verpackt waren. Soweit sich der bestreitende Angeklagte dahin eingelassen habe, er könne sich die vorgenannten DNA-Spuren nur in der Weise erklären, dass seine Mutter Kleidung in Müllsäcke verstaut habe, die er zuvor von einer Rolle gerissen und ihr übergeben habe, hat die Strafkammer eine solche Ursache ausgeschlossen. Zur Begründung hat sie ausgeführt, dass eine derartige Tätigkeit des Angeklagten nicht erkläre, weshalb sich die Zellspuren des Angeklagten in großer Menge gerade an den Zugbändern der Säcke befanden. Auch habe der Angeklagte angegeben, es seien fünf Säcke durch seine Mutter mit Kleidung befüllt worden; die Leichenteile hätten sich aber in neun sichergestellten Säcken befunden. "Schließlich" hat es die Strafkammer auch für überwiegend wahrscheinlich gehalten, dass ein Täter auf die sichtbar in der Küche liegende Rolle mit unbenutzten Müllsäcken zurückgegriffen hätte. Der im Folgenden dargestellte weitere - insoweit rechtsfehlerhaft festgestellte - Umstand, dass in der Wohnung zum Zeitpunkt der Tatortaufnahme keine aufgehäuften Textilien oder Schuhe aufgefunden worden seien, war nach seiner inhaltlichen Bedeutung für die Strafkammer ersichtlich nur ein ergänzender Aspekt von untergeordneter Bedeutung, der auch mit den zuvor aufgeführten Indizien in keinem unmittelbaren Zusammenhang stand. So hat die Strafkammer die Täterschaft des Angeklagten auch darauf gestützt, dass er aufgrund des seit Jahren konfliktbeladenen Verhältnisses zu seiner Mutter ein Tatmotiv hatte. Auch war er während des Tatzeitraums am Tatort und hatte ein Interesse an der Beseitigung des Leichnams. Ferner reiste er kurz nach der Tat spontan und ohne nachvollziehbaren Grund nach Serbien und kehrte trotz des Todes seiner Mutter sowie des bedeutsamen Rechtsstreits über Jahre nicht nach Deutschland zurück.

Vorschlag:
Der Angeklagte sollte die Anfechtung wegen seiner Bedenken im vorliegenden Fall unterlassen.

Gericht, Az.:	**Datum:**	**Fundstelle:**
BGH, 4 StR 434/21	03.02.2022	NStZ 2022, 506 ff.

Besser nie als spät?

Der Angeklagte ist durch das Landgericht wegen Betäubungsmitteldelikten zu einer Freiheitsstrafe von 3 Jahren und 3 Monaten verurteilt worden.

Zwischen dem Gericht und den Verfahrensbeteiligten wurde im Rahmen der Hauptverhandlung ein Verständigungsgespräch geführt. Die Strafkammer hatte hierbei einen Verständigungsstrafrahmen von 2 Jahren und 6 Monaten bis 3 Jahren Freiheitsstrafe vorgeschlagen. Eine Verständigung kam jedoch nicht zustande.

Anschließend legte der Angeklagte im weiteren Verlauf der Hauptverhandlung ein (überwiegendes) Geständnis ab.

Der Angeklagte findet das Urteil nicht fair und möchte von Ihnen wissen, ob er es erfolgreich anfechten kann. Was werden Sie ihm raten?

A. Zulässigkeit der Revision	B. Begründetheit der Revision
I. Statthaftigkeit II. Rechtsmittelbefugnis III. Beschwer IV. Form/Frist d. Einlegung V. Form/Frist d. Begründung VI. kein(e) Rücknahme/Verzicht	I. Prozessvoraussetzungen/-hindernisse **II. Verfahrensfehler** (absoluter/**relativer**) **§ 265 Abs. 2 Nr. 2 StPO – nach gescheiteter Verständigung** III. Sachrüge

Obersatz:
Es könnte ein anfechtbarer Verstoß gegen § 265 Abs. 2 Nr. 2 StPO vorliegen, indem das Gericht ohne vorherigen Hinweis eine Strafe verhängt hat, welche über den im Verständigungsvorschlag aufgezeigten Strafrahmen hinausgeht.

Problem:
Gemäß § 265 Abs. 2 Nr. 2 StPO hat das Gericht den Beteiligten einen Hinweis zu geben, wenn es von einer in der Verhandlung mitgeteilten vorläufigen Bewertung der Sach- oder Rechtslage abweichen will. Fraglich ist, ob diese Hinweispflicht auch aufgrund von Angaben im Rahmen gescheiterter verständigungsbezogener Erörterungen nach § 257b StPO gilt. Dies wäre nur dann der Fall, wenn die Erörterung hinsichtlich der Ausführungen des Gerichts ein schutzwürdiges Vertrauen bei den übrigen Beteiligten geschaffen hätte, dass das Gericht ohne einen Hinweis nicht von seinen Ausführungen abweichen werde.

Lösung:
Es bestand keine Verpflichtung des Gerichts, nach einem Scheitern des Verständigungsgesprächs förmlich auf die Möglichkeit hinzuweisen, von dem in Aussicht gestellten Verständigungsstrafrahmen trotz (überwiegenden) Geständnisses des Angeklagten abzuweichen.
Eine gescheiterte Verständigung kann von vornherein weder Bindungswirkung noch Vertrauensschutz begründen. Legt der Angeklagte im weiteren Verlauf der Hauptverhandlung ein Geständnis ab, kann das Gericht daher regelmäßig ohne förmlichen Hinweis nach § 265 Abs. 2 Nr. 2 StPO von dem vorgeschlagenen Verständigungsstrafrahmen abweichen. Denn ohne Hinzutreten besonderer Umstände fehlt es an einem schutzwürdigen Vertrauen des Angeklagten, das Tatgericht werde im Falle eines Geständnisses dennoch eine Strafe in dem in Aussicht gestellten Strafrahmen verhängen.

Vorschlag:
Der Angeklagte sollte nach dem geschilderten Verfahrensgeschehen von einer Anfechtung absehen.

Tipp:
§ 265 StPO dient dem Schutz vor Überraschungen und der Sicherung der umfassenden Verteidigungsmöglichkeit. Daher hat das Gericht im Rahmen seiner Fürsorgepflicht den Angeklagten über geänderte Beurteilungen des Gegenstandes des Verfahrens in rechtlicher oder tatsächlicher Hinsicht in Form eines bestimmten Hinweises aufzuklären, damit er seine Verteidigung hierauf ausrichten kann. Der Hinweis gemäß § 265 StPO bewirkt folglich meist eine Änderung des ursprünglich aus der Anklageschrift hervorgehenden Gegenstands des Verfahrens. Damit dies gewährleistet ist, muss der Hinweis eindeutig, umfassend und unmissverständlich sein, damit er den Angeklagten in die Lage versetzt, sein Verteidigungsverhalten auf die geänderte Bewertung des Gerichts einzustellen, sich dazu erforderlichenfalls zu äußern und Beweisanträge stellen oder Beweisanregungen abgeben zu können. Hat sich der Gegenstand aber nicht verändert, weil das Gericht nicht an seine Ausführungen gebunden ist, entsteht auch keine Hinweispflicht (a.A. zu diesem Fall: BeckOK StPO/Eschelbach, 45. Ed., StPO § 257c Rn. 27.5 – Verstoß gegen Hinweispflicht, aber kein Beruhen).

Gericht, Az.:	Datum:	Fundstelle:
BGH, 5 StR 243/21	08.02.2022	NStZ-RR 2022, 504 f.

Lies mal

Das Landgericht hat den Angeklagten wegen im Zusammenhang mit einer Insolvenz begangenen Straftaten zu einer Gesamtfreiheitsstrafe von vier Jahren und neun Monaten verurteilt. Dem liegt folgendes Verfahrensgeschehen zugrunde:

Im Hauptverhandlungstermin vom 3. Juli 2019 ordnete der Strafkammervorsitzende ein Selbstleseverfahren an. Erfasst war in 25 Listen eine Vielzahl von Einzelurkunden und Urkundenkonvoluten im Umfang von etwa 9.000 Seiten, bei denen es sich um einen Großteil der gesamten verfahrensgegenständlichen Fallakten einschließlich schriftlich festgehaltener Angaben von Zeugen und Beschuldigten handelte. Die Verteidigung des Angeklagten widersprach der Anordnung des Selbstleseverfahrens. Daraufhin ergänzte der Vorsitzende die Selbstleseanordnung im nächsten Hauptverhandlungstermin wie folgt:

> „Soweit in den Urkundenlisten 1 bis 23, der Urkundenliste *„Fallübergreifende Urkunden“* sowie der Urkundenliste *„Auswertung EDV, E-Mail, Mobiltelefone, Asservate“* Urkunden aufgeführt sind, die in fremder Sprache abgefasst sind, sind nur die mit Namen, Zahlen und Einzelbuchstaben dargestellten und nicht sprachspezifischen Angaben Gegenstand des Selbstleseverfahrens. Schriftliche Erklärungen i.S.d. § 250 StPO sind insoweit Gegenstand der Selbstleseanordnung, als dies durch § 256 Abs. 1 Nr. 1, 5 StPO gestattet wird oder als es sich um einfache Auskünfte von Mitarbeitern über den Inhalt von Buchungs- und Abrechnungsunterlagen oder vergleichbaren Unterlagen handelt. Soweit Vermerke über Befragungen oder Angaben Dritter (z.B. in Durchsuchungs- oder sonstigen Ermittlungsberichten) in Urkunden enthalten sind, sind diese nicht Gegenstand der Selbstlesung.“

Konkretisierungen, Streichungen, Klammerungen oder andere Markierungen wurden nicht vorgenommen. Auch der so ergänzten Selbstleseanordnung widersprach die Verteidigung des Angeklagten unmittelbar. Unter anderem stützte sie dies darauf, dass Urkunden nicht ausreichend bezeichnet seien. In einer ergänzenden schriftlichen Widerspruchsbegründung beanstandete die Verteidigung, dass die abstrakt formulierte Einschränkung des Vorsitzenden in unzulässiger Weise den Mitgliedern des Spruchkörpers die Entscheidung über den Umfang der Selbstlesung übertrage.
Die Strafkammer wies den Widerspruch mit Beschluss vom 7. Oktober 2019 zurück und ordnete das Selbstleseverfahren unter Bezugnahme auf die frühere Anordnung und ausdrücklich unter Fortgeltung der ergänzenden Beschränkung des Vorsitzenden vorsorglich erneut an. Auf die Frage der Bestimmbarkeit der zu verlesenden Urkunden(teile) ging sie in der Beschlussbegründung nicht ein. Auf eine Gegenvorstellung, mit der die Verteidigung des Angeklagten ihre diesbezüglichen Bedenken wiederholte, verblieb es bei dem Beschluss.
Im Hauptverhandlungstermin vom 8. Januar 2020 wurden folgende Erklärungen abgegeben: „Die Berufsrichter und Schöffen erklärten jeder für sich, vom Wortlaut der in den Urkundenlisten … genannten Urkunden durch Lesen Kenntnis genommen zu haben.“ Der Vorsitzende stellte zudem fest, dass die übrigen Verfahrensbeteiligten hierzu Gelegenheit hatten.
In einer Stellungnahme zum Abschluss des Selbstleseverfahrens wies die Verteidigung des Angeklagten unter anderem darauf hin, dass angesichts der abstrakten Beschränkung der Selbstleseanordnung nicht hinreichend deutlich sei, welche Urkunden(teile) eingeführt worden seien.
In einem daraufhin ergangenen Beschluss erklärten die Mitglieder der Strafkammer erneut, „vom Inhalt aller in (den) Urkundenlisten genannten Urkunden durch Lesen Kenntnis genommen“ zu haben.

Der Angeklagte hat gegen das Urteil Revision eingelegt. Hat diese Aussicht auf Erfolg?

A. Zulässigkeit der Revision	***B. Begründetheit der Revision***
I. Statthaftigkeit	*I. Prozessvoraussetzungen/-hindernisse*
II. Rechtsmittelbefugnis	
III. Beschwer	***II. Verfahrensfehler** (absoluter/**relativer**)*
IV. Form/Frist d. Einlegung	***§ 249 Abs. 2 StPO – Bezeichnung der Urkunden***
V. Form/Frist d. Begründung	
VI. kein(e) Rücknahme/Verzicht	*III. Sachrüge*

Obersatz:
Es könnte ein anfechtbarer Verstoß gegen § 249 Abs. 2 StPO vorliegen, indem das Gericht Urkunden nicht in der richtigen Weise erhoben hat.

Problem:
Fraglich ist hier, ob die Urkunden unzureichend bezeichnet wurden und durch die abstrakte Umschreibung der vom Selbstleseverfahren erfassten Urkunden(teile) den Mitgliedern des Spruchkörpers und den Verfahrensbeteiligten die exakte Einschätzung des Umfangs der Selbstlesung nicht möglich war. Urkunden, die im Selbstleseverfahren nach § 249 Abs. 2 StPO eingeführt werden, sind im Hauptverhandlungsprotokoll zu bezeichnen (§ 273 Abs. 1 StPO). Die Bezeichnung muss so genau sein, dass die Urkunden identifizierbar sind, wobei bei umfangreichen Konvoluten eine zusammenfassende und pauschale Benennung der nach § 249 Abs. 2 StPO zu behandelnden Urkunden genügen kann. Dadurch soll sichergestellt werden, dass bei den Verfahrensbeteiligten über Gegenstand und Umfang der Beweisverwendung kein Zweifel entstehen kann. Die Urkunden sind daher dergestalt zu bezeichnen, dass sie von den Verfahrensbeteiligten ohne Weiteres individualisiert werden können.

Lösung:
Diesen Anforderungen hält die Selbstleseanordnung in ihrer ergänzten Fassung nicht stand. Durch die lediglich anhand rechtlicher und tatsächlicher Kriterien abstrakt vorgenommene Einschränkung des Umfangs des Selbstleseverfahrens können die eingeführten Urkunden(teile) nicht eindeutig identifiziert und individualisiert werden. Es handelte sich nicht lediglich um eine zulässige zusammenfassende und pauschale Benennung der zu verlesenden Schriftstücke durch den Vorsitzenden, vielmehr war den Mitgliedern des Spruchkörpers einschließlich der Schöffen sowie den Verfahrensbeteiligten für die Ermittlung des Umfangs der Selbstlesung eine eigene Subsumtion unter tatsächliche Begriffe sowie unter rechtlich im Einzelnen umstrittene Verlesungsvorschriften der Strafprozessordnung überantwortet. Eine solche Vorgehensweise war im Rahmen der durch das Selbstleseverfahren ausnahmsweise aus der Hauptverhandlung verlagerten Beweisaufnahme rechtsfehlerhaft, weil das Ergebnis der Subsumtion nicht feststellbar war und damit unklar blieb. Es ist nicht ausgeschlossen, dass Mitglieder des Spruchkörpers Urkunden(teile) in unterschiedlichem Umfang zum Gegenstand der Selbstlesung und damit zur Urteilsgrundlage gemacht haben. Insbesondere aber konnten bei den Verfahrensbeteiligten Zweifel über Gegenstand und Umfang der Beweisverwendung entstehen, sodass die Selbstleseanordnung ihre dargestellte Hinweiswirkung verfehlt hat.
Der Umfang des Selbstleseverfahrens konnte auch nicht dadurch konkludent auf den gesamten Inhalt aller in den Urkundenlisten bezeichneten Urkunden erweitert werden, dass die Berufsrichter und Schöffen zum Abschluss des Selbstleseverfahrens ohne Bezugnahme auf die einschränkende Anordnung des Vorsitzenden zu Protokoll erklärt und in einem Beschluss wiederholt haben, den Wortlaut aller in den Urkundenlisten aufgeführten Urkunden zur Kenntnis genommen zu haben. Denn die Feststellung zum Abschluss eines Selbstleseverfahrens muss dem Inhalt seiner Anordnung entsprechen.
Auf diesem Rechtsfehler beruht das Urteil (§ 337 Abs. 1 StPO). Wegen des erheblichen Umfangs des in Rede stehenden Selbstleseverfahrens und des Umstands, dass das Landgericht seine Beweiswürdigung auf eine Vielzahl im Selbstleseverfahren enthaltener Urkunden gestützt hat, lässt sich nicht ausschließen, dass die Strafkammer ohne den Verfahrensfehler zu einer anderen Entscheidung gelangt wäre.

Antrag:
Auf die Revision des Angeklagten wird das Urteil des Landgerichts … vom … mit den Feststellungen aufgehoben. Die Sache wird zu neuer Verhandlung und Entscheidung, auch über die Kosten des Rechtsmittels, an eine andere Strafkammer des Landgerichts zurückverwiesen.

Gericht, Az.:	Datum:	Fundstelle:
BGH, 4 StR 503/21	15.02.2022	NStZ 2022, 760

Erstmal Pause

Das Landgericht hat den Angeklagten wegen leichtfertiger Geldwäsche in vier Fällen sowie wegen Beihilfe zum Betrug in drei Fällen zu einer Gesamtfreiheitsstrafe von drei Jahren verurteilt und eine Einziehungsentscheidung getroffen.

Die Hauptverhandlung war am 4. Verhandlungstag unterbrochen und am 14. Juni 2021, dem letzten Tag der Unterbrechungsfrist, fortgesetzt worden. Der Angeklagte wurde zu diesem Termin vorgeführt. Im Termin wurde geprüft und erörtert, ob der außer Vollzug gesetzte Haftbefehl gegen den Angeklagten wegen Verstoßes gegen die Auflage, dem Gericht unverzüglich seine neue Anschrift mitzuteilen, wieder in Vollzug zu setzen war. Außerdem wurde der Dolmetscher vereidigt. Hiernach wurde die Verhandlung erneut für einige Tage unterbrochen. Die weitere Beweisaufnahme fand in den Folgeterminen statt.

Was halten Sie von der Sache?

Obersatz:
Es könnte ein anfechtbarer Verstoß gegen § 229 Abs. 1, Abs. 4 Satz 1 StPO vorliegen, indem das Gericht die Hauptverhandlung zu lange unterbrochen und hiernach nicht von Neuem begonnen hat.

Problem:
Fraglich ist, ob die am letzten Tag der Unterbrechungsfrist fortgesetzte Hauptverhandlung den Anforderungen von § 229 Abs.1, Abs. 4 Satz 1 StPO genügte.

Lösung:
Der Angeklagte beanstandet zu Recht einen Verstoß gegen § 229 Abs. 1 StPO. Die Hauptverhandlung wurde nach vier Verhandlungstagen länger als drei Wochen unterbrochen. Am 14. Juni 2021, dem letzten Tag der Unterbrechungsfrist, wurde sie nicht im Sinne von § 229 Abs. 4 Satz 1 StPO fortgesetzt.
Nach ständiger Rechtsprechung gilt eine Hauptverhandlung dann als fortgesetzt, wenn zur Sache verhandelt und das Verfahren gefördert wird. Dies ist stets der Fall, wenn es zu Verfahrensvorgängen kommt, die die zur Urteilsfindung führende Sachverhaltsaufklärung betreffen. Auch die alleinige Befassung mit Verfahrensfragen kann ausreichend sein, sofern es dabei um den Fortgang der Sachverhaltsaufklärung geht.
Nach dieser Maßgabe hat am 14. Juni 2021 eine Verhandlung im Sinne des § 229 Abs. 1 StPO nicht stattgefunden. Die Prüfung und Erörterung, ob der außer Vollzug gesetzte Haftbefehl wegen Verstoßes des Angeklagten gegen die Auflage, dem Gericht unverzüglich seine neue Anschrift mitzuteilen, wieder in Vollzug zu setzen war, betraf nicht den Fortgang der Aufklärung des Sachverhalts. Auch war wegen der Anordnung der Vorführung des Angeklagten die Durchführung der Beweisaufnahme möglich, da dessen Anwesenheit in der Hauptverhandlung vom 14. Juni 2021 sichergestellt war. Mithin lag kein Umstand vor, dass die möglicherweise für den Fortsetzungstermin in Aussicht genommene weitere Förderung des Verfahrens in der Sache infolge unvorhersehbarer Ereignisse nicht stattfinden konnte.
Auch stellte die im Hauptverhandlungstermin am 14. Juni 2021 vorgenommene Dolmetschervereidigung keine Verhandlung zur Sache dar. Denn hiermit wurden erst die notwendigen Voraussetzungen geschaffen, damit an diesem Termin die Verhandlung überhaupt fortgesetzt werden konnte. Das Verfahren wurde mithin noch nicht sachlich gefördert.

Das Beruhen des Urteils im Sinne des § 337 Abs. 1 StPO auf einem Verstoß gegen § 229 StPO kann regelmäßig – wie auch hier – nicht ausgeschlossen werden. Ein besonders gelagerter Ausnahmefall, in dem die Fristüberschreitung ersichtlich weder den Eindruck von der Hauptverhandlung abgeschwächt noch die Zuverlässigkeit der Erinnerung beeinträchtigt hat, liegt hier nicht vor.

Antrag:
Auf die Revision des Angeklagten wird das Urteil des Landgerichts ... vom ... mit den Feststellungen aufgehoben. Die Sache wird zu neuer Verhandlung und Entscheidung, auch über die Kosten des Rechtsmittels, an eine andere Strafkammer des Landgerichts zurückverwiesen.

Tipp:
§ 229 Abs. 1, Abs. 4 StPO wird sehr gerne in Revisionsklausuren eingebaut. Denken Sie im Hinblick auf die Hemmung der Unterbrechungsfrist neben § 229 Abs. 3 StPO auch an den befristeten § 10 EGStPO.

Gericht, Az.:	Datum:	Fundstelle:
BGH, 3 StR 484/21	22.02.2022	NStZ-RR 2022, 144 f.

Bekifftes Urteil

Das Landgericht hat den Angeklagten wegen Anbaus von Betäubungsmitteln in Tateinheit mit Beihilfe zum Handeltreiben mit Betäubungsmitteln in nicht geringer Menge zu einer Freiheitsstrafe von zwei Jahren verurteilt und deren Vollstreckung zur Bewährung ausgesetzt.

Die Anklage und der Eröffnungsbeschluss gingen davon aus, dass das als Handeltreiben gewertete Übergeben von Marihuana am 25. Februar 2019 an den anderweitig Verfolgten N aus der vom Angeklagten mit einem anderen betriebenen Plantage stammte, und haben deswegen Tateinheit angenommen.

Nach den Feststellungen im Urteil vermochte das Gericht nicht aufzuklären, woher das Marihuana stammte und ist daher davon ausgegangen, dass der Anbau und das später übergebene Marihuana in keinerlei Bezug zueinanderstehen.

Der Angeklagte wundert sich bei diesen Ausführungen über den Schuldspruch. Sie auch?

A. Zulässigkeit der Revision	B. Begründetheit der Revision
I. Statthaftigkeit II. Rechtsmittelbefugnis	I. Prozessvoraussetzungen/-hindernisse
III. Beschwer IV. Form/Frist d. Einlegung	II. Verfahrensfehler (absoluter/relativer)
V. Form/Frist d. Begründung VI. kein(e) Rücknahme/Verzicht	**III. Sachrüge (rechtliche Würdigung)** **Änderung der konkurrenzrechtlichen Bewertung – Teilfreispruch**

Obersatz:
Es könnte ein anfechtbarer Verstoß vorliegen, indem das Gericht es unterlassen hat, den Angeklagten vom Vorwurf des Anbaus der gehandelten Betäubungsmittel freizusprechen.

Problem:
In einem Fall, in dem der Eröffnungsbeschluss davon ausgeht, dass die dem Angeklagten angelasteten strafbaren Handlungen sich aus tatsächlichen oder rechtlichen Gründen als eine einheitliche Tat im materiell-rechtlichen Sinne darstellen, muss ein Teilfreispruch dann nicht ergehen, wenn sich eine der Handlungen nach dem Ergebnis der Hauptverhandlung als nicht nachweisbar oder nicht strafbewehrt erweist, es im Übrigen aber bei der konkurrenzrechtlichen Bewertung der Einzelakte verbleibt. Abweichendes gilt jedoch, wenn die Hauptverhandlung ergibt, dass es sich bei den dem Angeklagten angelasteten Handlungen um selbständige, tatmehrheitliche Delikte handelt.

Lösung:
Ein solcher Fall liegt hier vor, denn es war nicht feststellbar, ob sich der Anbau mit dem verfolgten Ziel des Handeltreibens einerseits und die Übergaben der Betäubungsmittel andererseits auf denselben Betäubungsmittelvorrat - hier die Plantage - bezogen. Mithin war das verbindende Element dieser Handlungen nicht zu belegen. Erweist sich in einem solchen Fall ein dem Angeklagten von Anklage und Eröffnungsbeschluss vorgeworfener Einzelakt (hier: Anbau der später übergebenen Menge) als nicht nachweisbar, so ist der Angeklagte insoweit aus Billigkeitsgründen freizusprechen.
Zu verurteilen ist nur der festgestellte Anbau und das festgestellte Handeltreiben. Angelastet war auch ein Anbau der gehandelten Menge. Dies war nicht nachzuweisen. Da entgegen dem Tatvorwurf auch nicht nachzuweisen war, dass der Angeklagte an der Entstehung des gehandelten Marihuanas mitgewirkt hat, war ihm diese selbständige Tat insgesamt nicht nachzuweisen und er deswegen freizusprechen.

Antrag:
Auf die Revision des Angeklagten wird das Urteil des Landgerichts ... vom ... dahin ergänzt, dass er im Übrigen freigesprochen wird und die Staatskasse insoweit seine notwendigen Auslagen sowie die Kosten des Verfahrens trägt.

Tipp:
Die angelasteten Einzelakte (1. Anbau & 2. Handeltreiben mit dem Angebauten) gehörten hier nach dem Ergebnis der Beweisaufnahme, die eine Verbindung nicht herzustellen vermochte, nicht nur zu unterschiedlichen materiellen, sondern auch zu unterschiedlichen prozessualen Taten. Daher war der Teilfreispruch nötig (vgl. BGH, 3 StR 220/12 v. 20.09.2012, NStZ-RR 2013, 6 f.).

Wie Sie gemerkt haben, geht es bei diesem Fall nicht um das Delikt – hier aus dem Bereich der Betäubungsmitteldelikte. Vielmehr geht es darum, zu erkennen, dass eine unterschiedliche Würdigung der Konkurrenzen auch dazu führen kann, dass sich der Verfahrensgegenstand auch hinsichtlich der Beurteilung der zu beurteilenden prozessualen Taten ändern kann.

Gericht, Az.:	Datum:	Fundstelle:
BGH, 2 StR 156/21	23.02.2022	NStZ-RR 2022, 254

Weg ist weg

Das Landgericht hat den Angeklagten nach 2 Verhandlungstagen unter anderem wegen zahlreicher Betrugsstraftaten zu einer Gesamtfreiheitsstrafe von drei Jahren und drei Monaten verurteilt.

Der Angeklagte hat durch seinen Verteidiger Revision eingelegt.

Der Verteidiger kommt zu Ihnen und bittet Sie um Ihre Meinung. Folgendes trägt er Ihnen vor:

Die von den Berufsrichtern unterzeichnete und nach einem Vermerk in der Akte rechtzeitig dorthin gelangte Urteilsurschrift ist verloren gegangen. Der genaue Inhalt der unterzeichneten Urteilsschrift ist laut einem von allen mitwirkenden Berufsrichtern unterzeichneten Vermerk nicht mehr rekonstruierbar. Sie haben daher 6 Wochen nach der Urteilsverkündung ein (neues) Urteil unterschrieben, von dem sie glauben, dass es dem ursprünglichen Urteil im Wortlaut jedenfalls sehr nahekomme.

Der Verteidiger hat bereits eine Begründungsschrift eingereicht und hierbei mit der Verfahrensrüge gerügt, dass das Urteil nicht rechtzeitig zu den Akten gebracht worden sei. Außerdem hat er die allgemeine Sachrüge erhoben.

Da die Begründungsfrist noch läuft, möchte er wissen, ob das reicht.

Was werden Sie ihm als „Revisionsprofi“ antworten?

A. Zulässigkeit der Revision	*B. Begründetheit der Revision*
I. Statthaftigkeit *II. Rechtsmittelbefugnis* *III. Beschwer* *IV. Form/Frist d. Einlegung* *V. Form/Frist d. Begründung* *VI. kein(e) Rücknahme/Verzicht*	*I. Prozessvoraussetzungen/-hindernisse* ***II. Verfahrensfehler** (**absoluter**/relativer)* ***§§ 275 Abs. 1, 338 Nr. 7 StPO*** ***III. Sachrüge***

Obersatz:
Es könnte ein anfechtbarer Verstoß gegen § 275 Abs. 1 Satz 1 StPO vorliegen, indem das Gericht kein schriftliches Urteil zu den Akten gebracht hat.

Problem:
Unvollständige oder sonst mangelhafte Entscheidungsgründe werden bereits auf die Sachrüge überprüft und führen zur Aufhebung des Urteils. Daher erfasst die Sachrüge erst recht auch den Anwendungsbereich des §§ 338 Nr. 7, 275 Abs. 1 StPO und lässt die Aufhebung des Urteils zu, wenn es keine Entscheidungsgründe enthält. Hier sind allerdings Urteilsgründe zur Akte gelangt – sogar zweimal!

Lösung:
Aufgrund der Vermerke in der Akte und durch die Berufsrichter steht fest, dass es ein schriftliches Urteil gab, welches rechtzeitig unterschrieben zu den Akten gelangte. Da die von den Berufsrichtern unterzeichnete Urteilsurschrift verloren gegangen ist und ihr genauer Inhalt nicht mehr rekonstruiert werden kann, steht dies dem vollständigen Fehlen der Urteilsgründe gleich.

Es kann also die Sachrüge und die Verfahrensrüge mit Erfolg erhoben werden.

Auf die bereits angebrachte Verfahrensbeanstandung einer Verletzung des § 275 Abs. 1 Satz 2 StPO – verspätetes Gelangen des Urteils zu den Akten – kommt es daher nicht an. Die verspätet zur Akte gebrachte und zudem nicht sicher mit dem schriftlichen Urteil übereinstimmende zweite Urteilsversion ist nicht das nach § 275 Abs. 1 StPO zu bewertende Urteil. Dieses ist rechtzeitig eingegangen, aber nicht mehr vorhanden.

Vorschlag:
Da die hier ausreichende Sachrüge erhoben wurde, muss die Revisionsbegründung nicht mehr angepasst werden. Allerdings sollten Sie den Verteidiger darauf hinweisen, dass er mit seiner Rüge nicht exakt den hier zu beanstandenden Fehler des Gerichts (Fehlen des schriftlichen Urteils) gerügt hat.

Antrag:
Auf die Revision des Angeklagten wird das Urteil des Landgerichts ... vom ... mit den Feststellungen aufgehoben. Die Sache wird zu neuer Verhandlung und Entscheidung, auch über die Kosten des Rechtsmittels, an eine andere Strafkammer des Landgerichts zurückverwiesen.

Tipp:
Fehlen alle Unterschriften der Berufsrichter (vgl. § 275 Abs. 2 Satz 3 StPO) unter dem Urteil, steht dies dem völligen Fehlen von Urteilsgründen gleich und ist auch auf die Sachrüge hin zu prüfen. Ist jedoch ein Urteil rechtzeitig zu den Akten gelangt, bei dem nur einzelne Unterschriften fehlen, kann dies jedenfalls dann allein mit einer Verfahrensrüge gemäß § 275 Abs. 2 StPO beanstandet werden, wenn sich der Verstoß nicht bereits aus dem Urteil selbst ergibt (vgl. Meyer-Goßner/Schmitt, StPO, 65. Auflage, § 275, Rn. 28; § 338, Rn. 56).

Gericht, Az.:	Datum:	Fundstelle:
BGH, 4 StR 202/21	15.03.2022	NStZ-RR 2022, 200 f.

Einmal zu lang?

Das Landgericht hat den Angeklagten wegen Betruges in 93 Fällen und wegen versuchten Betruges, in allen Fällen in Tateinheit mit Bestechung im geschäftlichen Verkehr, zu einer Gesamtfreiheitsstrafe von zwei Jahren und neun Monaten verurteilt.

Nach den Feststellungen übergab der Angeklagte ab 7. Juli 2011 bei der Lieferung von Messingschleifstäuben an einen Mitarbeiter der Abnehmerfirma in 94 Fällen jeweils einen Eimer mit einer Materialprobe, die – anders als die Liefermenge – die vereinbarten Anteile von Kupfer und Zink enthielt. Dem Mitarbeiter der Abnehmerfirma bezahlte er jeweils 150 Euro, damit dieser die Materialprobe zur Laboranalyse weiterleitete, deren Ergebnis Grundlage für die Bezahlung der Lieferungen war. Durch dieses Vorgehen sollte bei den Verantwortlichen der Abnehmerfirma der Eindruck erweckt werden, die Liefermengen enthielten die vereinbarten Anteile von Kupfer und Zink. Tatsächlich waren den Lieferungen zwischen 8% und 20% Sand beigemengt worden, so dass durch die Bezahlung der 93 Rechnungen insgesamt ein Schaden von rund 625.000 Euro entstand. Bei einer weiteren Lieferung am 29. Oktober 2015 waren die Verantwortlichen der Abnehmerfirma durch ein anonymes Schreiben von den Abläufen unterrichtet worden, sodass sie den Liefervorgang beobachteten und im Anschluss die Zahlung verweigerten.

Aus den Urteilsgründen ergibt sich, dass der Angeklagte am 9. Dezember 2015 durch Vertreter der Abnehmergesellschaft mit den Vorwürfen konfrontiert und ein Belastungszeuge aus dem Lieferunternehmen am 12. Juli 2016 polizeilich vernommen wurde. Die Anklageerhebung erfolgte erst im November 2017. Gründe für die Dauer bis zur Anklageerhebung führt das Urteil nicht an.

In der Strafzumessung hat die Strafkammer strafmildernd herangezogen, dass zwischen den abgeurteilten Taten und dem Urteil „teilweise bereits über neun Jahre, zumindest aber über fünf Jahre" vergangen sind. Eine weitere Erörterung zu der Verfahrensdauer und dessen Bedeutung findet sich im Urteil nicht.

Der Angeklagte meint, dass die Verfahrensdauer in seiner Entscheidung mehr Aufmerksamkeit verdient hätte. Von Ihnen möchte er wissen, ob dies eine erfolgversprechende Anfechtungsmöglichkeit eröffnet.

Wie wird Ihre Antwort ausfallen?

Obersatz:
Es könnten 2 anfechtbare Verstöße vorliegen, indem das Gericht im Rahmen der Strafzumessung (§ 46 StGB) die angenommene überdurchschnittlich lange Verfahrensdauer nicht ausreichend gewürdigt hat und zum anderen die deswegen gebotene Erörterung der Annahme einer rechtstaatswidrigen Verfahrensverzögerung und Anwendung der Kompensationslösung vollständig unterlassen hat.

Problem:
1) Die Strafzumessung ist bei jeder Einzelstrafe und bei der Gesamtstrafenbildung vorzunehmen. Bei den Einzelstrafen sind die jeweils relevanten konkreten Umstände zu berücksichtigen. Hier ist aufgrund der Formulierung im Urteil zu besorgen, dass mit der langen Verfahrensdauer ein für die Strafzumessung wesentlicher Gesichtspunkt bei den Einzelstrafen nicht korrekt berücksichtigt worden ist, da pauschal auf die Zeit zwischen Tatzeitpunkt und Urteil abgestellt worden ist. Dies lässt besorgen, dass der Verfahrensdauer im Rahmen der Strafzumessung keine eigenständige Bedeutung beigemessen wurde.
2) Außerdem muss bei überlangen Verfahrensdauern eine rechtsstaatswidrige Verzögerung und eine Kompensation durch Anwendung der sog. Vollstreckungslösung erörtert werden, was hier nicht geschah.

Lösung:
1) Eine überdurchschnittlich lange Verfahrensdauer ist ungeachtet eines geringeren Strafbedürfnisses aufgrund des zeitlichen Abstands zwischen Tatbegehung und Urteil und eines etwa gewährten Vollstreckungsabschlags bei der Strafzumessung zu berücksichtigen und stellt einen bestimmenden Strafzumessungsgrund im Sinne des § 267 Abs. 3 Satz 1 StPO dar. Es ist daher hier nicht auszuschließen, dass sich der aufgezeigte Rechtsfehler auf die Höhe der Einzelstrafen ausgewirkt hat.
2) Wird – wie hier – hinsichtlich einer rechtsstaatswidrigen Verfahrensverzögerung keine Verfahrensrüge erhoben, so unterliegt die Frage, ob ein Verstoß gegen Art. 6 Abs. 1 Satz 1 MRK vorliegt, nur dann der revisionsrechtlichen Überprüfung, wenn sich entweder die Verfahrensverzögerung aus den Urteilsgründen – gegebenenfalls unter Heranziehung der vom Revisionsgericht von Amts wegen zur Kenntnis zu nehmenden Verfahrenstatsachen – ergibt oder aber die Urteilsgründe jedenfalls ausreichende Anhaltspunkte enthalten, die das Tatgericht zur Prüfung einer Kompensation drängen mussten, sodass ein Erörterungsmangel gegeben ist.
So liegt der Fall hier. Aus den Urteilsgründen ergibt sich, dass der Angeklagte am 9. Dezember 2015 durch Vertreter der Abnehmergesellschaft mit den Vorwürfen konfrontiert und ein Belastungszeuge aus dem Lieferunternehmen am 12. Juli 2016 polizeilich vernommen wurde, sodass es mit Blick auf eine mögliche rechtsstaatswidrige Verfahrensverzögerung näherer Darlegung und Würdigung der Umstände bedurft hätte, die dazu führten, dass erst im November 2017 Anklage erhoben wurde und bis zum Beginn der Hauptverhandlung im Juni 2020 weitere zweieinhalb Jahre vergingen. Diese Prüfung wird das neue Tatgericht nachzuholen haben.
3) Die Aufhebung der Einzelstrafen entzieht der Gesamtstrafe die Grundlage. Die Feststellungen können bestehen bleiben (vgl. § 353 Abs. 2 StPO), da es sich nur um einen rechtlichen Wertungsfehler handelt. Ergänzende Feststellungen sind möglich, soweit sie zu den bisherigen nicht in Widerspruch stehen.

Antrag:
Auf die Revision des Angeklagten wird das Urteil des Landgerichts … vom …im Strafausspruch und soweit aufgehoben, als eine Entscheidung über die Kompensation einer rechtsstaatswidrigen Verfahrensverzögerung unterblieben ist. Im Umfang der Aufhebung wird die Sache zu neuer Verhandlung und Entscheidung, auch über die Kosten des Rechtsmittels, an eine andere Strafkammer des Landgerichts zurückverwiesen.

Gericht, Az.:	**Datum:**	**Fundstelle:**
BGH, 6 StR 343/21	23.03.2022	NStZ 2022, 549 f.

Halsschmerzen

Das Landgericht hat den Angeklagten wegen gefährlicher Körperverletzung zu einer Freiheitsstrafe von zwei Jahren und neun Monaten verurteilt.

Am Tattag stritten der Angeklagte und die Geschädigte im Auto lautstark über familiäre Angelegenheiten. Mit den Worten „Jetzt reicht's!" griff der Angeklagte die Geschädigte körperlich an und es entstand ein Handgemenge, in dessen Verlauf er ihr mindestens einmal mit der Faust ins Gesicht schlug und sie würgte. Es gelang ihr einige Male, sich kurzzeitig dem Zugriff zu entziehen; der Angeklagte setzte jedoch immer wieder neu an. Durch die Hilferufe wurden Passanten auf das Geschehen aufmerksam. Der Angeklagte hielt den Hals der Geschädigten etwa zwei Minuten durchgehend so fest umklammert, dass es den Zeugen anfangs nicht gelang, den Griff zu lösen. Erst nach tätlicher Einwirkung auf ihn konnte er von der Geschädigten getrennt werden. Er war sich bewusst, dass das Würgen potenziell lebensbedrohlich war. Die Geschädigte erlitt unter anderem Hautrötungen mit oberflächlichen Defekten am Hals und während des Geschehens zeitweise Atemnot.

Das Landgericht hat sich nicht davon zu überzeugen vermocht, dass der Angeklagte sich mit dem Tod seiner Ehefrau abfand oder diesem auch nur gleichgültig gegenüberstand. Zwar sei der Angriff gegen den Hals durch länger anhaltendes Würgen abstrakt lebensbedrohlich. Eine konkrete Lebensgefahr habe jedoch nicht vorgelegen. So seien Petechien ebenso wenig festzustellen gewesen wie Ohnmacht oder andere Vorfälle, die auf einen dauerhaft starken Druck hindeuten könnten. Aufgrund der Hilfeschreie könne ferner eine besonders gefährliche Kehlkopfkompression ausgeschlossen werden. Es sei auch kein Motiv erkennbar, warum der Angeklagte den Tod seiner ihn stets unterstützenden Ehefrau zumindest gebilligt haben könnte. Nach deren Versterben wäre vielmehr auch die Beziehung zum gemeinsamen Sohn beendet worden. Schließlich sei einzustellen, dass es in der Beziehung zuvor keine gewalttätigen Übergriffe gegeben und der Angeklagte bislang straffrei gelebt habe.

Die Staatsanwaltschaft hat rechtzeitig ein Rechtsmittel gegen das Urteil der Schwurgerichtskammer eingelegt. Nun möchte der zuständige Staatsanwalt von Ihnen wissen, ob er dieses zurücknehmen soll oder ob er dieses erfolgsversprechend begründen kann. Was sagen Sie ihm?

A. Zulässigkeit der Revision	B. Begründetheit der Revision
I. Statthaftigkeit	I. Prozessvoraussetzungen/-hindernisse
II. Rechtsmittelbefugnis	
III. Beschwer	II. Verfahrensfehler (absoluter/relativer)
IV. Form/Frist d. Einlegung	
V. Form/Frist d. Begründung	**III. Sachrüge (Beweiswürdigung)**
VI. kein(e) Rücknahme/Verzicht	**§ 212 StGB - bedingter Tötungsvorsatz**

Obersatz:
Es könnte ein anfechtbarer materieller Verstoß gegen § 261 StPO vorliegen, indem das Gericht die Verneinung eines Tötungsvorsatzes auf eine unzureichende Beweiswürdigung stützt.

Problem:
Die Gefährlichkeit der Tathandlung und der Grad der Wahrscheinlichkeit eines Erfolgseintritts sind keine allein maßgeblichen Kriterien für die Entscheidung, ob ein Angeklagter mit bedingtem Tötungsvorsatz gehandelt hat; vielmehr kommt es auch bei besonders gefährlichen Handlungen auf die Umstände des Einzelfalls an.

Lösung:
Das Landgericht hat die gebotene Gesamtschau der bedeutsamen objektiven und subjektiven Tatumstände vorgenommen und dabei insbesondere die objektive Gefährlichkeit der Verletzungshandlungen (zweiminütiges durchgehendes, potenziell lebensgefährliches Würgen; andererseits keine konkrete Lebensgefahr), den Tathergang (spontane, unüberlegte Tat) und die psychische Verfassung des Angeklagten (wiederholter Streit und aufgeheizte Stimmung) bedacht. Bei seiner Bewertung der Beweistatsachen hat es sich nicht mit allgemeinen, formelhaften Wendungen begnügt; vielmehr hat es seine Überzeugung, der Vorsatz des Angeklagten habe sich jeweils nur auf eine Körperverletzung bezogen, mit auf den konkreten Fall abgestellten Erwägungen begründet. Den Aspekt einer gegenüber Tötungen bestehenden höheren „Hemmschwelle“ hat es in Beziehung zu der vom Angeklagten erkannten generellen Gefährlichkeit der Tathandlung einerseits und seiner Bindung zur Geschädigten andererseits erörtert.
Zur Verneinung des voluntativen Elements des Vorsatzes durfte die Schwurgerichtskammer die affektive Erregung vorsatzkritisch heranziehen. Denn bei spontanen, unüberlegt oder in affektiver Erregung ausgeführten Handlungen kann aus der Kenntnis der Gefahr des möglichen Todeseintritts nicht ohne Berücksichtigung der sich aus der Tat und der Persönlichkeit des Täters ergebenden Besonderheiten geschlossen werden, dass das voluntative Vorsatzelement gegeben ist. Dementsprechend hat das Landgericht gewichtet, dass sich der Angeklagte – trotz der angespannten Beziehung zu seiner von ihm getrenntlebenden Ehefrau und seiner passiv-aggressiven Persönlichkeitsstruktur in dieser sich über einen längeren Zeitraum hinziehenden Auseinandersetzung – erstmals zu Gewalttätigkeiten hinreißen ließ.
Indem das Landgericht ferner eingestellt hat, dass die Geschädigte „Bindeglied“ zwischen dem Angeklagten und dem gemeinsamen Sohn war und der Angeklagte daher dem Tod der Geschädigten nicht wenigstens gleichgültig gegenüberstand, hat es nicht zugunsten des Angeklagten eine Konstellation unterstellt, für die es keinen Anknüpfungspunkt gab. Da der Angeklagte in der konkreten Tatsituation die verbale Auseinandersetzung kontrollieren wollte, konnte das Landgericht unter Hinweis auf die Beziehung zur Geschädigten, die ihn trotz der Trennung im Alltag stets unterstützt und den Kontakt mit dem Sohn vermittelt hatte, dahin werten, dass ein einsichtiger Grund für ihre Tötung fehlte.

Vorschlag:
Die Staatsanwaltschaft sollte die Revision zurücknehmen.

Tipp zur Abgrenzung von Darstellungs- und rechtlichen Fehlern:
Fehlen Feststellungen zu wesentlichen Tatbestandsmerkmalen (z.B. Handlung/Erfolg/Vorsatz), empfiehlt es sich, die Lückenhaftigkeit der Feststellungen in der Darstellungsprüfung anzusprechen. Sind die Feststellungen vorhanden, aber nicht mit einer fehlerfreien Beweiswürdigung belegt, prüfen Sie dies in der Beweiswürdigung. Sind Feststellungen und Beweiswürdigung rechtsfehlerfrei, prüfen Sie die rechtliche Würdigung auf einen Subsumtionsfehler oder die Verletzung der Kognitionspflicht.

Gericht, Az.:	Datum:	Fundstelle:
BGH, 1 StR 480/21	24.03.2022	NStZ 2022, 571

Schnell, schnell

Das Landgericht hat den Angeklagten wegen Steuerdelikten und weiteren Straftaten zu einer Gesamtfreiheitsstrafe von drei Jahren und neun Monaten verurteilt.

In der Hauptverhandlung wurden Urkunden, die später auch im Urteil verwertet wurden, im Selbstleseverfahren erhoben.

Der Angeklagte hat gegen das Urteil Revision eingelegt und diese bereits begründet. Er rügt, der Vorsitzende habe die Zeit zur Kenntnisnahme der Urkunden so knapp bemessen, dass insbesondere die Schöffen nicht sämtliche Urkunden während der Unterbrechung der Verhandlung hätten lesen können. Weitere Ausführungen macht der Angeklagte zu seinem Rechtsmittel nicht.

Er möchte von Ihnen wissen, ob sein Rechtsmittel Erfolg haben wird.

A. ***Zulässigkeit der Revision***	B. ***Begründetheit der Revision***
I. Statthaftigkeit	*I. Prozessvoraussetzungen/-hindernisse*
II. Rechtsmittelbefugnis	
III. Beschwer	***II. Verfahrensfehler** (absoluter/**relativer**)*
IV. Form/Frist d. Einlegung	***§ 261 StPO – Inbegriffsrüge***
V. Form/Frist d. Begründung	
VI. kein(e) Rücknahme/Verzicht	*III. Sachrüge*

Obersatz:

Es könnte ein anfechtbarer Verstoß gegen § 261 StPO vorliegen, indem das Gericht Urkunden im Urteil verwertet hat, welche nicht zum Inbegriff der Hauptverhandlung wurden.

Problem:

Hier besteht die Herausforderung darin, den Fehler des Gerichts exakt zu erkennen. Der Angeklagte beanstandet eine ordnungsgemäße Durchführung des Selbstleseverfahrens. Wurden die betroffenen Urkunden im Selbstleseverfahren nicht (ordnungsgemäß) erhoben, stehen sie der Beweiswürdigung nicht zur Verfügung, da sie nicht zum Inbegriff der Hauptverhandlung wurden. Werden die Urkunden dennoch verwertet, kann die Inbegriffsrüge erhoben werden. Da es sich um eine Verfahrensrüge handelt, muss der diesbezügliche Revisionsvortrag die formellen Anforderungen des § 344 Abs. 2 Satz 2 StPO beachten. Fraglich ist hier, ob sich aus dem Vortrag ein anfechtbarer Verstoß ergibt.

Lösung:

Die Inbegriffsrüge (§ 261 StPO) ist nicht in zulässiger Weise (§ 344 Abs. 2 Satz 2 StPO) erhoben worden. Der Angeklagte rügt, das Landgericht habe den Wortlaut entscheidungserheblicher Urkunden im Urteil verwertet, ohne dass diese verfahrensfehlerfrei über das Selbstleseverfahren (§ 249 Abs. 2 StPO) in die Hauptverhandlung eingeführt worden seien; der Vorsitzende habe die Zeit zur Kenntnisnahme so knapp bemessen, dass insbesondere die Schöffen nicht sämtliche Urkunden während der Unterbrechung der Verhandlung hätten lesen können. Der Angeklagte teilt allerdings bereits nicht mit, dass er diese Art der Durchführung des Selbstleseverfahrens, namentlich die Feststellung des Vorsitzenden über den ordnungsgemäßen Abschluss des Selbstleseverfahrens (§ 249 Abs. 2 Satz 3 StPO), beanstandet und eine Entscheidung des Gerichts herbeigeführt habe (§ 238 Abs. 2 StPO). Da die Anordnung und auch die Art und Weise der Durchführung des Selbstleseverfahrens nur durch den Vorsitzenden erfolgt, muss dessen Entscheidung beanstandet werden, um nachfolgend eine gerichtliche Entscheidung zu erhalten, die mit der Revision gerügt werden kann. Da diese Beanstandung und auch eine darauf ergangene gerichtliche Entscheidung vom Angeklagten in der Revisionsbegründung nicht dargelegt wurden, genügt die Verfahrensrüge nicht den formellen Anforderungen gemäß § 344 Abs. 2 Satz 2 StPO und ist unzulässig.

Da diese Verfahrensrüge die einzige Rüge und damit Begründung der Revision ist, ist diese mangels einer formgerechten Begründung insgesamt unzulässig.

Vorschlag:

Sollte der Angeklagte keine weitere Begründung nachschieben können, sollte er die Revision zurücknehmen.

Gericht, Az.:	Datum:	Fundstelle:
BGH, 2 StR 151/21	30.03.2022	NStZ-RR 2022, 241 f.

Vorbei!

Das Landgericht hat den Angeklagten unter Freispruch im Übrigen wegen gewerbsmäßigen Einschleusens von Ausländern in sechs Fällen, gewerbsmäßigen Betruges in vier Fällen, versuchten Betruges sowie Erschleichens eines Aufenthaltstitels zu einer Gesamtfreiheitsstrafe von drei Jahren und zwei Monaten verurteilt.

In einem der dem Angeklagten mit Anklage vom 19. Juni 2019 angelasteten Betrugsfälle (Fall II.3 der Urteilsgründe) soll der Angeklagte einen Kreditbetrug unter Nutzung einer falschen Personalie und mittels unzutreffender Angaben zulasten eines Finanzinstituts begangen haben. Die erschlichene Darlehnsvaluta habe er am 9. Juli 2013 vollständig erhalten.

Zunächst wurde das Verfahren aber wegen seiner anderen „Masche“ eingeleitet und geführt. Der Gegenstand des Ermittlungsverfahrens war jeweils in den beantragten Beschlüssen festgehalten worden.

Im Durchsuchungsbeschluss vom 13. Juli 2016 wurde dem Angeklagten vorgeworfen, ausländische Personen bei deren illegalem Aufenthalt im Bundesgebiet gegen Entgelt unterstützt zu haben. Er habe sich echte britische Reisepässe beschafft und auf die Namen der Passinhaber diverse Konten bei verschiedenen Kreditinstituten eröffnet. In der Folge hätten die illegal aufhältlichen Personen mit Hilfe der vom Angeklagten zur Verfügung gestellten falschen Identität eine Arbeitsstelle gefunden, wobei das Arbeitsentgelt auf ein vom Angeklagten zuvor eröffnetes Konto geflossen sei. Hiervon habe er nur einen Teil an diese ausgekehrt und 30 – 40 % als Gegenleistung für seine Hilfe einbehalten.

Im Rahmen einer zuvor erfolgten polizeilichen Durchsuchung beim Angeklagten seien bereits 13 echte britische Reisepässe sowie Passkopien sichergestellt worden. Nachdem der Angeklagte eine Woche nach dieser früheren Wohnungsdurchsuchung bei einer weiteren Bank eine neue EC-Karte beantragt habe, bestehe der Verdacht, dass er sein „Geschäftsmodell“ fortführe. Ferner habe er unter Verwendung falscher Angaben nach einer ersten Durchsuchung am 11. Februar 2016 bei der Bundesagentur für Arbeit für seine Person Arbeitslosengeld beantragt. Zudem war der Staatsanwaltschaft bekannt, dass der Angeklagte im Dezember 2014 anlässlich einer Polizeikontrolle einen auf eine andere Person ausgestellten britischen Reisepass wahrheitswidrig als eigenen ausgegeben und diesen zuvor für die Aufnahme einer Beschäftigung verwendet hatte.

Anlässlich der ersten Durchsuchung am 11. Februar 2016 erfolgte die Beschuldigtenvernehmung des Angeklagten, die ebenfalls nur die entgeltliche Verwendung der britischen Identitäten zur Arbeitsaufnahme durch Ausländer zum Gegenstand hatte.

Weitere Vernehmungen und Beschlüsse gab es nicht.

Der Angeklagte hält die Staatsanwaltschaft und das Landgericht für nachtragend und möchte das Urteil anfechten. Soll er?

A. *Zulässigkeit der Revision*	B. *Begründetheit der Revision*
I. *Statthaftigkeit*	I. ***Prozess****voraussetzungen/****-hindernisse***
II. *Rechtsmittelbefugnis*	***Verfolgungsverjährung – Unterbrechung***
III. *Beschwer*	
IV. *Form/Frist d. Einlegung*	II. *Verfahrensfehler (absoluter/relativer)*
V. *Form/Frist d. Begründung*	
VI. *kein(e) Rücknahme/Verzicht*	III. *Sachrüge*

Obersatz:

Es könnte ein anfechtbarer Verstoß gegen § 78 Abs. 1 Satz 1 StGB vorliegen, da in Fall II.3 der Urteilsgründe eine Verurteilung des Angeklagten erfolgte, obwohl die Tat verjährt war.

Lösung:

Das Verfahren ist im Fall II.3 einzustellen (§ 206a Abs. 1 StPO). Diese Verurteilung wegen Betruges kann nicht bestehen bleiben, weil Strafverfolgungsverjährung eingetreten ist. Die Verjährungsfrist für Taten nach § 263 StGB beträgt fünf Jahre (§ 78 Abs. 3 Nr. 4, Abs. 4 StGB). Sie begann mit der Erlangung des letzten vom Tatvorsatz umfassten Vermögensvorteils, mithin hier mit dem vollständigen Zufluss der unter Nutzung einer falschen Personalie und mittels unzutreffenden Angaben gegenüber einem Finanzinstitut erschlichenen Darlehnsvaluta am 9. Juli 2013; sie endete demnach spätestens am 8. Juli 2018.

Die erste Handlung, die den Lauf der Verjährungsfrist unterbrechen konnte, war die Anklageerhebung am 19. Juni 2019 (§ 78c Abs. 1 Satz 1 Nr. 6 StGB). Zu diesem Zeitpunkt war Fall II.3 verjährt. Weder der Durchsuchungsbeschluss vom 13. Juli 2016 noch die polizeiliche Vernehmung des Angeklagten vom 11. Februar 2016 haben eine Unterbrechung der Verjährung gemäß § 78c Abs. 1 Satz 1 Nr. 4 bzw. Nr.1, Alt. 1 StGB bewirkt, weil die Tat II.3 nicht Gegenstand des Beschlusses bzw. der Vernehmung war.

Wird in einem Verfahren wegen einer Vielzahl von Taten ermittelt, so erstreckt sich die Unterbrechungswirkung grundsätzlich auf alle verfahrensgegenständlichen Taten, es sei denn, dass der – insoweit maßgebliche – Verfolgungswille der Strafverfolgungsbehörden erkennbar auf eine oder mehrere Taten beschränkt ist. Für die Bestimmung des Verfolgungswillens ist der Zweck der (richterlichen) Untersuchungsmaßnahme maßgeblich. Ergibt sich der Verfolgungswille nicht bereits aus dem Wortlaut der Untersuchungsanordnung, ist auf den Sach- und Verfahrenszusammenhang abzustellen und in Zweifelsfällen der Akteninhalt zur Auslegung heranzuziehen. Es entspricht einem praktischen Bedürfnis und ist prinzipiell nicht zu beanstanden, wenn der Tatverdacht in den Durchsuchungsbeschlüssen weit gefasst wird. Die Verdachtslage ist ausreichend dargestellt, wenn die Taten unter zusammenfassend kennzeichnenden Merkmalen bestimmbar sind, falls die Maßnahme wegen einer Vielzahl von Taten im prozessualen Sinne erfolgt, deren Einzelheiten die Ermittlungen noch klären müssen.

Hieran gemessen vermochte der Durchsuchungsbeschluss vom 13. Juli 2016 eine Unterbrechung der Verjährung nicht herbeizuführen. Danach sollte der Angeklagte nur wegen seines Geschäftsmodells der Unterstützung illegal aufhältlicher Personen, nicht aber wegen einer mindestens eineinhalb Jahre früher begangenen Betrugstat zum Nachteil eines Finanzinstituts verfolgt werden. Der Durchsuchungsbeschluss enthält weder ein Indiz, dass über den formulierten Tatvorwurf hinaus gegen den Angeklagten auch in Fällen des Kreditbetruges ermittelt werden sollte, noch eine zusammenfassende, möglicherweise weitere (Betrugs-)Taten erfassende Beschreibung der Tatmodalitäten eines Kreditbetruges. Auch dem Verfahrens- und Sachzusammenhang sind unter Heranziehung des Akteninhalts keine Anhaltspunkte für einen weiteren, dahingehenden Verfolgungswillen der Staatsanwaltschaft zu entnehmen.

Entsprechendes gilt für die anlässlich der ersten Durchsuchung am 11. Februar 2016 erfolgte Vernehmung des Angeklagten, die ebenfalls nur die entgeltliche Verwendung der britischen Identitäten zur Arbeitsaufnahme durch Ausländer zum Gegenstand hatte.

Antrag:

Auf die Revision des Angeklagten wird das Urteil des Landgerichts ... vom ... betreffend Fall II.3 der Urteilsgründe sowie die diesbezügliche Einzelstrafe und die Gesamtstrafe aufgehoben. Das Verfahren wird hinsichtlich Fall II.3 eingestellt; in diesem Umfang fallen die Verfahrenskosten und die notwendigen Auslagen des Angeklagten der Staatskasse zur Last. Der Schuldspruch ist entsprechend anzupassen. Zur erneuten Verhandlung und Entscheidung über die Gesamtstrafe, wie auch über die verbleibenden Kosten des Rechtsmittels, wird die Sache an eine andere Strafkammer des Landgerichts zurückverwiesen.

Ohne Pflicht zum Gericht

Das Oberlandesgericht hat den Angeklagten wegen Beihilfe zum Kriegsverbrechen gegen eine Person durch Tötung in Tateinheit mit Beihilfe zum Mord und mit Unterstützung einer terroristischen Vereinigung im Ausland zu einer Freiheitsstrafe von neun Jahren verurteilt.

Nach den vom Oberlandesgericht getroffenen Feststellungen erschossen im Juli 2012 Mitglieder zweier zur Jabhat al-Nusra gehörender Kampfgruppen einen gefangen genommenen Offizier der syrischen Armee. Der Angeklagte erstellte als örtlicher Medienaktivist ein Propagandavideo der Exekution und bestärkte durch die Aufnahme sowie seine zeitgleichen, verherrlichenden Kommentare die Kämpfer in ihrem Tatentschluss. Nachdem er im September 2014 nach Deutschland gekommen war, wurde im Oktober 2019 bei der Durchsuchung seiner Wohnung eine in seinem Eigentum stehende Festplatte sichergestellt. Auf dieser waren das von ihm aufgenommene Video und eine weitere von der Hinrichtung gefertigte Filmaufnahme gespeichert.

Folgendes prozessuales Geschehen lag der Verurteilung zugrunde:
Der Angeklagte wurde am 17. Oktober 2019, 20. Februar 2020 und 6. März 2020 im Ermittlungsverfahren als Beschuldigter polizeilich vernommen. Vor den beiden letzten Vernehmungen wurde er – ebenso wie vor der ersten – jeweils belehrt, dass er im Fall der notwendigen Verteidigung die Bestellung eines Pflichtverteidigers "beanspruchen" könne. Im Folgenden äußerte er sich an beiden Tagen unter Einbeziehung eines Dolmetschers, ohne dass ihm zuvor ein Verteidiger bestellt worden oder ein solcher sonst anwesend war. Einer der an den Vernehmungen beteiligten Polizeibeamten wurde in der Hauptverhandlung als Zeuge gehört. Im Anschluss an dessen Aussage widersprach ein Verteidiger deren Verwertung, soweit der Zeuge Angaben über Inhalte der Vernehmungen vom 20. Februar und 6. März 2020 gemacht hatte. Das Oberlandesgericht stützte in den Urteilsgründen seine Kenntnisse von den Angaben des Angeklagten in der Vernehmung am 6. März 2020 auf die Bekundungen des Zeugen.

Der Angeklagte fühlt sich unfair behandelt und möchte das Urteil anfechten. Sehen Sie eine Möglichkeit?

A. Zulässigkeit der Revision	***B. Begründetheit der Revision***
I. Statthaftigkeit *II. Rechtsmittelbefugnis* *III. Beschwer* *IV. Form/Frist d. Einlegung* *V. Form/Frist d. Begründung* *VI. kein(e) Rücknahme/Verzicht*	*I. Prozessvoraussetzungen/-hindernisse* ***II. Verfahrensfehler** (absoluter/**relativer)*** ***§ 141 Abs. 2 S. 1 Nr. 3 StPO – Pflichtverteidiger im Vorverfahren*** *III. Sachrüge*

Obersatz:
Es könnte ein anfechtbarer Verstoß gegen § 141 Abs. 2 Satz 1 Nr. 3 StPO vorliegen, indem das Gericht die Beschuldigtenvernehmung aus dem Ermittlungsverfahren verwertet hat, obwohl dem Angeklagten zuvor kein Pflichtverteidiger bestellt worden war.

Problem:
Es könnte ein Beweisverwertungsverbot entstanden sein. Dazu müsste die unterbliebene Bestellung einen Verstoß gegen § 141 Abs. 2 Satz 1 Nr. 3 StPO darstellen und dieser die erforderliche Schwere haben.

Lösung:
Es war nicht rechtsfehlerhaft, dem Angeklagten vor seinen Beschuldigtenvernehmungen ohne eigenen Antrag keinen Pflichtverteidiger zu bestellen.
a) Ein Fall der notwendigen Verteidigung im Sinne des § 140 Abs. 1 Nr. 1 oder 2 StPO gebietet für sich genommen nicht eine Pflichtverteidigerbestellung nach § 141 Abs. 2 Satz 1 Nr. 3 StPO. Nach § 141 Abs. 1 Satz 1 StPO erfolgt die Bestellung grundsätzlich auf Antrag des Beschuldigten. Ihm wird unabhängig von einem Antrag in den Fällen der notwendigen Verteidigung gemäß § 141 Abs. 2 Satz 1 Nr. 3 StPO ein Pflichtverteidiger bestellt, sobald im Vorverfahren ersichtlich ist, dass sich der Beschuldigte, insbesondere bei einer eigenen Vernehmung, nicht selbst verteidigen kann. Fehlt diese Voraussetzung, kommt nach der gesetzlichen Regelung eine Bestellung ohne Antrag von Amts wegen nicht in Betracht, sofern sie nicht nach sonstigen Vorschriften erforderlich ist. Systematische oder richtlinienbezogene oder verfassungsrechtliche Erwägungen gebieten keine abweichende Auslegung.
b) Für die Frage, ob der Beschuldigte sich selbst nicht verteidigen kann, ist maßgeblich auf dessen individuelle Schutzbedürftigkeit abzustellen. Danach ist bei Prüfung der individuellen Verteidigungsfähigkeit des Beschuldigten eine Gesamtwürdigung vorzunehmen. Hierbei kann zwar zu berücksichtigen sein, ob er die deutsche Sprache beherrscht. Allerdings begründen fehlende Sprachkenntnisse für sich genommen nicht die Notwendigkeit einer Verteidigerbestellung, weil ein der deutschen Sprache nicht mächtiger Beschuldigter gemäß § 187 Abs. 1 Satz 2 GVG für das gesamte Strafverfahren die unentgeltliche Hinzuziehung eines Dolmetschers oder Übersetzers beanspruchen kann. Ebenso wenig ergibt sich aus der Bedeutung einer Beschuldigtenvernehmung für das weitere Verfahren im Allgemeinen die Unfähigkeit zur eigenen Verteidigung.
c) Im Übrigen hat eine zu Unrecht unterbliebene Bestellung nicht grundsätzlich eine Unverwertbarkeit der Vernehmung zur Folge. Das Strafverfahrensrecht kennt keinen allgemein geltenden Grundsatz, wonach jeder Verstoß gegen Beweiserhebungsvorschriften ein strafprozessuales Verwertungsverbot nach sich zieht. Ob ein solches eingreift, ist vielmehr jeweils nach den Umständen des Einzelfalls, insbesondere nach der Art des Verbots und dem Gewicht des Verstoßes unter Abwägung der widerstreitenden Interessen zu entscheiden.
d) Nach den konkreten Umständen und dem zuvor Dargelegten ist nicht zu beanstanden, dass dem Angeklagten vor seinen Beschuldigtenvernehmungen nicht gemäß § 141 Abs. 2 Satz 1 Nr. 3 StPO ein Pflichtverteidiger bestellt wurde. Ein Grund, aus dem er nicht in der Lage war, sich bei den Vernehmungen selbst zu verteidigen, war und ist nicht ersichtlich. Wie bereits ausgeführt, reichen dafür grundsätzlich weder etwaige Sprachunkenntnisse noch die Schwere der Tatvorwürfe oder Schwierigkeiten bei der Beweiswürdigung aus. Aus einer Zusammenschau der Umstände ergibt sich nichts anderes. Kognitive oder sonstige Einschränkungen des erwachsenen Angeklagten sind nicht ersichtlich.

Vorschlag:
Der Angeklagte kann einen Verstoß gegen § 141 Abs. 2 Satz 1 Nr. 3 StPO nicht mit Erfolg rügen.

Gericht, Az.:	Datum:	Fundstelle:
BGH, 3 StR 49/22	21.04.2022	NStZ-RR 2022, 208 f.

Weihnachtsurlaub

Das Landgericht hat den Angeklagten wegen Handeltreibens mit Betäubungsmitteln in nicht geringer Menge zu einer Freiheitsstrafe von drei Jahren und sechs Monaten verurteilt. Der Angeklagte hat hiergegen fristgerecht Revision eingelegt. Nach Zustellung des schriftlichen Urteils am 3. Dezember 2021 ist das Rechtsmittel mit Verteidigerschriftsatz vom 23. Dezember 2021 begründet worden. In dem Schriftsatz ist nur ausgeführt, dass das angefochtene Urteil aufgehoben und die Sache zu erneuter Verhandlung und Entscheidung an eine andere Kammer des Landgerichts zurückverwiesen werden solle.

Der Generalbundesanwalt hat deshalb zunächst beantragt, die Revision als unzulässig nach § 349 Abs. 1 StPO zu verwerfen, weil das Rechtsmittel nicht den Anforderungen des § 344 Abs. 2 StPO entsprechend begründet worden sei.

Nachdem der Verteidiger hiervon am 21. Februar 2022 Kenntnis erlangt hatte, hat er mit Schriftsatz vom 23. Februar 2022, eingegangen beim Bundesgerichtshof am selben Tag, beantragt, Wiedereinsetzung in die Revisionsbegründungsfrist zu gewähren. Infolge von Arbeitsüberlastung habe er kurz vor seinem Weihnachtsurlaub die Revisionsbegründungsschrift nicht auf Vollständigkeit überprüft und deshalb übersehen, dass die allgemeine Sachrüge nicht aufgenommen worden sei.

Gehen Sie davon aus, dass die Revision ungeachtet der Zulässigkeit jedenfalls unbegründet ist. Was ist aber mit dem Wiedereinsetzungsantrag?

A. Zulässigkeit der Revision	***B. Begründetheit der Revision***
I. Statthaftigkeit	*I. Prozessvoraussetzungen/-hindernisse*
II. Rechtsmittelbefugnis	
III. Beschwer	*II. Verfahrensfehler (absoluter/relativer)*
IV. Form/Frist d. Einlegung	
V. ***Form****/Frist* ***d. Begründung (Wiedereinsetzung)***	*III. Sachrüge*
VI. kein(e) Rücknahme/Verzicht	

Obersatz:
Es könnte Wiedereinsetzung zu gewähren sein, wenn der Formverstoß zu einem Fristversäumnis führte.

Problem:
Die Strafprozessordnung räumt die Möglichkeit einer Wiedereinsetzung in den vorigen Stand ein, wenn jemand ohne sein Verschulden verhindert war, eine Frist einzuhalten (§ 44 Satz 1 StPO). Dies kann auch dann gegeben sein, wenn die Prozesshandlung zwar vorgenommen, dabei aber unverschuldet die erforderliche Form nicht gewahrt worden ist. Denn nur durch eine den gesetzlichen Formerfordernissen entsprechende Prozesshandlung kann eine Frist eingehalten werden.
Um den formalen Anforderungen zu genügen, muss eine Revisionsbegründungsschrift unter anderem durch eine von dem Verteidiger oder einem Rechtsanwalt unterzeichnete Schrift oder zu Protokoll der Geschäftsstelle eingereicht werden (§ 345 Abs. 2 StPO). Fehlt es daran aus von dem Angeklagten nicht zu vertretenden Umständen, ist nach der bisherigen Rechtsprechung des Bundesgerichtshofs ein Antrag auf Gewährung von Wiedereinsetzung in den vorigen Stand statthaft. Gleiches gilt, wenn die Begründung des Rechtsmittels den Formerfordernissen des § 344 Abs. 2 Satz 1 StPO nicht entspricht, mithin sich hieraus nicht ergibt, ob das Urteil wegen Verletzung einer Rechtsnorm über das Verfahren oder wegen Verletzung einer anderen Rechtsnorm angefochten wird. Denn auch dann liegt - anders als in den Fällen, in denen eine zulässig erhobene Revision nach Fristablauf durch neue, bisher nicht erhobene Verfahrensrügen ergänzt beziehungsweise bislang unzulässige Verfahrensrügen nachgebessert werden soll - keine formal gültige Revisionsbegründung vor. Der Sache nach sollten hier keine Revisionsangriffe nachgeschoben, sondern es sollte lediglich ein von dem Angeklagten nicht zu verantwortender Formfehler beseitigt werden. Dessen Interesse, unabhängig von Fehlern und Versäumnissen seines Wahl- beziehungsweise Pflichtverteidigers seine Verurteilung durch das Revisionsgericht überprüfen zu lassen, gebietet deshalb auch in diesen Fällen, ihm durch die Möglichkeit der Wiedereinsetzung in den vorigen Stand den Rechtsmittelweg zumindest für die Erhebung der Sachrüge offenzuhalten.

Lösung:
Der innerhalb der Wochenfrist des § 45 Abs. 1 Satz 1 StPO gestellte Wiedereinsetzungsantrag ist zulässig; er ist insbesondere nach den vorstehenden Grundsätzen statthaft. Eine den Formvorschriften des § 344 Abs. 2 StPO entsprechende Revisionsbegründung lag hier nicht vor. Denn ein Antrag nach § 344 Abs. 1 StPO, mit dem (lediglich) der tatsächliche Umfang und das Ziel der Revision dargelegt werden, stellt keine auslegungsfähige Revisionsbegründung dar. Eine zulässig erhobene Sachrüge setzt vielmehr voraus, dass die Revision allein oder neben der Verfahrensrüge zweifelsfrei erkennbar auf die Beanstandung der Verletzung sachlichen Rechts gestützt werden soll. Auch die übrigen Zulässigkeitsvoraussetzungen sind gegeben. Der Verteidiger hat anwaltlich versichert, dass die Formunwirksamkeit der Erklärung vom 23. Dezember 2021 dem Angeklagten nicht zuzurechnen ist (§ 45 Abs. 2 Satz 1 StPO). Die Erhebung der allgemeinen Sachrüge ist fristgemäß nachgeholt worden (§ 45 Abs. 2 Satz 2 StPO).
Der Antrag ist auch begründet, denn die Säumigkeit ist allein auf eine Nachlässigkeit des Verteidigers zurückzuführen und dem Angeklagten nicht anzulasten.

Tenor:
1. Dem Angeklagten wird nach Versäumung der Frist zur Begründung der Revision gegen das Urteil des Landgerichts ... vom ... auf seinen Antrag Wiedereinsetzung in den vorigen Stand gewährt. Die Kosten der Wiedereinsetzung trägt der Angeklagte.
2. Die Revision des Angeklagten gegen das vorbezeichnete Urteil wird verworfen. Der Angeklagte hat die Kosten des Rechtsmittels zu tragen.

Gericht, Az.:	Datum:	Fundstelle:
BGH, 3 StR 360/21	21.04.2022	NJW 2022, 2349 f.

Kein nachher ohne vorher

Dem Angeklagten liegt nach der unverändert zugelassenen Anklage zur Last, in Ausführung eines zuvor gefassten Tatplans im September 2015 mit einem Stein die Terrassentür eines Einfamilienhauses in D eingeworfen zu haben und mit zwei Mittätern maskiert in das Objekt eingedrungen zu sein. Unter Vorhalt von Schusswaffen sollen die Täter den Hauseigentümer dazu gebracht haben, seinen Tresor zu öffnen. Die Gruppe soll unter anderem Bargeld und Uhren erbeutet sowie die beiden Bewohner gefesselt zurückgelassen haben.

Nach den im Urteil getroffenen Feststellungen spielte sich das Tatgeschehen wie angeklagt ab, allerdings nicht ausschließbar ohne den Angeklagten. Bei der Beweiswürdigung hat das Landgericht bedacht, dass sich auf dem zum Wurf verwendeten Stein, der dem das Haus umgebenden Kiesbett entstammte, Zellmaterial des Angeklagten befand und dass er wenige Tage nach der hiesigen Tat mit Mittätern nach dem gleichen modus operandi einen Raubüberfall in B verübte. Dem hat die Strafkammer seine Einlassung gegenübergestellt. Nach dieser habe eine " Kontaktperson" die Tat bei günstiger Gelegenheit mit mehreren Personen verüben wollen. Er, der Angeklagte, habe vorgehabt, sich zu beteiligen, und gemeinsam mit dem S einige Tage vor dem Überfall das Haus der Geschädigten ausgekundschaftet. Dabei sei er robbend an das Gebäude herangekrochen und habe das Kiesbett mit bloßen Händen berührt. Letztlich sei er jedoch nach B zur Begehung der dortigen Tat beordert worden und beim hiesigen Einbruch nicht mehr in Deutschland gewesen. Diese Einlassung hat das Landgericht als unwiderlegbar gewürdigt und sich danach keine Überzeugung von der Täterschaft des Angeklagten verschaffen können. Es hat ihn deshalb aus tatsächlichen Gründen freigesprochen.

Gegen den Freispruch des Angeklagten hat die Staatsanwaltschaft Revision eingelegt. Als Stationsreferendar*in sollen Sie ihre Einschätzung zu den Erfolgsaussichten abgeben und mitteilen, mit welcher Begründung man das Urteil gegebenenfalls anfechten kann. Wie fällt das Ergebnis Ihrer Prüfung aus?

A. Zulässigkeit der Revision	B. Begründetheit der Revision
I. Statthaftigkeit II. Rechtsmittelbefugnis III. Beschwer IV. Form/Frist d. Einlegung V. Form/Frist d. Begründung VI. kein(e) Rücknahme/Verzicht	I. Prozessvoraussetzungen/-hindernisse II. Verfahrensfehler (absoluter/relativer) **III. Sachrüge (rechtliche Würdigung) § 264 StPO – Verletzung der Kognitionspflicht**

Obersatz:
Es könnte ein anfechtbarer Verstoß gegen § 264 StPO vorliegen, indem das Gericht den Sachverhalt nicht unter allen rechtlichen Gesichtspunkten geprüft und damit gegen seine Kognitionspflicht verstoßen hat.

Problem:
Die Kognitionspflicht gebietet, dass der durch die zugelassene Anklage abgegrenzte Prozessstoff durch vollständige Aburteilung des einheitlichen Lebensvorgangs erschöpft wird. Fehlt es daran, stellt dies einen sachlich-rechtlichen Mangel dar. Bezugspunkt dieser Prüfung ist die Tat im Sinne von § 264 StPO, also ein einheitlicher geschichtlicher Vorgang, der sich von anderen ähnlichen oder gleichartigen unterscheidet und innerhalb dessen der Angeklagte einen Straftatbestand verwirklicht haben soll. Die Tat als Prozessgegenstand ist dabei nicht nur der in der Anklage umschriebene und angelastete Geschehensablauf; vielmehr gehört dazu das gesamte Verhalten des Angeklagten, soweit es mit dem durch die Anklage bezeichneten geschichtlichen Vorgang nach der Lebensauffassung ein einheitliches Vorkommnis bildet. Tatort, Tatzeit und das Tatbild umgrenzen i.d.R. die prozessuale Tat und insbesondere das Täterverhalten sowie die ihm innewohnende Angriffsrichtung und das Tatopfer bestimmen sie.

Lösung:
Den sich daraus ergebenden Anforderungen wird das angegriffene Urteil nicht gerecht. Die Strafkammer hat lediglich geprüft, ob sich der Angeklagte dadurch am besonders schweren Raub beteiligte, dass er die Terrassentür einschlug und mit weiteren Tätern in das Haus der Geschädigten einstieg. Sie hat dagegen nicht in den Blick genommen, dass sein Verhalten im Vorfeld des eigentlichen Überfalls ebenfalls strafbar gewesen sein könnte. Hierzu bestand nach der Einlassung des Angeklagten, von dem geplanten Geschehen gewusst und gemeinsam mit einer federführenden Person den Tatort ausgespäht zu haben, jedoch Anlass. Denn damit hat er sich selbst einer die Tat fördernden Unterstützungshandlung bezichtigt, die jedenfalls eine Beihilfe zur Haupttat nach § 27 StGB darstellt. Das vom Angeklagten eingeräumte Verhalten bildet mit dem ihm von der Staatsanwaltschaft zur Last gelegten Handlungsverlauf ein einheitliches Vorkommnis. Tatort, Tatopfer, Tatzeit sowie die dem Täterverhalten innewohnende Angriffsrichtung und damit diejenigen individuellen Merkmale, die den Überfall als einmaliges, unverwechselbares Geschehen kennzeichnen, sind gleich. Auch eingedenk dessen, dass sich das vom Angeklagten eingeräumte Verhalten im Vorfeld der eigentlichen Tatbegehung zutrug, liegt keine selbständige Tat im Sinne des § 264 StPO vor. Insoweit ist nach den allgemeinen Regeln entscheidend, ob die einzelnen Handlungen zum einen äußerlich, zum anderen wegen der ihnen zugrunde liegenden Vorkommnisse unter Berücksichtigung ihrer strafrechtlichen Bedeutung innerlich derart miteinander verknüpft sind, dass der Unrechts- und Schuldgehalt der einen Handlung nicht ohne die Umstände, die zu der anderen Handlung geführt haben, richtig bewertet werden kann und ihre getrennte Würdigung und Aburteilung als unnatürliche Aufspaltung eines einheitlichen Lebensvorgangs empfunden werden. Hier liegen das Auskundschaften des Tatorts und der eigentliche Raubüberfall - äußerlich - zeitlich und örtlich so eng beieinander, dass es künstlich wäre, sie aufzuspalten und zwei geschichtlich getrennte Vorgänge anzunehmen. Das vom Angeklagten eingeräumte Verhalten sollte außerdem in Erwartung einer "günstige(n) Gelegenheit" unmittelbar, ohne einen neuen Willensentschluss und eine neue Tatplanung, in den Raubüberfall einmünden, sodass beide Tatabschnitte – innerlich – auch in einem motivatorischen Zusammenhang standen. Der Vorbereitungsbeitrag ist daher Teil der nämlichen prozessualen Tat.

Antrag:
Auf die Revision der Staatsanwaltschaft wird das Urteil des … vom … mit den Feststellungen aufgehoben. Die Sache wird zu neuer Verhandlung und Entscheidung, auch über die Kosten des Rechtsmittels, an eine andere Strafkammer des Landgerichts zurückverwiesen.

Gericht, Az.:	Datum:	Fundstelle:
BGH, 4 StR 34/22	26.04.2022	NStZ 2022, 736

Einmal Unterlassen lassen

Das Landgericht hat die Angeklagte unter Freisprechung im Übrigen wegen Beihilfe durch Unterlassen zum schweren sexuellen Missbrauch von Kindern zu einer Freiheitsstrafe von sieben Jahren und neun Monaten verurteilt.

Nach den Feststellungen missbrauchte der gesondert verfolgte Lebensgefährte der Angeklagten den zur Tatzeit zwischen neun und elf Jahre alten Nebenkläger, indem er zweimal pro Woche u. a. an ihm den Oralverkehr ausübte oder an sich von dem Nebenkläger vornehmen ließ. Die Angeklagte, die als leibliche Mutter allein sorgeberechtigt für den Nebenkläger war, unternahm nichts, um diese Handlungen des gesondert Verfolgten zu beenden, zu erschweren oder zu minimieren. Vielmehr ließ sie zu, dass der gesondert Verfolgte mit dem Nebenkläger allein war und diesen zu einer Vielzahl von Tagesausflügen oder mehrtägigen Aufenthalten mit Übernachtungen mitnahm. Dabei rechnete sie zu Beginn des Tatzeitraums damit, dass der gesondert Verfolgte ihre Abwesenheit zum Missbrauch ausnutzte, und fand sich damit ab. Spätestens nach einem Jahr hatte sie positive Kenntnis von den fortlaufenden Missbrauchshandlungen. Durchgehend war sie sich ihrer Pflicht als Mutter und ihrer vielfältigen Handlungsmöglichkeiten bewusst.

Das Landgericht hat die Strafe dem nach § 27 Abs. 2 Satz 2, § 49 Abs. 1 StGB gemilderten Strafrahmen des § 176a Abs. 2 StGB (in der ab 27. Januar 2015 geltenden Fassung) entnommen. Eine nochmalige Milderung des Strafrahmens gemäß § 13 Abs. 2, § 49 Abs. 1 StGB hat es abgelehnt. Bei der Prüfung eines minder schweren Falls gemäß § 176a Abs. 4 StGB a.F. und bei der konkreten Strafbemessung hat die Strafkammer dabei der Angeklagten die Qualität der Garantenstellung angelastet, die sich aus ihrer Eigenschaft als allein sorgeberechtigter leiblicher Mutter des Nebenklägers ergebe, und zur Begründung angeführt, dass diese Garantenstellung ein deutlich „anderes“ Gewicht habe als beispielsweise eine Garantenstellung aus Gefahrengemeinschaft.

Die Angeklagte möchte das Urteil anfechten. Was sagen Sie dazu?

A. Zulässigkeit der Revision	B. Begründetheit der Revision
I. Statthaftigkeit II. Rechtsmittelbefugnis III. Beschwer IV. Form/Frist d. Einlegung V. Form/Frist d. Begründung VI. kein(e) Rücknahme/Verzicht	I. Prozessvoraussetzungen/-hindernisse II. Verfahrensfehler (absoluter/relativer) **III. Sachrüge (Strafzumessung)** **§ 46 Abs. 3 StGB – Doppelverwertungsverbot bei Unterlassen**

Obersatz:
Es könnte ein anfechtbarer Verstoß gegen § 46 Abs. 3 StGB vorliegen, indem das Gericht die Garantenstellung der Angeklagten auch strafschärfend berücksichtigt hat.

Problem:
Die Strafkammer könnte damit gegen das Doppelverwertungsverbot des § 46 Abs. 3 StGB verstoßen haben. Danach dürfen die Merkmale des Tatbestands, welche die Strafbarkeit begründen und der Bestimmung des gesetzlichen Strafrahmens zugrunde liegen, nicht nochmals bei der Strafzumessung berücksichtigt werden. Dies gilt jedoch in gleicher Weise für sonstige Umstände, welche die Strafbarkeit begründen. Zu derartigen deliktsübergreifenden strafbarkeitsbegründenden Umständen gehört auch die Garantenstellung im Sinne des § 13 Abs. 1 StGB.

Lösung:
Die Strafkammer hat die Art der Garantenstellung der Angeklagten rechtsfehlerhaft entgegen § 46 Abs. 3 StGB strafschärfend berücksichtigt. Mit der strafschärfenden Berücksichtigung der Eigenschaft der Angeklagten, die alleinerziehende Mutter des Tatopfers zu sein, hat die Strafkammer einen Umstand zu Lasten der Angeklagten gewürdigt, der ihre Garantenstellung gemäß § 13 Abs. 1 StGB i. V. m. § 1626 Abs. 1 BGB und ihre sich daraus ergebende Handlungspflicht überhaupt erst begründet.

Das Urteil beruht auch auf dem Verstoß, da nicht auszuschließen ist, dass sich der Rechtsfehler bei der Strafbemessung ausgewirkt hat.

Die Feststellungen sind von dem Wertungsfehler nicht betroffen und können bestehen bleiben.

Antrag:
Auf die Revision der Angeklagten wird das Urteil des Landgerichts ... vom ... im Strafausspruch aufgehoben. Im Umfang der Aufhebung wird die Sache zu neuer Verhandlung und Entscheidung, auch über die Kosten des Rechtsmittels, an eine andere Strafkammer des Landgerichts zurückverwiesen.

Gericht, Az.:	Datum:	Fundstelle:
BGH, 4 StR 88/22	28.04.2022	NStZ-RR 2022, 258

Mein Auto und ich

Das Landgericht hat den Angeklagten wegen Vergewaltigung in drei Fällen, gefährlicher Körperverletzung in Tateinheit mit versuchter Nötigung, vorsätzlichen Fahrens ohne Fahrerlaubnis, *vorsätzlichen Fahrens ohne Fahrerlaubnis in Tateinheit mit Urkundenfälschung (Fall II.5. der Urteilsgründe), vorsätzlichen Fahrens ohne Fahrerlaubnis in Tateinheit mit Urkundenfälschung und unerlaubtem Entfernen vom Unfallort (Fall II.6. der Urteilsgründe)* und wegen „vorsätzlicher" Körperverletzung verurteilt.

Nach den zu den Fällen II.5. und II.6. der Urteilsgründe getroffenen Feststellungen führte der Angeklagte im Bewusstsein, nicht im Besitz der erforderlichen Fahrerlaubnis zu sein, seinen Pkw im öffentlichen Straßenraum. Vor Fahrtantritt hatte er an seinem Fahrzeug gestohlene Kennzeichen angebracht, um über die Identität des Fahrzeughalters zu täuschen. Auf der Fahrt verursachte der Angeklagte eine Kollision mit einem Lkw, wodurch dieser beschädigt wurde. Er stieg aus seinem Fahrzeug aus und fuhr anschließend, nachdem er den entstandenen Schaden erkannt hatte, davon, ohne Feststellungen zu seiner Person zu ermöglichen. Hierbei kam es zu einem zweiten Unfall.

Das Landgericht hat die Fahrt des Angeklagten bis zu der ersten Kollision rechtlich als vorsätzliches Fahren ohne Fahrerlaubnis in Tateinheit mit dem Gebrauchmachen von einer unechten zusammengesetzten Urkunde (§ 21 Abs. 1 Nr. 1 StVG, § 267 Abs. 1 Var. 3, § 52 StGB – Fall II.5. der Urteilsgründe) gewertet und in der Fortsetzung der Fahrt bis zu dem zweiten Unfall eine weitere Tat des vorsätzlichen Fahrens ohne Fahrerlaubnis in Tateinheit mit Urkundenfälschung und mit unerlaubtem Entfernen vom Unfallort gesehen (Fall II.6. der Urteilsgründe).

Der Verteidiger des Angeklagten hätte gerne Ihre Einschätzung dazu, ob mit einer Revision eine Verbesserung für den Angeklagten im Schuldspruch erreicht werden kann. Sie sollen davon ausgehen, dass weitere Feststellungen nicht getroffen werden können.

Wie lautet das Ergebnis Ihrer Prüfung?

A. Zulässigkeit der Revision	*B. Begründetheit der Revision*
I. Statthaftigkeit *II. Rechtsmittelbefugnis* *III. Beschwer* *IV. Form/Frist d. Einlegung* *V. Form/Frist d. Begründung* *VI. kein(e) Rücknahme/Verzicht*	*I. Prozessvoraussetzungen/-hindernisse* *II. Verfahrensfehler (absoluter/relativer)* ***III. Sachrüge (rechtliche Würdigung)*** ***§ 53 StGB – Konkurrenz bei natürlicher Handlungseinheit***

Obersatz:
Es könnte ein anfechtbarer Verstoß gegen § 53 StGB vorliegen, indem das Gericht im Rahmen des Schuldspruchs die konkurrenzrechtliche Bewertung der Fälle II.5. und II.6. der Urteilsgründe verkannt hat.

Problem:
Fraglich ist, ob die Fahrt vor und nach dem Unfall materiell-rechtlich als selbständige Taten (§ 53 StGB) anzusehen sind.

Lösung:
Bei seiner konkurrenzrechtlichen Bewertung der beiden Fälle II.5. und II.6. der Urteilsgründe hat das Landgericht übersehen, dass auch der mehrfache selbständige Gebrauch einer unechten Urkunde mit dem Herstellen der unechten Urkunde eine tatbestandliche Handlungseinheit und damit eine materiell-rechtliche Tat bildet, wenn der mehrfache Gebrauch dem schon bei der Fälschung bestehenden konkreten Gesamtvorsatz des Täters entspricht. Dieser Gesamtvorsatz ist naheliegend gegeben, wenn der Täter – wie hier – die für ein anderes Fahrzeug ausgegebenen amtlichen Kennzeichen an einem Fahrzeug anbringt, um dieses im öffentlichen Straßenverkehr zu nutzen.

Da die Feststellungen eindeutig sind, kann das Revisionsgericht den Schuldspruch in entsprechender Anwendung des § 354 Abs. 1 StPO zugunsten des Verurteilten ändern.
§ 265 StPO steht nicht entgegen, weil sich der insoweit geständige Angeklagte gegen den geänderten Schuldvorwurf nicht wirksamer als geschehen hätte verteidigen können.

Antrag:
Auf die Revision des Angeklagten wird das Urteil des Landgerichts ... vom ... im Schuldspruch dahin geändert, dass der Angeklagte der Vergewaltigung in drei Fällen, der gefährlichen Körperverletzung in Tateinheit mit versuchter Nötigung, des vorsätzlichen Fahrens ohne Fahrerlaubnis, **der Urkundenfälschung in Tateinheit mit vorsätzlichem Fahren ohne Fahrerlaubnis und mit unerlaubtem Entfernen vom Unfallort** sowie der Körperverletzung schuldig ist.

Tipp:
Erkennen Sie die Besonderheit des Falls. Die Strafbarkeit der Herstellung mit dem Gesamtvorsatz, die Urkunde entsprechend zu verwenden, führt hier zur natürlichen Handlungseinheit. Diese entfällt nicht durch die Zäsur des Unfalls, weshalb hier zwischen den Fahrten vor und nach dem Unfall ausnahmsweise keine Tatmehrheit anzunehmen ist.

Gericht, Az.:	Datum:	Fundstelle:
BGH, 4 StR 197/21	12.05.2022	NStZ-RR 2022, 286 ff.

Da wäre noch etwas

Das Landgericht hat den Angeklagten wegen Vergewaltigung in vier Fällen, davon in drei Fällen in Tateinheit mit Sich-Verschaffen jugendpornographischer Schriften am 4. Juli 2019 zu einer Gesamtfreiheitsstrafe von fünf Jahren und drei Monaten verurteilt.

Dem Urteil liegt folgender Verfahrensgang zugrunde:
Ausweislich des Hauptverhandlungsprotokolls hielten nach dem Schluss der Beweisaufnahme im Termin vom 8. Dezember 2020 die Staatsanwaltschaft und im Termin vom 21. Dezember 2020 der Vertreter der Nebenklägerin sowie der Verteidiger des Angeklagten ihre Schlussvorträge. Im Termin am 4. Januar 2021 verkündete die Vorsitzende nach Wiederaufruf der Sache das Urteil. Die Strafkammer hat darin bei der Strafrahmenwahl und der Strafzumessung eine Vorstrafe berücksichtigt und dem Angeklagten sein geständiges von (Behandlungs-) Einsicht und Reue getragenes Einlassungsverhalten ohne Einschränkungen zu Gute gebracht.

Der Angeklagte rügte in der am 12. April 2021 fristgerecht beim Landgericht eingegangenen Revisionsbegründungsschrift die Nichterteilung des letzten Wortes. Die Vorsitzende vermerkte daraufhin noch am selben Tag in der Akte, dass sich beide Beisitzer auf Nachfrage daran erinnerten, dass dem Angeklagten das letzte Wort erteilt worden und deshalb beabsichtigt sei, das Protokoll entsprechend zu berichtigen. Diesen Vermerk übermittelte sie an die Verfahrensbeteiligten. Der Verteidiger des Angeklagten widersprach der beabsichtigten Protokollberichtigung und regte an, die Protokollführerin zu befragen. Die Vorsitzende erstellte daraufhin einen weiteren Vermerk, wonach sie, eine Beisitzerin und eine Zeugin erinnerten, dass dem Angeklagten das letzte Wort gewährt worden sei. Der weitere Berufsrichter, die Schöffen und der Vertreter der Staatsanwaltschaft hätten dagegen keine konkreten Erinnerungen mehr an den Vorgang. Mit Beschluss vom 12. Mai 2021 wurde das Protokoll dahingehend ergänzt, dass vor der Protokollierung der Urteilsverkündung der Satz eingefügt wurde „Der Angeklagte hatte das letzte Wort. Er erklärte nichts".

Der Angeklagte will von Ihnen wissen, wie die Revision ausgehen wird.

Obersatz:
Es könnte ein anfechtbarer Verstoß gegen § 258 Abs. 2, Abs. 3 StPO vorliegen, indem das Gericht dem Angeklagten das letzte Wort nicht gewährt hat.

Problem:
Dem Angeklagten gebührt gemäß § 258 Abs. 2 StPO das letzte Wort. Gemäß § 258 Abs. 3 StPO ist er, auch wenn ein Verteidiger für ihn gesprochen hat, zu befragen, ob er selbst noch etwas zu seiner Verteidigung anzuführen habe.
Fraglich ist hier, von welchem Sachverhalt bei der Beurteilung auszugehen ist. Da die Gewährung des letzten Wortes eine wesentliche Förmlichkeit des Verfahrens darstellt, wird es von der Beweiskraft des Protokolls erfasst. Es stellt sich hierbei die Frage, ob das ursprüngliche oder das abgeänderte Protokoll insoweit Beweiskraft entfaltet.

Lösung:
Aufgrund der negativen Beweiskraft des Protokolls gemäß § 274 Satz 1 StPO steht fest, dass dem Angeklagten vor der Urteilsverkündung am 4. Januar 2021 das letzte Wort nicht gewährt worden ist. Dabei ist das Protokoll in seiner ursprünglichen Fassung zugrunde zu legen. Durch den Beschluss vom 12. Mai 2021 ist es nicht berichtigt worden, weil dieser nicht in einem Verfahren ergangen ist, das den im Beschluss des Großen Senats für Strafsachen niedergelegten Grundsätzen zur nachträglichen Protokollberichtigung entspricht (vgl. GSSt, 1/06 v.23.04.2007, BGHSt 51, 298). Hiernach setzt die Protokollberichtigung die sichere Erinnerung beider beurkundenden Personen voraus. Daran fehlt es für die Protokollführerin, die keine entsprechende dienstliche Erklärung abgegeben hat. Die Protokollberichtigung ist daher zur Überprüfung der Verfahrensrüge unbeachtlich.

Der Senat kann nicht ausschließen, dass der Strafausspruch auf diesem Rechtsfehler beruht (§ 337 Abs. 1 StPO). Zwar stellt die Verletzung des § 258 Abs. 2 und Abs. 3 StPO keinen absoluten Revisionsgrund dar. Allerdings kann bei Versagung des letzten Wortes, dessen Sinn es ist, dass der Angeklagte noch im letzten Augenblick entlastende Umstände vorbringen kann, ein Beruhen nur in besonderen Ausnahmefällen ausgeschlossen werden. Ein Sonderfall, in dem ein solcher Zusammenhang nach dem Verfahrensablauf sicher verneint werden könnte, liegt hier nicht vor. Die Strafkammer hat zwar bei der Strafrahmenwahl und der Strafzumessung nur die Vorstrafe berücksichtigt und dem Angeklagten sein geständiges von (Behandlungs-) Einsicht und Reue getragenes Einlassungsverhalten ohne Einschränkungen zu Gute gebracht. Gleichwohl kann der Senat nicht ausschließen, dass sie aufgrund des letzten Wortes des Angeklagten zu einer auch nur geringfügig anderen Bewertung und damit zu einer geringeren Strafe gelangt wäre.

Antrag:
Auf die Revision des Angeklagten wird das Urteil des Landgerichts … vom … mit den Feststellungen aufgehoben. Die Sache wird zu neuer Verhandlung und Entscheidung, auch über die Kosten des Rechtsmittels, an eine andere Strafkammer des Landgerichts zurückverwiesen.

Gericht, Az.:	Datum:	Fundstelle:
BGH, 2 StR 110/22	24.05.2022	NStZ-RR 2022, 253

Anwalt alter Schule

Das Landgericht hat den Angeklagten wegen schwerer räuberischer Erpressung, bewaffneten Handeltreibens mit Betäubungsmitteln sowie wegen Geldfälschung in zwei Fällen, wobei es in einem Fall beim Versuch blieb, zu einer Gesamtfreiheitsstrafe von drei Jahren und sechs Monaten verurteilt.

Dagegen hat die Verteidigerin des Angeklagten mit Schriftsatz vom 9. Dezember 2021 form- und fristgerecht per Fax Revision eingelegt.

Nach Zustellung des Urteils am 31. Januar 2022 hat sie am 23. Februar 2022 die Revision – ebenfalls per Fax – mit der allgemeinen Sachrüge begründet.

Noch während der laufenden Begründungsfrist legt die Verteidigerin Ihnen das Verfahren vor, damit Sie prüfen, ob noch weitere Rügen erhoben werden können.

Was werden Sie der Verteidigerin raten?

A. Zulässigkeit der Revision	*B. Begründetheit der Revision*
I. Statthaftigkeit	*I. Prozessvoraussetzungen/-hindernisse*
II. Rechtsmittelbefugnis	
III. Beschwer	*II. Verfahrensfehler (absoluter/relativer)*
IV. Form/Frist d. Einlegung	
V. Form/Frist d. Begründung (§32d S. 2 StPO)	*III. Sachrüge*
VI. kein(e) Rücknahme/Verzicht	

Obersatz:
Die eingelegte Revision könnte mangels einer formgerechten Begründung bislang unzulässig sein.

Problem:
Fraglich ist, ob das Fax, mit dem die Begründung nach dem 1. Januar 2022 eingereicht wurde, den Zulässigkeitsanforderungen genügt.

Lösung:
Die Revision entspricht nicht den Formerfordernissen des § 32d Satz 2 StPO und ist damit unzulässig im Sinne von § 349 Abs. 1 StPO. Nach der seit dem 1. Januar 2022 geltenden Vorschrift des § 32d Satz 2 StPO müssen Verteidiger und Rechtsanwälte die Revision und ihre Begründung als elektronisches Dokument übermitteln. Insoweit handelt es sich um eine Form- und Wirksamkeitsvoraussetzung der jeweiligen Prozesshandlung, welche bei Nichteinhaltung deren Unwirksamkeit zur Folge hat.

Da die Einlegung der Revision noch im Jahr 2021 beim Landgericht einging, konnte sie noch formwirksam per Fax erfolgen.

Die Revisionsbegründung per Fax entsprach hingegen nicht mehr den neuen Formvoraussetzungen des § 32d Satz 2 StPO. Die Voraussetzungen eines Ausnahmefalls nach § 32d Satz 3 StPO sind nicht dargetan.

Vorschlag:
Sie werden der Verteidigerin raten, die Begründung innerhalb der Revisionsbegründungsfrist nochmals formgerecht gemäß §§ 32d Satz 2, 32a StPO beim Landgericht einzureichen.

Werden durch eine der Form des § 32a StPO nicht genügende Einlegung oder Begründung die Zulässigkeitsvoraussetzungen der Revision nicht erfüllt, kommt eine Wiedereinsetzung in den vorigen Stand in Betracht. Werfen Sie hierzu einen Blick in den Fall *„Verteidiger „out of order"*"oder auch in die Entscheidung des BGH vom 9. August 2022 (6 StR 268/22, NJW 2022, 3588 f. – Unverschulden des Angeklagten bei formwidriger Einlegung per Telefax).

Gericht, Az.:	Datum:	Fundstelle:
BGH, 3 StR 122/22	31.05.2022	NStZ-RR 2022, 285

Wer liegt falsch?

Das Landgericht hat den Angeklagten wegen Betäubungsmitteldelikten zu einer Gesamtfreiheitsstrafe verurteilt.

Gegen das Urteil wendet sich der Angeklagte mit der auf die nicht ausgeführte allgemeine Sachrüge gestützten Revision. Das Landgericht hat darauf hingewiesen, die Revision als unzulässig verwerfen zu wollen, weil das Rechtsmittel nicht innerhalb der durch die Urteilszustellung ausgelösten Frist begründet worden sei.

Das Urteil ist dem Verteidiger des Angeklagten am 25. Januar 2022 zugestellt worden. Ausweislich eines bei den Akten befindlichen Prüfvermerks hat der Verteidiger am 23. Februar 2022 die Revisionsbegründung dem Landgericht über das besondere elektronische Anwaltspostfach als PDF-Dokument elektronisch zugeleitet. Der Schriftsatz war in Maschinenschrift mit dem Vor- und Zunamen des Verteidigers unterzeichnet. Der Prüfvermerk weist eine erfolgreiche Übermittlung und einen Eingang des elektronischen Schriftsatzes beim Landgericht an diesem Tag aus.

Ausweislich eines Vermerks der Geschäftsstelle der Strafkammer ist die Revisionsbegründung "wegen eines technischen Problems" dieser erst nach Ablauf der Revisionsbegründungsfrist vorgelegt worden.

Der Verteidiger ist verunsichert und hat bereits einen Wiedereinsetzungsantrag gestellt. Er möchte dem Gericht aber gerne seine Rechtsauffassung mitteilen und bittet Sie, ihm dabei zu helfen.

Was soll er dem Gericht nach Ihrer Prüfung schreiben?

A. *Zulässigkeit der Revision*	**B. *Begründetheit der Revision***
I. Statthaftigkeit	*I. Prozessvoraussetzungen/-hindernisse*
II. Rechtsmittelbefugnis	
III. Beschwer	*II. Verfahrensfehler (absoluter/relativer)*
IV. Form/Frist d. Einlegung	
V. Form/Frist d. Begründung (§ 32d S. 2 StPO)	*III. Sachrüge*
VI. kein(e) Rücknahme/Verzicht	

Problem:

Hier stellt sich die Frage, ob das Landgericht mit seiner Einschätzung richtig liegt und die Begründung nicht fristgerecht erfolgte.
Zum einen ist fraglich, ob die Revision in der richtigen Form begründet wurde.
Außerdem muss der Umstand beurteilt werden, dass die Begründung erst nach Fristablauf zur Geschäftsstelle und damit zur Akte gelangte.
Schließlich ist über das Schicksal des bereits gestellten Wiedereinsetzungsantrages zu entscheiden.

Lösung:

Das Landgericht will die Revision zu Unrecht als unzulässig verwerfen. Das Rechtsmittel ist fristgerecht begründet worden. Das Urteil ist dem Verteidiger des Angeklagten am 25. Januar 2022 zugestellt worden. Ausweislich eines bei den Akten befindlichen Prüfvermerks hat der Verteidiger am 23. Februar 2022 und damit innerhalb der Frist des § 345 Abs. 1 StPO die Revisionsbegründung – wie von § 32d Satz 2 StPO vorgeschrieben – dem Landgericht elektronisch zugeleitet. Der Prüfvermerk weist eine erfolgreiche Übermittlung und einen Eingang des elektronischen Schriftsatzes beim Landgericht an diesem Tag aus. Die elektronische Übersendung genügt den Anforderungen des § 32a StPO. Der Schriftsatz ist vom Verteidiger einfach signiert sowie als PDF-Dokument von ihm über sein besonderes elektronisches Anwaltspostfach (beA) und damit auf einem sicheren Übermittlungsweg eingereicht worden.

Die gerichtsinterne Weiterleitungsverzögerung ist für die Fristwahrung irrelevant.

Der hilfsweise gestellte Antrag des Angeklagten auf Wiedereinsetzung in den vorigen Stand gegen die Versäumung der Revisionsbegründungsfrist ist damit gegenstandslos.

Vorschlag:

Das Landgericht sollte auf einen entsprechenden Hinweis von einer Verwerfung gemäß § 346 Abs. 1 StPO absehen. Andernfalls kommt ein Antrag auf gerichtliche Entscheidung gemäß § 346 Abs. 2 StPO in Betracht.

Tipp:

In der Klausur sollten Sie alle Punkte ansprechen. Denken Sie daran, dass Revisionsklausuren in der Regel nicht so konzipiert sind, dass Sie mit Ihrer Prüfung zur Unzulässigkeit der Revision gelangen sollen.

Gericht, Az.:	**Datum:**	**Fundstelle:**
BGH, 3 StR 472/21	02.06.2022	NStZ-RR 2022, 273 f.

Der zu gute Überfall

Das Landgericht hat den Angeklagten wegen schwerer räuberischer Erpressung zu einer Freiheitsstrafe von fünf Jahren verurteilt und eine Einziehungsentscheidung getroffen.

Das Landgericht hat folgende Feststellungen und Wertungen getroffen:

Der maskierte Angeklagte betrat in den Morgenstunden des 16. September 2020 die Filiale einer Bäckerei, für die er nach seiner Haftentlassung noch bis Ende März 2020 tätig gewesen war. Er richtete einen "echt aussehenden Revolver", bei dem es sich um eine ungeladene Waffe oder eine Scheinwaffe handelte, auf die allein anwesende Verkäuferin und forderte sie auf, das am Vortag eingenommene Bargeld herauszugeben. Dem kam sie nach und übergab ihm 1.168,10 €, mit denen er vom Tatort flüchtete.

Das Landgericht hat die Tat als schwere räuberische Erpressung gemäß §§ 253, 255, 250 Abs. 1 Nr. 1 b) StGB gewertet. Im Rahmen der Strafzumessung hat es nach Ablehnung eines minder schweren Falles neben der "schwierigen finanziellen und sozialen Situation" des Angeklagten strafmildernd gewürdigt, dass er eine "ungeladene Waffe" verwendet, keine Gewalt ausgeübt und sich im Rahmen seiner Festnahme "ruhig und kooperativ" verhalten habe.

Die Staatsanwaltschaft hat gegen dieses Urteil Revision eingelegt. Sie sollen jetzt entscheiden, ob und gegebenenfalls mit welchem Verstoß die Revision begründet werden kann. Fällt Ihnen hierzu etwas ein?

A. Zulässigkeit der Revision	*B. Begründetheit der Revision*
I. Statthaftigkeit	*I. Prozessvoraussetzungen/-hindernisse*
II. Rechtsmittelbefugnis	
III. Beschwer	*II. Verfahrensfehler (absoluter/relativer)*
IV. Form/Frist d. Einlegung	
V. Form/Frist d. Begründung	***III. Sachrüge (Strafzumessung)***
VI. kein(e) Rücknahme/Verzicht	***§ 46 StGB – Fehlen eines Strafschärfungsgrundes***

Obersatz:
Es könnte ein anfechtbarer Verstoß gegen § 46 StGB vorliegen, indem das Gericht das Fehlen eines Strafschärfungsgrundes zugunsten des Angeklagten gewertet hat.

Problem:
Die Strafzumessung ist Sache des Tatgerichts, dessen Aufgabe es ist, aufgrund der Hauptverhandlung die wesentlichen belastenden und entlastenden Umstände festzustellen, sie zu bewerten und gegeneinander abzuwägen. Das Revisionsgericht kann nur eingreifen, wenn die Zumessungserwägungen in sich fehlerhaft sind, gegen rechtlich anerkannte Strafzwecke verstoßen wird oder sich die verhängte Strafe von ihrer Bestimmung eines gerechten Schuldausgleichs so weit löst, dass sie nicht mehr innerhalb des dem Tatgericht eingeräumten Spielraums liegt.

Lösung:
Unter Zugrundelegung dieses Maßstabs weist die Strafzumessung einen durchgreifenden Rechtsfehler auf. Denn die Strafkammer hat zu Unrecht die fehlende Verwirklichung des schwereren Qualifikationstatbestandes gemäß § 250 Abs. 2 Nr. 1 StGB als strafmildernden Umstand erblickt. Das Fehlen eines – zumal von einem weitergehenden Qualifikationstatbestand erfassten – Strafschärfungsgrundes stellt keinen Strafmilderungsgrund dar. Hätte der Angeklagte mit einem geladenen Revolver gedroht, wäre von dem erheblichen Strafrahmen des § 250 Abs. 2 Nr. 1 statt Abs. 1 Nr. 1 b) StGB auszugehen gewesen.

Das Urteil beruht auf dem aufgezeigten Fehler, weil nicht auszuschließen ist, dass das Landgericht bei zutreffender rechtlicher Würdigung auf eine höhere Strafe erkannt hätte. Der Strafausspruch unterliegt damit insgesamt der Aufhebung. Da es sich um einen bloßen Wertungsfehler der Strafkammer im Rahmen der Strafzumessung handelt, können die zugehörigen Feststellungen aufrecht erhalten bleiben.

Antrag:
Auf die Revision der Staatsanwaltschaft wird das Urteil des Landgerichts … vom … im Strafausspruch – unter Aufrechterhaltung der zugehörigen Feststellungen – aufgehoben. Im Umfang der Aufhebung wird die Sache zu neuer Verhandlung und Entscheidung, auch über die Kosten dieses Rechtsmittels, an eine andere Strafkammer des Landgerichts zurückverwiesen.

Tipp:
Diese Problematik lässt sich sehr gut in eine Revisionsklausur einbauen. Hier muss man schon sehr genau lesen, um das Problem zu erkennen. Achten Sie in solchen Fällen auf Bearbeitervermerke/-hinweise.

Gericht, Az.:	Datum:	Fundstelle:
BGH, 5 StR 460/21	07.06.2022	NStZ-RR 2022, 288 f.

Da war doch schon mal etwas

Das Landgericht hat den Angeklagten zu einer Freiheitsstrafe verurteilt.

Gegen dieses Urteil hat der Angeklagte Revision eingelegt und diese damit begründet, dass an dem Urteil ein Schöffe mitgewirkt habe, der bereits mit der Sache vorbefasst gewesen sei.

Folgendes hat der Angeklagte zur Begründung vorgetragen:
Er habe nach Unterbrechung der Sitzung am 7. Mai 2020 um 10.47 Uhr ein einstündiges Beratungsgespräch mit seiner Verteidigerin geführt, bevor diese in einen etwa eineinhalbstündigen „Verständigungsversuch" mit den Strafkammermitgliedern eingetreten sei. Nach dessen Ende habe der Angeklagte im Rahmen eines erneuten Beratungsgesprächs am Nachmittag seine Verteidigerin beauftragt, das Ablehnungsgesuch anzubringen. Die Verteidigerin sei um 18 Uhr an ihrem Kanzleisitz eingetroffen und habe das Ablehnungsgesuch noch an diesem Tag formuliert und am darauffolgenden Tag dem Gericht zugefaxt. Außerdem habe die Verteidigerin das Gesuch per Post übersandt. Dieses befindet sich mit Eingangsstempel vom 11. Mai 2020 bei den Akten und ist als Anlage der Begründungsschrift beigefügt worden.

Die Vorbefassung ergebe sich daraus, dass der Angeklagte eines früheren Verfahrens wegen der Taten verurteilt worden sei, die auch dem Angeklagten zur Last gelegt wurden. An dem früheren Verfahren habe der abgelehnte Schöffe mitgewirkt. Er habe daher einen weitergehenden Kenntnisstand.

Ein weiterer Tatsachenvortrag erfolgte in der Revisionsbegründung nicht.

Das Ablehnungsgesuch wurde im landgerichtlichen Verfahren als unbegründet zurückgewiesen.

Wie bewerten Sie die Erfolgsaussichten der Revision?

A. Zulässigkeit der Revision	B. Begründetheit der Revision
I. Statthaftigkeit II. Rechtsmittelbefugnis III. Beschwer IV. Form/Frist d. Einlegung V. Form/Frist d. Begründung VI. kein(e) Rücknahme/Verzicht	I. Prozessvoraussetzungen/-hindernisse **II. Verfahrensfehler (absoluter/relativer)** **§§ 338 Nr. 3, 27, 24 Abs. 2 StPO – Vorbefassung eines Schöffen** III. Sachrüge

Obersatz:
Es könnte ein anfechtbarer Verstoß gegen § 27, 24 Abs. 2 StPO vorliegen, indem das Gericht den Angeklagten unter Beteiligung des wegen Befangenheit abgelehnten Schöffen verurteilt hat.

Problem:
Fraglich ist bereits, ob der Tatsachenvortrag zur Zulässigkeit (vgl. 1)) und Begründetheit (vgl. 2)) des Ablehnungsgesuchs den Anforderungen des § 344 Abs. 2 Satz 2 StPO genügt.

Lösung:
1) Die Revision teilt schon die Tatsachen nicht mit, die für die Prüfung von Bedeutung sind, ob der Befangenheitsantrag unverzüglich im Sinne des § 25 Abs. 2 Satz 1 Nr. 2 StPO gestellt wurde. Es wird nicht dargelegt, warum das Ablehnungsgesuch nicht bereits nach dem ersten Beratungsgespräch eingelegt oder wann konkret das Gesuch am 8. Mai 2020 übersandt worden ist. Dies ergibt sich auch nicht aus dem Zusammenhang, denn bei dem zum Gegenstand der Revisionsbegründung gemachten Ablehnungsgesuch handelt es sich um das per Post übersandte, welches den Eingangsstempel vom 11. Mai 2020 trägt.
2) Die Revision trägt zudem keine Tatsachen vor, bei deren Vorliegen die Besorgnis der Befangenheit gegen den abgelehnten Schöffen begründet wäre. Eine den Verfahrensgegenstand betreffende Vortätigkeit eines erkennenden Richters, soweit sie nicht gesetzliche Ausschlussgründe erfüllt, ist regelmäßig nicht geeignet, die Besorgnis der Befangenheit des Richters im Sinne von § 24 Abs. 2 StPO zu begründen, wenn nicht besondere Umstände hinzukommen, die diese Besorgnis rechtfertigen. Dies gilt auch für die Verurteilung eines Mittäters, selbst wenn die Schilderung des Tatgeschehens auch Handlungen des Ablehnungsberechtigten einschließt. Dabei gelten bei Schöffen grundsätzlich keine anderen Maßgaben für die Unvoreingenommenheit als bei Berufsrichtern. Etwas anderes gilt nur dann, wenn besondere Umstände hinzutreten, die die Besorgnis rechtfertigen, der Richter sei nicht bereit, sich von seiner bei der Vorentscheidung gefassten Meinung zu lösen, etwa wenn er unnötige und sachlich unbegründete Werturteile über den Angeklagten geäußert hat.
Auch die Rechtsprechung des EGMR zur Befangenheit bei Vorbefassung führt nicht zu demgegenüber herabgesetzten Vortragserfordernissen. Denn auch der Gerichtshof betont, dass es für Zweifel an der Unparteilichkeit – die er unter dem Aspekt des Art. 6 Abs. 1 EMRK prüft – nach wie vor nicht ausreiche, dass der Richter frühere Entscheidungen wegen derselben Strafsache erlassen oder in einem gesonderten Strafverfahren gegen Mitbeschuldigte verhandelt habe. Die objektiv gerechtfertigte Besorgnis der Befangenheit könne aber darin begründet liegen, dass der Richter in einem früheren Urteil umfangreiche Tatsachenfeststellungen getroffen habe, die die Schuld des jetzigen Angeklagten vorwegnehmen, und er mithin eine vorgefasste Meinung über seine Schuld habe. Dies könne zum Beispiel in Formulierungen zum Ausdruck kommen, die über die zur rechtlichen Einstufung der Tat des Mittäters erforderlichen Feststellungen hinausgingen. Diesen Anforderungen genügt der Vortrag hier nicht:
a) Der Befangenheitsantrag verweist nur auf die Vorbefassung und den darauf beruhenden „weitergehenden Kenntnisstand" des Schöffen.
b) Ferner wird nicht das frühere Urteil und damit kein Anhaltspunkt vorgetragen, dass der Schöffe Tatsachen im vorherigen Verfahren getroffen habe, die die Schuld des jetzigen Angeklagten vorwegnehmen, und er mithin eine vorgefasste Meinung über seine Schuld habe.
3) Die erhobene Verfahrensrüge wäre auch unbegründet, da sich aus dem Vortrag keine Besorgnis der Befangenheit des Schöffen ergibt.

Vorschlag:
Die Revision sollte überdacht werden, da die erhobene Verfahrensrüge unzulässig ist.

Gericht, Az.:	Datum:	Fundstelle:
BGH, 2 StR 503/21	08.06.2022	NStZ-RR 2022, 383

Alleine

Das Landgericht hat den Angeklagten H wegen Totschlags zu einer Jugendstrafe von sechs Jahren und sechs Monaten verurteilt.

Die unverändert zugelassene Anklage vom 16. November 2020 legte dem Angeklagten zur Last, im Juli 2020 gemeinschaftlich mit dem Mitangeklagten M den B getötet zu haben. Dabei ging die Anklage davon aus, dass die Angeklagten jedenfalls nachträglich die Tatbeiträge des anderen gebilligt haben. Verurteilt wurde der Angeklagte H wegen in Alleintäterschaft begangener Tötung von B, da eine Tatbeteiligung des M an der todesursächlichen Erdrosselung des Tatopfers nicht festgestellt werden konnte. Der Mitangeklagte M wurde freigesprochen.

Der Angeklagte H kommt zu Ihnen und möchte wissen, ob er das Urteil anfechten kann. Für ihn sei die Verurteilung in dieser Form überraschend gekommen. Wie fällt Ihre Prüfung aus?

A. Zulässigkeit der Revision	*B. Begründetheit der Revision*
I. Statthaftigkeit *II. Rechtsmittelbefugnis* *III. Beschwer* *IV. Form/Frist d. Einlegung* *V. Form/Frist d. Begründung* *VI. kein(e) Rücknahme/Verzicht*	*I. Prozessvoraussetzungen/-hindernisse* ***II. Verfahrensfehler** (absoluter/**relativer**)* ***§ 265 Abs. 1 StPO – fehlender rechtlicher Hinweis*** *III. Sachrüge*

Obersatz:
Es könnte ein anfechtbarer Verstoß gegen § 265 Abs. 1 StPO vorliegen, indem das Gericht vor dem Urteil nicht auf die gegenüber der unverändert eröffneten Anklageschrift nunmehr veränderte Sach- und Rechtslage hingewiesen hat, dass es anstatt von Mittäterschaft von einer Alleintäterschaft des Angeklagten H ausging.

Problem:
Es gehört zu den Grundsätzen eines fairen Verfahrens, den Gegenstand des Strafverfahrens den Beteiligten ausreichend transparent zu machen. Dazu hat das Gericht bei einer Veränderung der Sach- und Rechtslage gemäß § 265 Abs. 1 StPO einen rechtlichen Hinweis zu geben. Dies könnte auch hier erforderlich gewesen sein.

Lösung:
Will das Gericht im Urteil von einer anderen Teilnahmeform ausgehen als die unverändert zugelassene Anklage, muss es den Angeklagten nach § 265 Abs. 1 StPO zuvor darauf hinweisen und ihm Gelegenheit geben, seine Verteidigung darauf einzurichten. Das gilt auch bei einer Verurteilung wegen Alleintäterschaft statt Mittäterschaft.
Es ist nicht auszuschließen, dass das Urteil auf diesem Verstoß beruht. Gegenüber dem Vorwurf der Alleintäterschaft ist regelmäßig eine andere Verteidigung geboten als gegenüber dem der Mittäterschaft. Dies gilt auch in Fällen wie hier, in denen der mit der zugelassenen Anklage erhobene Tatvorwurf dahin ging, dass die auch dem Mitangeklagten in der Anklageschrift zugerechnete und zur Verurteilung gelangte Tathandlung (hier: todesursächliches Drosseln des Tatopfers) als solche allein von dem nunmehr als Alleintäter verurteilten Angeklagten ausgeführt worden sein sollte. Für die Beruhensfrage kommt es nicht darauf an, ob die Möglichkeit einer anderen Verteidigung naheliegt; es genügt, dass sie nicht mit Sicherheit auszuschließen ist.

Antrag:
Auf die Revision des Angeklagten H wird das Urteil des Landgerichts … vom … mit den Feststellungen aufgehoben. Die Sache wird zu neuer Verhandlung und Entscheidung, auch über die Kosten der Rechtsmittel, an eine andere Jugendkammer des Landgerichts zurückverwiesen.

Verständige Belehrung

Das Landgericht hat den Angeklagten wegen Betäubungsmitteldelikten zu einer Gesamtfreiheitsstrafe von vier Jahren und acht Monaten verurteilt und eine Einziehungsentscheidung getroffen.

Nach der Verlesung des Anklagesatzes teilte der Vorsitzende mit, dass Erörterungen zur Verfahrensbeendigung nach den §§ 202a, 212, 257c StPO stattgefunden hatten. In diesem Zusammenhang verlas er verschiedene Aktenvermerke und wies darauf hin, dass aufgrund der bisher durchgeführten Erörterungen Zeugen abgeladen worden seien. Im Anschluss daran widersprach ein Verteidiger der Erhebung und Verwertung verfahrensgegenständlicher „Encrochat-Daten"; außerdem stellte er „weitere Anträge". Der Vorsitzende erklärte, dass eine Entscheidung über die Anträge zurückgestellt und die Sache „heute durch einen weiteren Verständigungsversuch vorangebracht werden" solle, worauf beide Verteidiger und der Sitzungsvertreter der Staatsanwaltschaft sich zu einem „Erörterungsgespräch gemäß §§ 212, 202a, 257c StPO" bereit erklärten. Die Hauptverhandlung wurde von 11:50 Uhr bis 14:10 Uhr unterbrochen. Der Vorsitzende teilte den Inhalt des in der Zwischenzeit geführten Erörterungsgesprächs mit. Danach hatte das Gericht eine Verständigung auf der Grundlage eines Vorschlags angeregt, den es bereits vor Beginn der Hauptverhandlung gemacht hatte. Der Sitzungsvertreter der Staatsanwaltschaft und die Verteidiger hatten zum Ausdruck gebracht, einer Verständigung auf dieser Grundlage nähertreten zu können. Die Verteidiger hatten dieses vorläufige Ergebnis mit dem Angeklagten erörtert und anschließend erklärt, dass dieser sich die vom Gericht vorgeschlagene Verständigung ebenfalls vorstellen könne, aber noch eine Nacht „über diesen Vorschlag schlafen" wolle. Die Hauptverhandlung wurde unterbrochen.
Am nächsten Sitzungstag erklärten die Verteidiger, dass der Angeklagte die Verständigung mittragen werde, was dieser auf Nachfrage des Vorsitzenden bestätigte. Der Vorsitzende unterbreitete dem Angeklagten, den Verteidigern und der Staatsanwaltschaft einen entsprechenden Verständigungsvorschlag und belehrte den Angeklagten gemäß § 257c Abs. 4 und 5 StPO über Voraussetzungen und Folgen einer Abweichung von der Verständigung sowie darüber, dass es ihm in jedem Fall freistehe, ein Rechtsmittel gegen das Urteil einzulegen. Der Angeklagte erklärte, den Verständigungsvorschlag und die Belehrungen verstanden zu haben. Der Vorsitzende gab sodann Gelegenheit, zu dem gerichtlichen Verständigungsvorschlag Stellung zu nehmen. Der Angeklagte, seine beiden Verteidiger und der Sitzungsvertreter der Staatsanwaltschaft stimmten dem Vorschlag zu. Der Vorsitzende stellte fest, dass die vom Gericht vorgeschlagene Verständigung damit zustande gekommen sei. Nach einer Unterbrechung der Hauptverhandlung wies er den Angeklagten gemäß § 243 Abs. 5 Satz 1 StPO darauf hin, dass es ihm freistehe, sich zur Sache und zu seinen persönlichen Verhältnissen zu äußern oder nicht zur Sache auszusagen. Der Angeklagte war zur Äußerung bereit. Einer seiner Verteidiger trug eine „verschriftete Einlassung" des Angeklagten vor, die dieser sich zu eigen machte.

Der Angeklagte wundert sich darüber, vor der Verständigung (nur) zweimal belehrt worden zu sein. Er ist der Auffassung, dass die Belehrung über seine Rechte als Angeklagter gemäß § 243 Abs. 5 StPO auch vor der Verständigung hätte erfolgen müssen. Ansonsten drohe ihm, sich „unwissend" selbst zu belasten.

Von Ihnen möchte er nun wissen, ob Sie wegen seiner Bedenken eine Anfechtungsmöglichkeit sehen.

A. Zulässigkeit der Revision	*B. Begründetheit der Revision*
I. Statthaftigkeit *II. Rechtsmittelbefugnis* *III. Beschwer* *IV. Form/Frist d. Einlegung* *V. Form/Frist d. Begründung* *VI. kein(e) Rücknahme/Verzicht*	*I. Prozessvoraussetzungen/-hindernisse* ***II. Verfahrensfehler** (absoluter/**relativer**)* ***§ 243 Abs. 5 Satz 1StPO – Belehrungspflicht bereits entstanden?*** *III. Sachrüge*

Obersatz:
Es könnte ein anfechtbarer Verstoß gegen § 243 Abs. 5 Satz 1 StPO vorliegen, indem das Gericht den Angeklagten nicht unmittelbar nach der Mitteilung gemäß § 243 Abs. 4 Satz 1 StPO, sondern erst nach dem Zustandekommen der Verständigung aufgrund der weiteren Erörterungen in der Hauptverhandlung über sein Schweigerecht belehrt hat.

Problem:
Fraglich ist hier, ob die Belehrungspflicht bereits entstanden war, weil ansonsten die Selbstbelastungsfreiheit des Angeklagten gefährdet worden wäre.

Lösung:
Soll – wie hier – im Zusammenhang mit der Mitteilung gemäß § 243 Abs. 4 Satz 1 StPO (erneut) in Erörterungen mit dem Ziel einer Verständigung (§ 257c StPO) eingetreten werden, ist der Vorsitzende nicht verpflichtet, den Angeklagten zunächst über sein Schweigerecht zu belehren (§ 243 Abs. 5 Satz 1 StPO). Den Regelungen des § 243 StPO über den Gang der Hauptverhandlung lässt sich eine solche Verpflichtung nicht entnehmen. Daraus ergibt sich nur, dass der Angeklagte nach der Mitteilung gemäß Abs. 4 Satz 1 und vor seiner Vernehmung zur Sache (Abs. 5 Satz 2) darauf hinzuweisen ist, dass es ihm freistehe, sich zu der Anklage zu äußern oder nicht zur Sache auszusagen (Abs. 5 Satz 1). Für den Fall, dass bereits vor der Vernehmung des Angeklagten zur Sache Erörterungen über eine mögliche Verständigung geführt werden sollen, sieht die Vorschrift eine Belehrung des Angeklagten über sein Schweigerecht demgegenüber nicht vor. Das entspricht der Intention des Gesetzgebers, der unter anderem klarstellen wollte, dass eine Verständigung zu jedem Zeitpunkt nach der Eröffnung des Hauptverfahrens, also auch in der Hauptverhandlung, getroffen werden kann (vgl. BT-Drs. 16/13095, S. 2). Der Gesetzgeber hatte mithin im Blick, dass es im Anschluss an die Mitteilung gemäß § 243 Abs. 4 Satz 1 StPO und vor der Vernehmung des Angeklagten zur Sache zu einer Verständigung kommen kann, zumal diese gerade dazu dient, die Beweisaufnahme abzukürzen bzw. überflüssig zu machen, und deshalb regelmäßig zu Beginn der Hauptverhandlung – nicht unbedingt erst im Zusammenhang mit der Vernehmung des Angeklagten zur Sache oder nach Eintritt in die Beweisaufnahme – getroffen wird. Er hat sich gleichwohl nicht veranlasst gesehen, für diesen Fall eine Belehrung des Angeklagten über sein Schweigerecht vorzuschreiben. Dies trägt Sinn und Zweck des § 243 Abs. 5 Satz 1 StPO Rechnung. Die Belehrung des Angeklagten über sein Schweigerecht soll ihm seine Selbstbelastungsfreiheit vor Augen führen, bevor er zur Sache vernommen und in die Beweisaufnahme eingetreten wird. Ihm soll bewusst sein, dass die Angaben, die er im Rahmen der Vernehmung macht, unter Umständen zu seinem Nachteil gewertet werden können und er deshalb die Möglichkeit hat, sich nicht zur Sache einzulassen, ohne dass dies für ihn nachteilig ist. Die Selbstbelastungsfreiheit des Angeklagten wird demgegenüber nicht berührt, falls im Anschluss an die Mitteilung gemäß § 243 Abs. 4 Satz 1 StPO Erörterungen stattfinden, die in eine Verständigung münden. Denn dabei geht es nur um hypothetische Erwägungen, ohne dass der Angeklagte Angaben zur Sache macht. Das Einverständnis des Angeklagten mit dem Verständigungsvorschlag stellt noch keine Einlassung zur Sache dar, insbesondere kein Geständnis und noch nicht einmal ein Indiz für seine Schuld. Entgegen der Ansicht des Angeklagten wird seine Selbstbelastungsfreiheit daher dadurch gewahrt, dass er stets vor seiner Vernehmung zur Sache über sein Schweigerecht zu belehren ist.

Vorschlag:
Der Angeklagte sollte keine Revision auf seine Bedenken stützen.

Gericht, Az.:	Datum:	Fundstelle:
BGH, 5 StR 38/22	21.06.2022	NStZ-RR 2022, 285 f.

Höre ich noch mehr?

Das Landgericht hat den Angeklagten wegen Geldfälschung, Betruges in 24 Fällen und wegen Urkundenfälschung in 17 Fällen, davon in vier Fällen in Tateinheit mit Betrug oder Computerbetrug, in einem Fall in Tateinheit mit Computerbetrug und in weiterer Tateinheit mit versuchtem Computerbetrug, in zwei Fällen in Tateinheit mit versuchtem Betrug oder versuchtem Computerbetrug, in zwei Fällen in Tateinheit mit versuchtem Betrug und in einem Fall in Tateinheit mit Betrug oder Computerbetrug und in weiterer Tateinheit mit versuchtem Betrug oder Computerbetrug, verurteilt und Einziehungsentscheidungen getroffen.

Folgendes Verfahrensgeschehen ereignete sich:
Vor der Hauptverhandlung wurde in zwei Telefonaten zwischen dem Vorsitzenden der Strafkammer und dem Verteidiger die Möglichkeit einer Verständigung thematisiert. Im ersten Telefonat fragte der Verteidiger an, ob für die Strafkammer eine Verständigung auf eine Bewährungsstrafe in Betracht komme. Hierzu holte der Vorsitzende eine schriftliche Stellungnahme der Staatsanwaltschaft ein, in der diese sich unter bestimmten Voraussetzungen für eine derartige Verständigung offen zeigte. In einem Vermerk legte der Vorsitzende sodann nieder, dass die Kammer voraussichtlich keinen Verständigungsvorschlag mit einer Strafobergrenze von zwei Jahren unterbreiten werde. Vielmehr komme in Betracht, dass sie für den Fall eines Geständnisses eine Gesamtfreiheitsstrafe zwischen zwei Jahren neun Monaten und drei Jahren drei Monaten vorschlagen werde. Welchen genauen Verständigungsvorschlag die Kammer unterbreiten werde, stehe dabei ohnehin unter dem Vorbehalt der Beratung mit den Schöffen. Über den Inhalt dieses Vermerks setzte der Vorsitzende den Verteidiger im zweiten Telefonat in Kenntnis. Der Verteidiger gab gegenüber dem Vorsitzenden dabei zu bedenken, dass die momentan vorgesehenen zwei Verhandlungstermine dann kaum ausreichend sein dürften. Zudem warf er die Frage auf, wie verfahren werden solle, sollte der Angeklagte von seinem Schweigerecht Gebrauch machen. Über beide Telefonate fertigte der Vorsitzende weitere Vermerke. Sämtliche Vermerke des Vorsitzenden und die eingeholte Stellungnahme der Staatsanwaltschaft wurden zu Beginn der Hauptverhandlung verlesen, woraufhin die Verteidigung erklärte, dass sie im Hinblick auf die verlesenen Vermerke kein Interesse an einem Verständigungsvorschlag habe. Einen Verständigungsvorschlag unterbreitete die Strafkammer in der Hauptverhandlung nicht.

Der Verteidiger zeigt sich über das Verhalten des Gerichts unzufrieden. Er bemängelt, dass die Reaktionen sowohl der Staatsanwaltschaft als auch des Verteidigers auf die geäußerte Strafmaßvorstellung der Strafkammer nirgendwo protokolliert worden seien. Darüber hinaus sei nicht bekanntgegeben worden, ob es die angekündigte Beratung mit den Schöffen gegeben habe und zu welchem Ergebnis diese gekommen sei.

Er würde seine Bedenken gerne zum Gegenstand einer Revisionsbegründung machen. Können Sie ihm dazu raten?

A. Zulässigkeit der Revision	***B. Begründetheit der Revision***
I. Statthaftigkeit *II. Rechtsmittelbefugnis* *III. Beschwer* *IV. Form/Frist d. Einlegung* *V. Form/Frist d. Begründung* *VI. kein(e) Rücknahme/Verzicht*	*I. Prozessvoraussetzungen/-hindernisse* ***II. Verfahrensfehler** (absoluter/**relativer**)* ***§ 243 Abs. 4 Satz 1 StPO – Mitteilungspflicht*** *III. Sachrüge*

Obersatz:
Es könnte ein anfechtbarer Verstoß gegen § 243 Abs. 4 Satz 1 StPO vorliegen, indem das Gericht seiner Mitteilungspflicht nicht ausreichend nachgekommen ist.

Problem:
Fraglich ist, ob nach dem bekannten Sachverhalt das Gericht verpflichtet gewesen wäre, den Beteiligten weitere Mitteilungen zu machen.

Lösung:
Die Bedenken des Verteidigers zeigen keinen Rechtsfehler auf. Vielmehr sind sämtliche nach § 243 Abs. 4 StPO erforderlichen Mitteilungen erfolgt. Reaktionen von Verfahrensbeteiligten, die eine weitergehende Mitteilung nach § 243 Abs. 4 StPO erfordert hätten, sind nicht ersichtlich: Dass die Staatsanwaltschaft sich nach ihrer schriftlichen Stellungnahme nochmals zur Frage einer Verständigung oder zur Ankündigung des Vorsitzenden verhalten hätte, ergibt sich aus dem Vortrag des Verteidigers nicht.
Zur Reaktion des Verteidigers ist dem vorgelegten Gesprächsvermerk zum zweiten Telefonat mit dem Vorsitzenden nur der anwaltliche Verweis darauf zu entnehmen, dass die momentan vorgesehenen zwei Verhandlungstermine dann kaum ausreichend sein dürften. Zudem warf er die Frage auf, wie verfahren werden solle, sollte der Angeklagte von seinem Schweigerecht Gebrauch machen. Eine inhaltliche Positionierung zu einem Verständigungsvorschlag enthalten diese Äußerungen nicht.
Für eine Mitteilung über eine etwaige Besprechung mit den Schöffen bestand schon deshalb kein Anlass, weil sich § 243 Abs. 4 StPO auf Erörterungen zwischen dem Gericht und anderen Verfahrensbeteiligten bezieht, nicht auf die Aussprache innerhalb des Spruchkörpers. Zudem hat der Verteidiger weder vorgetragen noch liegt es angesichts des geschilderten Verfahrensablaufs nahe, dass eine solche Besprechung mit den Schöffen überhaupt stattgefunden hat.

Vorschlag:
Der Verteidiger sollte seine Revision nicht mit seinen Bedenken begründen.

Gericht, Az.:	Datum:	Fundstelle:
BGH, 3 StR 123/22	28.06.2022	NStZ-RR 2022, 290

Schwere Nebensache

Das Landgericht hat den Angeklagten wegen Mordes zu lebenslanger Freiheitsstrafe verurteilt.

Nach den Feststellungen des Urteils hat der Angeklagte das Tötungsdelikt zum Nachteil der Mutter bzw. Schwester der Nebenkläger begangen.

Gegen das Urteil richten sich die Revisionen der Nebenkläger, die sie auf die Rügen der Verletzung materiellen Rechts stützen.

Aus den Revisionsanträgen und den Begründungen der näher ausgeführten Sachrügen sämtlicher Nebenkläger sollen mit den Rechtsmitteln sowohl die Annahme weiterer Mordmerkmale als auch die Feststellung der besonderen Schwere der Schuld erreicht werden.

Haben die Revisionen der Nebenkläger Aussicht auf Erfolg?

A. Zulässigkeit der Revision	***B. Begründetheit der Revision***
I. Statthaftigkeit	*I. Prozessvoraussetzungen/-hindernisse*
II. Rechtsmittelbefugnis	
III. Beschwer	*II. Verfahrensfehler (absoluter/relativer)*
IV. Form/Frist d. Einlegung	
V. Form/*Frist* ***d. Begründung (§ 400 Abs. 1 StPO)***	*III. Sachrüge*
VI. kein(e) Rücknahme/Verzicht	

Obersatz:
Die Revisionen der Nebenkläger könnten unzulässig sein, da aus der Begründung nicht hervorgeht, dass sie ein statthaftes Ziel verfolgen.

Problem:
Gemäß § 400 Abs. 1 StPO kann ein Nebenkläger ein Urteil nicht mit dem Ziel anfechten, dass eine andere Rechtsfolge der Tat verhängt wird. Die Revision eines Nebenklägers bedarf daher eines Antrags oder einer Begründung, die deutlich macht, dass er eine Änderung des Schuldspruchs hinsichtlich eines Nebenklagedelikts und damit ein zulässiges Ziel verfolgt.

Lösung:
Daran fehlt es hier. Ausweislich der Revisionsanträge und der Begründungen der näher ausgeführten Sachrügen sämtlicher Nebenkläger sollen mit den Rechtsmitteln sowohl die Annahme weiterer Mordmerkmale als auch die Feststellung der besonderen Schwere der Schuld erreicht werden.

Da das Landgericht das Tötungsdelikt zum Nachteil der Mutter bzw. Schwester der Nebenkläger als Mord beurteilt hat, stellt die erstrebte Feststellung der besonderen Schwere der Schuld nach § 57a Abs. 1 Satz 1 Nr. 2 StGB lediglich eine andere Rechtsfolge für die Tat dar, die kein zulässiges Anfechtungsziel der Revision eines Nebenklägers sein kann.

Dies gilt auch, soweit die Nebenkläger einen erweiterten Schuldumfang durch Annahme weiterer Mordmerkmale erstreben. Auf den Schuldspruch hätte dies keine Auswirkungen.

Vorschlag:
Die Revisionen sind unzulässig. Es sollte die Rücknahme erwogen werden.

Tipp:
In der Klausur kann die Problematik im Rahmen der Zulässigkeitsprüfung sowohl bei der Statthaftigkeit als auch bei der formgerechten Begründung der Revision angesprochen werden.

Gericht, Az.:	Datum:	Fundstelle:
BGH, 1 StR 185/22	30.06.2022	NStZ-RR 2022, 370

Der Unbescholtene

Das Landgericht hat den Angeklagten A wegen Betäubungsmitteldelikten zu einer Gesamtfreiheitsstrafe von sechs Jahren und sechs Monaten verurteilt.

Das Landgericht hat zu den persönlichen Verhältnissen des Angeklagten A festgestellt, dass der zur Tatzeit etwa 60jährige Angeklagte nicht vorbestraft ist. Anders als bei dem ebenfalls nicht mehr ganz jungen Mitangeklagten hat das Landgericht in der den Angeklagten A betreffenden Strafzumessung den Umstand, nicht vorbestraft zu sein, nicht nochmals ausdrücklich hervorgehoben.

Der Angeklagte A hat Revision eingelegt und möchte von Ihnen wissen, ob es einen Anfechtungsgrund gibt.

Obersatz:
Es könnte ein anfechtbarer Verstoß gegen §§ 46 StGB, 267 Abs. 3 Satz 1 StPO vorliegen, indem es das Landgericht unterlassen hat, einen bestimmenden Strafzumessungsgesichtspunkt in die Würdigung erkennbar einzustellen.

Problem:
Das Landgericht hat die fehlenden Vorstrafen des Angeklagten A zwar festgestellt, aber diese nicht erkennbar in der Strafzumessung berücksichtigt. Fehlen gebotene Erwägungen ist das Urteil an dieser Stelle lückenhaft.

Lösung:
Die Strafzumessung erweist sich hier als lückenhaft, weil das Landgericht bei der Bemessung der Einzelstrafen nicht erkennbar berücksichtigt hat, dass der zur Tatzeit etwa 60jährige Angeklagte A nicht vorbestraft ist. Dies ist indes ein gewichtiger Strafzumessungsgrund (§ 267 Abs. 3 Satz 1 StPO), dessen Berücksichtigung es regelmäßig bedarf. Der Umstand, dass beim ebenfalls nicht mehr ganz jungen Mitangeklagten ausdrücklich in der ihn betreffenden Strafzumessung genannt wurde, nicht vorbestraft zu sein, beim Angeklagten aber nicht, gibt besonderen Anlass zur Besorgnis, dass dem Landgericht dieser Strafzumessungsgesichtspunkt bei der Bemessung der Einzelstrafen aus dem Blick geraten ist.

Wegen dieser Bedenken werden die zugehörigen Feststellungen vorsorglich aufzuheben sein, um dem zur erneuten Entscheidung berufenen Tatgericht eine in sich stimmige Strafzumessung zu ermöglichen.

Antrag:
Auf die Revision des Angeklagten A wird das Urteil des Landgerichts ... vom ..., soweit es diesen Angeklagten betrifft, im Strafausspruch mit den zugehörigen Feststellungen aufgehoben. Im Umfang der Aufhebung wird die Sache zu neuer Verhandlung und Entscheidung, auch über die Kosten des Rechtsmittels, an eine andere Strafkammer des Landgerichts zurückverwiesen.

Gericht, Az.:	Datum:	Fundstelle:
BGH, 3 StR 121/22	12.07.2022	NStZ-RR 2022, 350

Verbindung ohne Gemeinsamkeit

Das Landgericht M hat den Angeklagten wegen eines in M begangenen besonders schweren Raubes in Tateinheit mit gefährlicher Körperverletzung und Besitz von Betäubungsmitteln in nicht geringer Menge (Fall II. 1. der Urteilsgründe) sowie wegen einer in Ü begangenen Einfuhr von Betäubungsmitteln in nicht geringer Menge in Tateinheit mit Fahren ohne Fahrerlaubnis (Fall II. 4. der Urteilsgründe) zu einer Gesamtfreiheitsstrafe von drei Jahren und sechs Monaten verurteilt.

Die Staatsanwaltschaft A hatte wegen Fall II. 4. der Urteilsgründe Anklage zum Amtsgericht - Schöffengericht – G erhoben, das sie zur Hauptverhandlung zugelassen und das Hauptverfahren eröffnet hatte. Nachdem die Vorsitzende des Schöffengerichts erfahren hatte, dass gegen den Angeklagten ein Verfahren vor dem Landgericht M anhängig war und Bereitschaft bestand, das Verfahren zu übernehmen, hat sie es dorthin abgegeben. Durch Beschluss vom 19. April 2021 hat das Landgericht dieses zu dem bei sich anhängigen Verfahren verbunden.

Das Amtsgericht G und das Landgericht M liegen in unterschiedlichen Oberlandesgerichtsbezirken.

Der Angeklagte hat zwar keine Idee, wie er das Urteil anfechten kann, möchte aber von Ihnen hierzu eine Einschätzung erhalten.

Sehen Sie möglicherweise eine Anfechtungsmöglichkeit?

A. Zulässigkeit der Revision	*B. Begründetheit der Revision*
I. Statthaftigkeit *II. Rechtsmittelbefugnis* *III. Beschwer* *IV. Form/Frist d. Einlegung* *V. Form/Frist d. Begründung* *VI. kein(e) Rücknahme/Verzicht*	***I. Prozessvoraussetzungen****/-hindernisse* ***sachliche Zuständigkeit – Verbindung*** *II. Verfahrensfehler (absoluter/relativer)* *III. Sachrüge*

Obersatz:
Es könnte ein anfechtbarer Verstoß vorliegen, indem das Landgericht M eine Sachentscheidung über Fall II. 4. der Urteilsgründe getroffen hat.

Problem:
Fraglich ist hier, ob das Landgericht für die getroffene Sachentscheidung in Fall II. 4. der Urteilsgründe sachlich zuständig geworden ist. Die sachliche Zuständigkeit stellt eine Prozessvoraussetzung dar, da sie gemäß § 6 StPO in jeder Lage des Verfahrens von Amts wegen zu beachten ist. Die sachliche Zuständigkeit des Landgerichts M könnte durch den Verbindungsbeschluss begründet worden sein.

Lösung:
Der Verbindungsbeschluss des Landgerichts M ist unwirksam, da er nicht von dem hierfür zuständigen Gericht erlassen worden ist. Die Verbindung von Strafsachen, die nicht nur die örtliche, sondern auch die sachliche Zuständigkeit betrifft, kann nicht durch eine Vereinbarung der beteiligten Gerichte nach § 13 Abs. 2 Satz 1 StPO vorgenommen werden. Eine solche Verbindung kann vielmehr in den Fällen, in denen - wie im vorliegenden Fall - die verschiedenen Gerichte nicht alle zu dem Bezirk des ranghöheren gehören, gemäß § 4 Abs. 2 Satz 2 StPO nur durch Entscheidung des gemeinschaftlichen oberen Gerichts – hier des Bundesgerichtshofs – herbeigeführt werden. Daran fehlt es.
Die Sache ist insoweit nicht bei dem Landgericht M rechtshängig geworden. Es besteht daher hinsichtlich dieser Tat ein Verfahrenshindernis, das zwar zu einer Teilaufhebung des Urteils, nicht jedoch zur Verfahrenseinstellung führt, da die Rechtshängigkeit des Verfahrens bei dem Amtsgericht – Schöffengericht – G fortbesteht, eine Einstellung dieses Verfahren beenden würde und danach kein Raum für eine Sachentscheidung, gleich durch welches Gericht, verbliebe.
Das Verfahren ist daher entsprechend § 355 StPO, soweit es Fall II. 4. der Urteilsgründe betrifft, an das weiterhin zuständige Amtsgericht G zurückzuverweisen.

Bereits der Wegfall der Verurteilung in Fall II. 4. der Urteilsgründe zieht die Aufhebung des Ausspruchs über die Gesamtstrafe und eine Anpassung des Schuldspruchs nach sich.

Antrag:
Auf die Revision des Angeklagten wird das Urteil des Landgerichts M vom …

a) dahin geändert, dass der Angeklagte des besonders schweren Raubes in Tateinheit mit gefährlicher Körperverletzung und Besitz von Betäubungsmitteln in nicht geringer Menge schuldig ist;
b) in Fall II. 4. der Urteilsgründe mit den zugehörigen Feststellungen aufgehoben.

Im Umfang der Aufhebung wird die Sache zu neuer Verhandlung und Entscheidung an das Amtsgericht - Schöffengericht – G zurückverwiesen.

Tipp:
Die dem vorliegenden Fall zugrundeliegende Systematik ist auch bei Abgaben eines Gerichts niedrigerer Ordnung an ein Gericht höherer Ordnung zu beachten. Kommt es nicht zu einer wirksamen Übernahmeentscheidung des höheren Gerichts nach Abgabe eines niederen Gerichts (§ 209 Abs. 2 StPO oder § 225a Abs. 1 StPO) entsteht die zur Entscheidungskompetenz erforderliche Rechtshängigkeit des höheren Gerichts ebenfalls nicht und es fehlt dem höheren Gericht die sachliche Zuständigkeit für eine Sachentscheidung.

Gericht, Az.:	Datum:	Fundstelle:
BGH, 5 StR 27/22	19.07.2022	NStZ-RR 2022, 304

Der Tatrichter

Das Landgericht hat den Angeklagten schuldig gesprochen des Diebstahls mit Waffen in vier Fällen, jeweils in Tateinheit mit Sachbeschädigung, des versuchten Diebstahls mit Waffen in zwei Fällen, jeweils in Tateinheit mit Sachbeschädigung, des Diebstahls in vier Fällen, dabei in drei Fällen in Tateinheit mit Sachbeschädigung, des Vortäuschens einer Straftat, der gefährlichen Körperverletzung in zwei tateinheitlichen Fällen in Tateinheit mit Hausfriedensbruch, des Hausfriedensbruchs in zwei Fällen sowie der Nötigung und der vorsätzlichen Brandstiftung. Es hat ihn hinsichtlich der Taten nach Ziffer II.1 bis II.8 der Urteilsgründe unter Einbeziehung der Einzelstrafen aus mehreren Vorverurteilungen zu einer Gesamtfreiheitstrafe von drei Jahren und vier Monaten verurteilt. Hinsichtlich der Taten nach Ziffer II.9 bis II.16 der Urteilsgründe hat es gegen ihn unter Einbeziehung weiterer Einzelstrafen eine Gesamtfreiheitstrafe von einem Jahr und acht Monaten verhängt.

Der Angeklagte hat gegen dieses Urteil bereits form- und fristgerecht Revision eingelegt.

Bei der Bildung der nachträglichen Gesamtstrafen hat das Landgericht ausweislich der Urteilsgründe dem Urteil des Amtsgerichts L vom 26. Februar 2016 eine Zäsurwirkung beigemessen. Es hat daher für die vor und nach diesem Urteil begangenen Taten jeweils die genannten Gesamtstrafen gebildet.

Nach den Feststellungen erhoben der Angeklagte wie die Staatsanwaltschaft seinerzeit gegen das Urteil des Amtsgerichts L vom 26. Februar 2016 das Rechtsmittel der Berufung, das beiderseits auf den Rechtsfolgenausspruch beschränkt wurde. Das Landgericht L entschied hierüber durch Sachurteil vom 29. November 2016, wobei es eine abweichende Gesamtstrafe verhängte. Im Zeitraum zwischen der Ausgangsentscheidung des Amtsgerichts und der Berufungsentscheidung beging der Angeklagte die im hiesigen Verfahren abgeurteilten Taten nach Ziffer II.9 bis II.15 der Urteilsgründe.

Die Vollstreckungsstände der einbezogenen Einzelstrafen teilt das angefochtene Urteil nicht mit.

Der Angeklagte möchte gerne wissen, ob er bei dieser Sachlage eine Erfolg versprechende Revisionsbegründung abgeben kann. Was meinen Sie?

A. Zulässigkeit der Revision	*B. Begründetheit der Revision*
I. Statthaftigkeit *II. Rechtsmittelbefugnis* *III. Beschwer* *IV. Form/Frist d. Einlegung* *V. Form/Frist d. Begründung* *VI. kein(e) Rücknahme/Verzicht*	*I. Prozessvoraussetzungen/-hindernisse* *II. Verfahrensfehler (absoluter/relativer)* ***III. Sachrüge (Rechtsfolge)*** ***§ 55 StGB – Gesamtstrafbildung, Zäsurwirkung***

Obersatz:
Es könnte ein anfechtbarer Verstoß gegen § 55 Abs. 1 StGB vorliegen, indem das Gericht zu Unrecht eine Zäsurwirkung angenommen hat.

Problem:
Zäsurwirkung entfaltet gemäß § 55 Abs. 1 StGB das Urteil in dem früheren Verfahren, in dem die zugrundeliegenden tatsächlichen Feststellungen letztmals geprüft werden konnten. Das kann auch ein Berufungsurteil sein, wobei nicht entgegensteht, dass die Berufung auf den Strafausspruch beschränkt war. Denn für die Auslegung der Worte „vor der früheren Verurteilung begangen" kommt es auf die letzte tatrichterliche Entscheidung zur Schuld- oder Straffrage an; relevant ist daher sogar eine bloße Entscheidung über die Bildung einer Gesamtstrafe, wenn sie aufgrund einer tatgerichtlichen Verhandlung ergangen ist.

Lösung:
Das Landgericht hat bei der Gesamtstrafbildung verkannt, dass eine Zäsurwirkung erst dem in gleicher Sache ergangenen Berufungsurteil zukam. Nachdem das Landgericht L im Rahmen der beiden Berufungen über den gesamten Rechtsfolgenausspruch zu entscheiden hatte, hätte die Strafkammer für die Zäsurwirkung auf das Berufungsurteil vom 29. November 2016 abstellen müssen. Entsprechend wäre jeweils unter Berücksichtigung der weiteren einbeziehungsfähigen Einzelstrafen für die Taten nach Ziffer II.1 bis II.15 der Urteilsgründe eine Gesamtstrafe zu verhängen und in eine zweite Gesamtstrafe lediglich die Strafe zu integrieren gewesen, die für die Tat nach Ziffer II.16 der Urteilsgründe bestimmt wurde.

Da das Urteil nur wegen einer Gesetzesverletzung bei Bildung einer Gesamtstrafe aufzuheben ist, kann dies gemäß § 354 Abs. 1b StPO grundsätzlich mit der Maßgabe geschehen, dass eine nachträgliche gerichtliche Entscheidung über die Gesamtstrafe nach den §§ 460, 462 StPO per Beschluss zu treffen ist. Diese Möglichkeit ist hier aber nicht eröffnet, da mangels des festgestellten Vollstreckungsstandes der Vorstrafen unklar ist, ob eine nachträgliche Gesamtstrafe überhaupt gebildet werden kann. Gemäß § 55 Abs. 1 Satz 1 StGB darf die zuvor erkannte Strafe weder vollstreckt, verjährt oder erlassen sein.

Antrag:
Auf die Revision des Angeklagten wird das Urteil des Landgerichts … vom … im Ausspruch über die Gesamtstrafen aufgehoben. Im Umfang der Aufhebung wird die Sache zu neuer Verhandlung und Entscheidung, auch über die Kosten des Rechtsmittels, an eine andere Strafkammer des Landgerichts zurückverwiesen.

Tipp:
Bei der Prüfung der Gesamtstrafe ist es hilfreich, sich die zu berücksichtigenden Urteile und Straftaten auf einem Zeitstrahl zu notieren. So wird leicht ersichtlich, welche Taten vor welcher Verurteilung begangen wurden.

Gericht, Az.:	Datum:	Fundstelle:
BGH, 4 StR 64/22	19.07.2022	NStZ-RR 2022, 382 f.

Eins nach dem anderen

Das Landgericht hat den im Übrigen freigesprochenen Angeklagten M wegen Betäubungsmitteldelikten zu einer Gesamtfreiheitsstrafe von drei Jahren und sechs Monaten verurteilt. Den Angeklagten W hat es wegen Betäubungsmittel- und Waffendelikten zu einer Gesamtfreiheitsstrafe von drei Jahren, den Angeklagten K wegen entsprechender Delikte unter Freispruch im Übrigen zu einer Gesamtfreiheitsstrafe von vier Jahren verurteilt. Folgendes Verfahrensgeschehen liegt dem Urteil zugrunde:

Der zweite Hauptverhandlungstag in der Strafsache gegen die drei Angeklagten fand am 19. Januar 2021 statt. Zum nächsten Hauptverhandlungstag am 25. Januar 2021, dem ein weiterer Termin am 15. Februar 2021 folgte, waren keine Zeugen geladen. Am 21. Januar 2021 stellte der Verteidiger des weiteren Mitangeklagten D einen Antrag auf mündliche Haftprüfung. Der Verteidiger des Angeklagten K beantragte am selben Tag schriftsätzlich, den Haftbefehl außer Vollzug zu setzen, und kündigte an, der Angeklagte werde im kommenden Hauptverhandlungstermin – an dem die mit seiner Begutachtung beauftragte Sachverständige verhindert war – zu seiner Person Angaben machen. Zur Sache sei beabsichtigt, eine Verteidigererklärung abzugeben. Die Staatsanwaltschaft widersprach unter dem 22. Januar 2021 einer Haftverschonung des Angeklagten K. In der Hauptverhandlung am 25. Januar 2021 wurde diese Stellungnahme der Staatsanwaltschaft verlesen. Sodann beantragten die Verteidiger der drei inhaftierten Angeklagten W, K und D, die Haftbefehle gegen ihre Mandanten außer Vollzug zu setzen, wobei die Verteidiger des Angeklagten W vorrangig eine Aufhebung des Haftbefehls begehrten. Im weiteren Verlauf machten die Verteidiger der drei Angeklagten Angaben über die – ihrer Auffassung nach einer Fluchtgefahr entgegenstehenden – persönlichen Verhältnisse der Angeklagten. Ferner trugen die Verteidiger jeweils dazu vor, dass aufgrund der Haftbeeindruckung ihrer Mandanten auch keine Wiederholungsgefahr bestehe. Hierbei erläuterte der Verteidiger des Angeklagten K die belastende Haftsituation durch dessen allein brieflich möglichen Kontakt zu den Angehörigen. Der Verteidiger des Mitangeklagten D bezog sich darüber hinaus auf seine Stellungnahme zur Haftprüfung nach § 121 StPO, in der u.a. die persönlichen Verhältnisse und die Haftsituation dieses Angeklagten näher erläutert sind. Die Sitzungsvertreterin der Staatsanwaltschaft begründete ihre Auffassung, dass die Haftgründe der Flucht- und der Wiederholungsgefahr jeweils weiter vorliegen. Die Angeklagten selbst äußerten sich an diesem Tag nicht. Die Hauptverhandlung am 25. Januar 2021 währte bei einer zwanzigminütigen Unterbrechung von 10.26 Uhr bis 12.00 Uhr. Mit Beschlüssen vom selben Tag verschonte die Strafkammer – ohne Mitwirkung der Schöffen – die Angeklagten D, K und W vom weiteren Vollzug der Untersuchungshaft. In den Beschlüssen nahm das Landgericht auf die an diesem Tag erörterten Gesichtspunkte Bezug und führte zudem aus, dass diese auch für die bei drei Angeklagten in Rede stehende Anordnung einer Maßregel nach § 64 StGB von Bedeutung seien.

Die Verteidiger möchten diese Verfahrensweise beanstanden, weil sie der Meinung sind, das Landgericht habe sich zu viel Zeit gelassen, ohne das Verfahren am 25. Januar 2021 ausreichend zu fördern.

Sie werden um Ihre Einschätzung gebeten. Was werden Sie antworten?

A. Zulässigkeit der Revision	*B. Begründetheit der Revision*
I. Statthaftigkeit *II. Rechtsmittelbefugnis* *III. Beschwer* *IV. Form/Frist d. Einlegung* *V. Form/Frist d. Begründung* *VI. kein(e) Rücknahme/Verzicht*	*I. Prozessvoraussetzungen/-hindernisse* ***II. Verfahrensfehler** (absoluter/**relativer**)* ***§ 229 Abs. 1, Abs. 4 Satz 1 StPO – inhaltliche Förderung*** *III. Sachrüge*

Obersatz:
Es könnte ein anfechtbarer Verstoß gegen § 229 Abs. 1, Abs. 4 Satz 1 StPO vorliegen, indem das Gericht das Verfahren nach der Unterbrechung am 19. Januar 2021 nicht innerhalb von drei Wochen inhaltlich fördernd fortgesetzt hat.

Problem:
Als ein Termin, der zur fristwahrenden Fortsetzung der Hauptverhandlung nach Maßgabe von § 229 Abs. 1 und 4 Satz 1 StPO geeignet ist, gilt nach ständiger Rechtsprechung nur ein solcher, in dem zur Sache verhandelt, mithin das Verfahren inhaltlich auf den abschließenden Urteilsspruch hin gefördert worden ist. Dies kann etwa durch Vernehmung des Angeklagten, durch Beweisaufnahme oder sonst durch Erörterung des Prozessstoffes geschehen. Es genügt jede Förderung des Verfahrens, selbst wenn weitere verfahrensfördernde Handlungen möglich gewesen wären und der Fortsetzungstermin auch der Einhaltung der Unterbrechungsfrist diente. Nicht ausreichend sind hingegen sogenannte (reine) „Schiebetermine“, welche die Unterbrechungsfrist lediglich formal wahren, in denen aber tatsächlich keine Prozesshandlungen oder Erörterungen zu Sach- oder Verfahrensfragen vorgenommen werden, die geeignet sind, das Strafverfahren seinem Abschluss substanziell näher zu bringen. Derartige Schiebetermine liegen darüber hinaus auch dann vor, wenn einheitliche Verfahrensvorgänge willkürlich in mehrere kurze Verfahrensabschnitte zerstückelt und diese auf mehrere Verhandlungstage verteilt werden, nur um hierdurch die Unterbrechungsfristen einzuhalten.

Lösung:
Hieran gemessen wurde die Hauptverhandlung am 25. Januar 2021 fortgesetzt. Die Unterbrechungsfrist des § 229 Abs. 1 StPO ist daher im Hinblick auf den Fortsetzungstermin am 15. Februar 2021 gewahrt. Der Termin am 25. Januar 2021 hat die Klärung des im späteren Urteil zugrunde zu legenden Prozessstoffes befördert. Zwar ist die Vorbereitung einer auf die Sicherung eines geordneten Strafverfahrens abzielenden Haftentscheidung für sich genommen keine Sachverhandlung. Mit den persönlichen Verhältnissen der Angeklagten und ihrer Haftbeeindruckung wurden aber Umstände erörtert, die zugleich für die zu treffende Sachentscheidung im Rahmen der Strafbemessung und zudem für die bei drei Angeklagten in Rede stehende Anordnung einer Maßregel nach § 64 StGB von Bedeutung waren. Diese Erörterung „doppelrelevanter“ Umstände war geeignet, die Sache ihrem Abschluss materiell näher zu bringen. Den Berufsrichtern und den Schöffen wurden insbesondere durch die mündlichen Ausführungen der Verteidiger – lagen hierin auch keine Einlassungen der Angeklagten – bedeutsame Umstände für die Strafzumessung und die Anordnung einer Maßregel sowie rechtliche Einschätzungen zur Gefahrenprognose vor Augen geführt. Hierdurch, wie durch die bekräftigende Bezugnahme eines Verteidigers auf einen Schriftsatz, konnte die Strafkammer unter Berücksichtigung der jeweiligen Replik der Staatsanwaltschaft darauf Bedacht nehmen, die entsprechenden Tatsachen nach Maßgabe von § 244 Abs. 2 StPO in die Hauptverhandlung – ggf. mithilfe von Vorhalten der Verteidigererklärungen gegenüber Vernehmungspersonen – einzuführen oder sie aufzuklären. Diese verfahrensfördernde Wirkung kommt der Entgegennahme entsprechender (ausdrücklicher) Beweisanregungen unter Gewährung rechtlichen Gehörs für weitere Verfahrensbeteiligte gleich, worin ebenfalls ein Verhandeln zur Sache liegt.
Hierin ist auch keine willkürliche Aufspaltung einheitlicher Verfahrensvorgänge zu sehen.

Vorschlag:
Die Angeklagten sollten von einer Beanstandung der Unterbrechungsdauer absehen.

Kaputt und futsch!

Das Landgericht hat den Angeklagten wegen versuchter gefährlicher Körperverletzung in zwei Fällen, in einem davon in Tateinheit mit Beleidigung, wegen Sachbeschädigung in drei Fällen, Beeinträchtigung von Unfallverhütungs- und Nothilfemitteln, Beleidigung in Tateinheit mit Bedrohung sowie wegen Diebstahls in drei Fällen schuldig gesprochen und zu einer Gesamtfreiheitsstrafe von zehn Monaten verurteilt. Die Einsatzstrafe von sechs Monaten wurde für die Tat nach Ziffer II.16 der Urteilsgründe verhängt.

Der Angeklagte wurde dabei in dem unter Ziffer II.14 der Urteilsgründe festgestellten Fall wegen Sachbeschädigung zu einer Freiheitsstrafe von sechs Monaten verurteilt. Das diesbezügliche Ermittlungsverfahren wurde von Amts wegen eingeleitet. Geschädigte wurden nicht ermittelt oder vernommen. Die Staatsanwaltschaft hatte die Fall II.14 zugrundeliegende Handlung in der Anklageschrift als gemeinschädliche Sachbeschädigung (§ 304 StGB) gewertet. Das Landgericht hat die Tat dementgegen bereits im Eröffnungsbeschluss als Sachbeschädigung im Sinne des § 303 StGB angesehen. Die Staatsanwaltschaft nahm dies reaktionslos hin, plädierte aber in der Hauptverhandlung insoweit auf eine Verurteilung wegen gemeinschädlicher Sachbeschädigung.

Der Angeklagte möchte Revision einlegen und von Ihnen wissen, was wohl passieren wird, wenn er diese mit der allgemeinen Sachrüge begründet.

A. *Zulässigkeit der Revision*	B. *Begründetheit der Revision*
I. Statthaftigkeit *II. Rechtsmittelbefugnis* *III. Beschwer* *IV. Form/Frist d. Einlegung* *V. Form/Frist d. Begründung* *VI. kein(e) Rücknahme/Verzicht*	***I. Prozessvoraussetzungen/****-hindernisse* ***Strafantrag/besonderes öffentliches Interesse*** *II. Verfahrensfehler (absoluter/relativer)* *III. Sachrüge*

Obersatz:
Es könnte ein anfechtbarer Verstoß gegen § 303c StGB vorliegen, indem das Landgericht zu Fall II.14 der Urteilsgründe eine Sachentscheidung getroffen hat, anstatt das Verfahren insoweit gemäß § 260 Abs. 3 StPO einzustellen.

Problem:
Bei relativen Antragsdelikten muss ein Strafantrag vorliegen oder die Staatsanwaltschaft hat das besondere öffentliche Interesse an der Strafverfolgung zu bejahen. Andernfalls fehlt mit der Strafverfolgungsvoraussetzung eine Sachurteilsvoraussetzung. Da deren Vorliegen auf eine zulässige Revision von Amts wegen geprüft wird, würde die allgemein erhobene Sachrüge genügen.

Lösung:
Das Verfahren ist in der Revision nach § 206a StPO einzustellen, soweit der Angeklagte in dem unter Ziffer II.14 der Urteilsgründe festgestellten Fall wegen Sachbeschädigung zu einer Freiheitsstrafe von sechs Monaten verurteilt worden ist. Es liegt entgegen § 303c StGB weder ein Strafantrag des Verletzten vor, noch hat die Staatsanwaltschaft das besondere öffentliche Interesse an der Strafverfolgung bejaht. Zwar kann ein solches durch die Anklageerhebung konkludent bejaht werden. Dies gilt indes nur, wenn sich aus den Umständen nicht etwas anderes ergibt. Das ist hier der Fall, weil die Staatsanwaltschaft die Handlung in der Anklageschrift als gemeinschädliche Sachbeschädigung (§ 304 StGB) gewertet hat. Auf die abweichende rechtliche Würdigung als Sachbeschädigung im Sinne des § 303 StGB durch die Strafkammer im Eröffnungsbeschluss erfolgte keine ersichtliche Reaktion der Staatsanwaltschaft mehr. Daher kann der Anklage keine konkludente Erklärung entnommen werden, dass auch bei Annahme einer (bloß einfachen) Sachbeschädigung das besondere öffentliche Strafverfolgungsinteresse bejaht worden wäre. Entsprechendes gilt für das Plädoyer der staatsanwaltschaftlichen Sitzungsvertretung.
Mit der Einstellung des Verfahrens nach § 206a StPO entfallen insoweit hinsichtlich dieser Tat der Schuld- und Strafausspruch. Angesichts der von der Teileinstellung unberührten Einsatzstrafe von sechs Monaten für die Tat nach Ziffer II.16 der Urteilsgründe könnte das Revisionsgericht die verhängte Gesamtfreiheitsstrafe entsprechend § 354 Abs. 1 StPO selbst unter Beachtung von § 39 StGB auf eine sechs Monate im Mindestmaß übersteigende Strafe – mithin auf 6 Monate und 1 Woche – herabsetzen.

Entscheidung:
1. Auf die Revision des Angeklagten gegen das Urteil des Landgerichts … vom … wird
a) das Verfahren eingestellt, soweit der Angeklagte im Fall II.14 der Urteilsgründe wegen Sachbeschädigung verurteilt worden ist; die Kosten des Verfahrens und die notwendigen Auslagen des Angeklagten hat insoweit die Staatskasse zu tragen;
b) der Schuldspruch dahin geändert, dass der Angeklagte der Sachbeschädigung in zwei Fällen statt in drei Fällen schuldig ist;
c) das Urteil im Ausspruch über die Gesamtstrafe dahin geändert, dass der Angeklagte zu einer Gesamtfreiheitsstrafe von 6 Monaten und 1 Woche verurteilt ist.
2. Die weitergehende Revision des Angeklagten wird verworfen.
3. Der Angeklagte hat die verbleibenden Kosten des Rechtsmittels zu tragen.

Tipp:
Entsprechend der vorgenannten Maßstäbe ging der BGH in einer anderen Sache (2 StR 129/22 v. 01.09.2022, NStZ-RR 2022, 373 – einfache Körperverletzung nach Anklage und Urteil) von der konkludenten Bejahung des besonderen Strafverfolgungsinteresses aus.

Gericht, Az.:	Datum:	Fundstelle:
BGH, 5 StR 62/22	03.08.2022	NStZ 2022, 761

Das späte Gericht

Das Landgericht hat den Angeklagten wegen Betäubungsmitteldelikten zu einer Gesamtfreiheitsstrafe von vier Jahren verurteilt und Einziehungsentscheidungen getroffen. Folgendes Geschehen liegt der Verurteilung zugrunde:

Vor Beginn des neunten Hauptverhandlungstages fand zwischen den Mitgliedern der Strafkammer, der Staatsanwaltschaft und dem Verteidiger ein Erörterungsgespräch statt, das die Möglichkeit einer Verständigung nach § 257c StPO zum Gegenstand hatte. Der Verteidiger stellte ein „qualifiziertes" Geständnis für den Fall einer Verständigung auf eine Strafe von zwei Jahren und sechs Monaten bis zu zwei Jahren und acht Monaten in Aussicht. Die Staatsanwaltschaft lehnte es angesichts der weitgehend abgeschlossenen Beweisaufnahme zunächst ab, einer Verständigung näherzutreten. Einer Anregung des Vorsitzenden folgend nannte sie im Falle eines Geständnisses ihre Strafvorstellung, die von sechs Jahren und drei Monaten bis zu sechs Jahren und sechs Monaten reichte. Nach einer fünfzehnminütigen Unterbrechung unterbreitete der Vorsitzende den Verfahrensbeteiligten einen Verständigungsvorschlag: Für den Fall eines „substantiellen" Geständnisses könne sich die Strafkammer eine Strafuntergrenze von vier Jahren und eine Strafobergrenze von vier Jahren und drei Monaten vorstellen. Weder die Staatsanwaltschaft noch die Verteidigung wollten hierzu unmittelbar Stellung nehmen. Hierüber fertigte der Vorsitzende einen Vermerk. Anschließend wurde der inhaftierte Angeklagte vorgeführt und die Hauptverhandlung mit der Vernehmung eines Zeugen fortgesetzt. Nach einer gut zwanzigminütigen Unterbrechung teilte der Verteidiger mit, dass „seitens der Verteidigung" keine Bereitschaft zu einer Verständigung bestehe, da der Angeklagte sich nunmehr zur Sache einlassen wolle. Sodann legte dieser ein Geständnis ab. Danach wurde die Hauptverhandlung unterbrochen. Im Fortsetzungstermin am nächsten Tag machte der Angeklagte weitere Angaben zur Sache. Am Ende des Sitzungstages verlas der Vorsitzende den auf den Vortag datierten Vermerk über das an jenem Tag geführte Verständigungsgespräch; zuvor fand es in der Hauptverhandlung keine Erwähnung. Nach der Verlesung des Vermerks wurde die Beweisaufnahme geschlossen.

Der Angeklagte fand es nicht in Ordnung, dass das Gericht ihn erst „auspacken" ließ und dann Informationen einführte, die mehrere Verhandlungstage zurücklagen. Was halten Sie von dieser Verfahrensweise?

A. Zulässigkeit der Revision	*B. Begründetheit der Revision*
I. Statthaftigkeit *II. Rechtsmittelbefugnis* *III. Beschwer* *IV. Form/Frist d. Einlegung* *V. Form/Frist d. Begründung* *VI. kein(e) Rücknahme/Verzicht*	*I. Prozessvoraussetzungen/-hindernisse* ***II. Verfahrensfehler** (absoluter/**relativer**)* ***§ 243 Abs. 4 Satz 2 StPO – Zeitpunkt der Mitteilung*** *III. Sachrüge*

Obersatz:
Es könnte ein anfechtbarer Verstoß gegen die Mitteilungspflicht des § 243 Abs. 4 Satz 2 StPO vorliegen, da die Mitteilung möglicherweise verspätet erfolgte.

Problem:
Nach § 243 Abs. 4 Satz 2 StPO sind durch den Vorsitzenden im weiteren Verlauf der Hauptverhandlung Mitteilungen über verständigungsbezogene Erörterungen zu machen, wenn sich Änderungen gegenüber der Mitteilung zu Beginn der Hauptverhandlung ergeben. Fraglich ist, ob der Vorsitzende verpflichtet ist, die Mitteilung zu einem bestimmten Zeitpunkt zu machen.

Lösung:
Zwar enthält das Gesetz keine feste zeitliche Vorgabe für die gebotene Mitteilung. In aller Regel ist aber mit Blick auf die vom Gesetz bezweckte Transparenz des Verständigungsverfahrens eine umgehende Information des Angeklagten nach dem Verständigungsgespräch geboten. Dem ist der Vorsitzende nicht gerecht geworden, weil er trotz mehrerer Unterbrechungen der Hauptverhandlung erst am Ende des zehnten Hauptverhandlungstages nach Abschluss der an zwei Verhandlungstagen abgegebenen geständigen Einlassung des Angeklagten und kurz vor Schluss der Beweisaufnahme mitgeteilt hat, dass bereits vor dem neunten Hauptverhandlungstag ein Verständigungsgespräch stattgefunden hatte. Angesichts der Ankündigung seiner geständigen Einlassung hätte spätestens vor deren Beginn Anlass bestanden, den Angeklagten über das Verständigungsgespräch zu informieren, damit dieser sein Prozessverhalten darauf einstellen kann. Umstände, die es ausnahmsweise hätten rechtfertigen können, die Mitteilung zurückzustellen, sind nicht ersichtlich.

Das Urteil beruht auf dem Rechtsfehler (§ 337 Abs. 1 StPO). Es kann nicht ausgeschlossen werden, dass der Angeklagte bei einer Information über den Inhalt des Verständigungsgesprächs vor seiner angekündigten Einlassung sein Prozessverhalten anders als geschehen ausgerichtet hätte. Dass der Angeklagte vor der Abgabe der Einlassung von seinem Verteidiger vollständig über den Inhalt des Verständigungsgesprächs unterrichtet worden war und auch von seiner Seite keine Verständigungsbereitschaft bestand, ergibt sich aus dem bekannten Verfahrensgeschehen nicht.

Antrag:
Auf die Revision des Angeklagten wird das Urteil des Landgerichts ... vom ... mit den Feststellungen aufgehoben. Die Sache wird zu neuer Verhandlung und Entscheidung, auch über die Kosten des Rechtsmittels, an eine andere Strafkammer des Landgerichts zurückverwiesen.

Tipp:
1. Hier ist es wichtig, den Verstoß und die Prüfung des Beruhens auseinanderzuhalten. Merken Sie sich, dass die Prüfung der Verfahrensrüge neben dem Verstoß durchaus noch weitere Prüfungspunkte umfassen kann. Schauen Sie hierzu gerne noch einmal in das angehängte Prüfschema.
2. In seiner Entscheidung vom 2. März 2022 (5 StR 365/21, NStZ-RR 2022, 187) hatte der 5. Senat bereits entschieden, dass das Gesetz keine feste zeitliche Vorgabe für die nach § 243 Abs. 4 Satz 2 StPO gebotene Mitteilung kennt. Sie sollten daher bei der Bestimmung des gebotenen Zeitpunkts immer die Umstände des Einzelfalls abwägen.

Gericht, Az.:	Datum:	Fundstelle:
BGH, 4 StR 104/22	30.08.2022	NStZ-RR 2022, 350

Verteidiger „out of order“

Das Landgericht hat den Angeklagten am 27. Oktober 2021 wegen gefährlicher Körperverletzung zu einer Freiheitsstrafe von fünf Jahren und neun Monaten verurteilt, von der drei Monate wegen überlanger Verfahrensdauer als vollstreckt gelten.

Hiergegen hat der von den Rechtsanwälten K und M verteidigte Angeklagte fristgerecht Revision eingelegt.

Rechtsanwalt K reichte am 21. Januar 2022 mittels Telefax eine Revisionsbegründungsschrift ein. Einen Grund für diese Art der Einreichung legte er nicht dar. In der ebenfalls per Telefax eingereichten Revisionsbegründungsschrift von Rechtsanwalt M vom 3. Februar 2022 ist auf dem ersten Blatt links oben in fettgedruckten Großbuchstaben vermerkt: „PER FAX DA BEA DERZEIT HIER OHNE FUNKTION“. Weitere Ausführungen zu dem gewählten Einreichungsweg werden nicht gemacht.

Über zwei Monate nach der Zustellung des Urteils, genauer am 1. April 2022, wurde dem Angeklagten die Stellungnahme des Generalbundesanwalts mit seinen Bedenken hinsichtlich der Erfolgsaussichten der Revision zugestellt.

Die Verteidiger reichten dem Generalbundesanwalt Schriftsätze vom 4., 7. und 12. April 2022 ein, die an das Landgericht weitergeleitet wurden. In diesen sind weitere Ausführungen zur erhobenen Revision und dem Grund der Einreichung der vorherigen Schriftsätze per Telefax enthalten. Vorsorglich hat der Angeklagte in dem letzten Schriftsatz durch seine Verteidiger Wiedereinsetzung in den vorigen Stand beantragt.

Haben Sie eine Idee, welche Bedenken der Generalbundesanwalt dem Angeklagten mitgeteilt haben könnte? Wie wird das Revisionsgericht wohl entscheiden?

A. Zulässigkeit der Revision	***B. Begründetheit der Revision***
I. Statthaftigkeit	*I. Prozessvoraussetzungen/-hindernisse*
II. Rechtsmittelbefugnis	
III. Beschwer	*II. Verfahrensfehler (absoluter/relativer)*
IV. Form/Frist d. Einlegung	
V. Form/Frist d. Begründung (§ 32d S. 2 StPO)	*III. Sachrüge*
VI. kein(e) Rücknahme/Verzicht	

Obersatz:
Die Revision könnte mangels einer formgerechten Begründung unzulässig sein.

Problem:
Die Revision muss innerhalb der Begründungsfrist formgerecht begründet werden (§ 345 Abs. 1 StPO).

Lösung:
1) Die Revision des Angeklagten ist mit den beiden Revisionsbegründungen nicht fristgerecht in der gebotenen Form begründet worden und daher unzulässig. Sie sind dem Landgericht zwar innerhalb der Frist des § 345 Abs. 1 Satz 3 StPO, aber nicht in elektronischer Form (§ 32a StPO) und damit gemäß § 32d Satz 2 StPO nicht wirksam übermittelt worden.
Ein Ausnahmefall gemäß § 32d Satz 3 StPO liegt nicht vor. Nach dieser Vorschrift ist eine Übermittlung in Papierform nur dann zulässig, wenn die elektronische Übermittlung aus technischen Gründen vorübergehend nicht möglich ist. Diese vorübergehende Unmöglichkeit ist bei der Ersatzeinreichung oder unverzüglich danach glaubhaft zu machen (§ 32d Satz 4 Hs. 1 StPO). Dies ist jeweils nicht geschehen. Die Revisionsbegründung von Rechtsanwalt K vom 21. Januar 2022 enthält keine Ausführungen dazu, warum die Einreichung mittels Telefax erfolgt ist. In der Revisionsbegründung von Rechtsanwalt M vom 3. Februar 2022 ist lediglich auf dem ersten Blatt links oben in fettgedruckten Großbuchstaben vermerkt: „PER FAX DA BEA DERZEIT HIER OHNE FUNKTION". Aus dieser stichwortartigen Zustandsbeschreibung ergibt sich nicht, dass im Zeitpunkt der Übermittlung eine grundsätzlich einsatzbereite technische Infrastruktur existierte und eine nur vorübergehende technische Störung gegeben war. Die weiteren Ausführungen der Verteidiger in den – überdies nicht an das Landgericht, sondern an den Generalbundesanwalt gerichteten – Schriftsätzen vom 4., 7. und 12. April 2022 sind erst mehr als zwei Monate nach der Übermittlung der Revisionsbegründungen vom 21. Januar 2022 und vom 3. Februar 2022 und damit jedenfalls nicht mehr unverzüglich im Sinne des § 32d Satz 4 StPO erfolgt.

2) Der Wiedereinsetzungsantrag ist ebenfalls unzulässig. Wiedereinsetzung in den vorigen Stand ist auf Antrag demjenigen zu gewähren, der ohne Verschulden verhindert war, eine Frist einzuhalten (§ 44 Satz 1 StPO). Der Antrag ist binnen einer Woche nach Wegfall des Hindernisses zu stellen (§ 45 Abs. 1 Satz 1 StPO). Dabei kommt es auf die Kenntnis des Angeklagten an. Diese Wochenfrist ist vorliegend nicht gewahrt. Der zum Wegfall des Hindernisses führende Hinweis des Generalbundesanwalts ist dem Angeklagten am 1. April 2022 zugestellt worden. Der daraufhin angebrachte Wiedereinsetzungsantrag vom 12. April 2022 ist erst am 13. April 2022 und damit nach Fristablauf beim Landgericht eingegangen.
Für eine gemäß § 45 Abs. 2 Satz 3 StPO von Amts wegen zu gewährende Wiedereinsetzung in den vorigen Stand in die versäumte Wiedereinsetzungsfrist besteht schon deshalb kein Anlass, weil insoweit ein Mitverschulden des Angeklagten mit Blick auf die ihm durch den Hinweis des Generalbundesanwalts bereits vermittelte Kenntnis von der formunwirksamen Revisionsbegründung durch seine Verteidiger nicht ausgeschlossen erscheint.

Entscheidung:
1. Der Antrag des Angeklagten, ihm Wiedereinsetzung in den vorigen Stand gegen die Versäumung der Frist zur Begründung der Revision gegen das Urteil des Landgerichts ... vom 27. Oktober 2021 zu gewähren, wird verworfen.
2. Die Revision des Angeklagten gegen das vorbezeichnete Urteil wird als unzulässig verworfen (§ 349 Abs. 1 StPO).
3. Der Beschwerdeführer hat die Kosten seines Rechtsmittels zu tragen (§ 473 Abs. 1 StPO).

Gericht, Az.:	Datum:	Fundstelle:
BGH, 1 StR 63/22	06.09.2022	NStZ-RR 2022, 379 f.

Schlaf, Schöffe, schlaf!

Das Landgericht hat den Angeklagten W wegen Insolvenzdelikten zu einer Gesamtfreiheitsstrafe von zwei Jahren und einem Monat verurteilt. Gegen den Angeklagten L hat es wegen Beihilfe zu diesen Delikten eine Gesamtfreiheitsstrafe von einem Jahr und zwei Monaten verhängt.

Die Angeklagten haben das Urteil angefochten. Sie berichten Ihnen, dass einer der Schöffen während der Vernehmung der Zeugin S über eine Zeitspanne von knapp 25 Minuten mehrfach eingeschlafen sei. In dieser Zeit habe die Zeugin über die Inhalte von Mietverträgen, E-Mails sowie über Kontodaten berichtet. Nachdem sie den Schlaf des Schöffen beanstandet hätten, sei die Vernehmung der Zeugin S wiederholt worden. Dabei habe die Zeugin nicht im Zusammenhang berichtet, sondern habe lediglich die ihr vorgehaltenen Angaben bestätigt, die sie zuvor im Rahmen der Hauptverhandlung gemacht habe.

Das Landgericht habe die Aussage der Zeugin im Urteil verwertet und dabei seine Feststellungen auch auf die Inhalte der Zeugenaussage während der Phase des wiederholten Einschlafens des Schöffen und die entsprechenden Bestätigungen der Zeugin auf Vorhalt des Gerichts gestützt. Neben der Zeugenaussage hat es die Erkenntnisse zu den Mietverträgen, E-Mails und Kontodaten aber auch aus einer Vielzahl weiterer aussagekräftiger Beweismittel, wie zum Beispiel Kontoauszüge, sonstige schriftliche Unterlagen und weitere Zeugenaussagen, abgeleitet.

Die Angeklagten möchten nun beanstanden, dass das Gericht während der Vernehmung der Zeugin zunächst nicht vorschriftsmäßig besetzt war und die Vernehmung auch nicht ordnungsgemäß wiederholt wurde.

Von Ihnen möchten Sie gerne erfahren, was Sie von dieser Idee halten.

A. Zulässigkeit der Revision	B. Begründetheit der Revision
I. Statthaftigkeit	I. Prozessvoraussetzungen/-hindernisse
II. Rechtsmittelbefugnis	
III. Beschwer	**II. Verfahrensfehler (absoluter/relativer)**
IV. Form/Frist d. Einlegung	**Besetzung (§ 338 Nr. 1 StPO), Nachholung / § 69 Abs. 1 S. 1 StPO**
V. Form/Frist d. Begründung	
VI. kein(e) Rücknahme/Verzicht	III. Sachrüge

Obersatz:
Es könnte ein anfechtbarer Verstoß gegen Art 101 Abs. 1 Satz 2 GG vorliegen, indem das Gericht während eines wesentlichen Teils der Hauptverhandlung nicht vorschriftsmäßig besetzt war (§ 338 Nr. 1 StPO), weil einer der Schöffen während der Vernehmung der Zeugin S mehrfach eingeschlafen und die Beweisaufnahme nicht entsprechend den Regeln des § 69 StPO wiederholt worden sei.

Problem:
Fraglich ist, ob die Angeklagten hiermit einen Verstoß gegen den gesetzlichen Richter oder nicht eher eine fehlerhafte Nachholung der Zeugenvernehmung rügen. Bei einer Zeugenvernehmung ist der Zeuge gemäß § 69 Abs. 1 Satz 1 StPO zu veranlassen, das, was ihm von dem Gegenstand seiner Vernehmung bekannt ist, im Zusammenhang anzugeben. Dies gilt auch bei einer Wiederholung der Vernehmung. Fraglich ist gegebenenfalls auch, welche Folge ein Verstoß gegen § 69 Abs. 1 Satz 1 StPO für das Urteil hat.

Lösung:
Die Revisionen zielen darauf ab, dass eine wirksame Wiederholung der Zeugenvernehmung nicht stattgefunden habe, sodass eine Verletzung des § 338 Nr. 1 StPO nicht geheilt worden sei. Damit beanstanden sie nicht eine nicht vorschriftsmäßige Besetzung des Gerichts, sondern rügen eine Verletzung des § 69 StPO. Denn unabhängig davon, ob die wiederholte Vernehmung der Zeugin ordnungsgemäß durchgeführt wurde, war das Gericht währenddessen – das bestreiten auch die Angeklagten nicht – vorschriftsmäßig besetzt. Da die Zeugin nach der Anordnung der Wiederholung der Beweisaufnahme jedoch nicht zunächst im Zusammenhang berichtete, sondern lediglich die ihr vorgehaltenen Angaben, die sie zuvor im Rahmen der Hauptverhandlung gemacht hatte, bestätigte, entsprach die wiederholte Vernehmung nicht den Vorgaben des § 69 Abs. 1 Satz 1 StPO.

Unabhängig davon, ob mit der Rüge einer Verletzung dieser Vorschrift gleichzeitig ein Verstoß gegen § 244 Abs. 2 StPO geltend zu machen ist, kann ein Beruhen des Urteils auf der fehlerhaften Vernehmung der Zeugin S hier ausgeschlossen werden. Die in der Begründung der Angeklagten genannten Einzelheiten, zu denen die Zeugin S während der knapp 25 Minuten dauernden Phase des wiederholten Einschlafens des Schöffen Angaben machte und die sie entgegen § 69 Abs. 1 Satz 1 StPO auf Vorhalt bestätigte, hat das Landgericht – soweit es diese im Urteil verwertet hat – auch auf eine Vielzahl weiterer aussagekräftiger Beweismittel gestützt. Die fehlerhafte Vernehmung konnte sich daher nicht auswirken.

Vorschlag:
Die beabsichtigte Anfechtung der Angeklagten verspricht sowohl hinsichtlich Rüge der vorschriftswidrigen Besetzung während eines wesentlichen Teils der Hauptverhandlung (Art. 101 Abs. 1 Satz 2 GG, § 338 Nr. 1 StPO) als auch im Hinblick auf die Beanstandung der Durchführung der Zeugenvernehmung (§ 69 Abs. 1 Satz 1 StPO) keine Aussicht auf Erfolg.

Tipp:
Dieser Fall ist ein hervorragendes Beispiel dafür, dass es bei der Prüfung gerichtlicher Verstöße (§ 337 StPO) äußerst wichtig ist, die überprüfte Handlung des Gerichts exakt herauszuarbeiten. Nur so lässt sich eine Norm mit einem Gebot oder Verbot für das Gericht finden, gegen welches das Gericht verstoßen haben könnte. In der Beanstandung der Angeklagten steckten zwei gerichtliche Handlungen. Die erste Handlung (Zeugenvernehmung mit schlafendem Schöffen) stellte einen Verstoß gegen Art. 101 Abs. 1 S. 2 GG (§ 338 Nr. 1 StPO) dar, der aber durch die Nachholung ohne schlafenden Schöffen geheilt wurde. Der zweite Verstoß (§ 69 Abs. 1 S. 1 StPO – relativer Verstoß) geschah hier während der Nachholung.

Gericht, Az.:	Datum:	Fundstelle:
BGH, 4 StR 321/22	27.09.2022	NStZ-RR 2022, 371 f.

Strafen über Strafen

Das Landgericht hat den Angeklagten aufgrund der am 16. März 2020 und 1. Mai 2020 begangenen Taten wegen gefährlicher Körperverletzung in zwei Fällen, davon in einem Fall in zwei tateinheitlich zusammentreffenden Fällen, unter Einbeziehung der Freiheitsstrafe aus dem Strafbefehl des Amtsgerichts E vom 1. Juli 2020 zu einer Gesamtfreiheitsstrafe von drei Jahren und sechs Monaten verurteilt. Von der Gesamtfreiheitsstrafe hat es zur Entschädigung für die überlange Verfahrensdauer einen Monat als vollstreckt erklärt.

Das Landgericht hat in den Feststellungen seines Urteils den Strafbefehl des Amtsgerichts E vom 1. Juli 2020, mit dem gegen den Angeklagten eine Bewährungsstrafe verhängt wurde, näher dargelegt. Der Verurteilung liegt eine Diebstahlstat vom 26. Oktober 2015 zugrunde.

Ferner ist in den Urteilsgründen festgestellt, dass der Angeklagte in den Jahren 2018 und 2019 zu Geldstrafen verurteilt worden ist. Am 17. Februar 2020 wurde daraus nachträglich eine Gesamtgeldstrafe gebildet. Zu dem Vollstreckungsstand dieser Vorverurteilungen und der nachträglich gebildeten Gesamtgeldstrafe verhält sich das Urteil hingegen nicht.

Der Angeklagte hat Revision eingelegt und diese mit der allgemeinen Sachrüge begründet. Wie könnte der Angeklagte seinen Antrag formulieren, wenn er eine erneute Hauptverhandlung vermeiden möchte?

Obersatz:
Es könnte ein anfechtbarer Verstoß gegen § 55 StGB vorliegen, indem das Landgericht möglicherweise Taten entgegen einer zu beachtenden Zäsurwirkung in eine nachträgliche Gesamtstrafe einbezogen hat.

Problem:
Ist die neu abzuurteilende Tat zwischen zwei Vorverurteilungen begangen worden, die untereinander nach der Regelung des § 55 Abs. 1 StGB gesamtstrafenfähig sind, darf aus der Strafe für die neu abzuurteilende Tat und der Strafe aus der letzten Vorverurteilung keine Gesamtstrafe gebildet werden. Einer nachträglichen Gesamtstrafenbildung gemäß § 55 StGB steht in diesem Fall die von der ersten Vorverurteilung ausgehende Zäsurwirkung entgegen. Diese entfiele nur, wenn die der ersten Vorverurteilung zugrundeliegende Strafe bereits vor der zweiten Vorverurteilung – etwa infolge vollständiger Vollstreckung der Strafe – erledigt wäre. Ist dies nicht der Fall, so kommt der zweiten Vorverurteilung, wenn die Taten aus beiden Vorverurteilungen bereits in dem früheren Erkenntnis hätten geahndet werden können, gesamtstrafenrechtlich keine eigenständige Bedeutung zu. Dies gilt unabhängig davon, ob eine nachträgliche Gesamtstrafe tatsächlich gebildet wurde oder im Verfahren nach § 460 StPO noch nachgeholt werden kann.

Lösung:
Eine nach diesen Maßgaben rechtsfehlerfreie Gesamtstrafenbildung gemäß § 55 Abs. 1 StGB ist den Urteilsgründen nicht zu entnehmen. Das Landgericht hat Taten des Angeklagten vom 16. März 2020 und 1. Mai 2020 abgeurteilt und in die Gesamtfreiheitsstrafe die mit Strafbefehl des Amtsgerichts E vom 1. Juli 2020 verhängte Bewährungsstrafe einbezogen, der eine Diebstahlstat vom 26. Oktober 2015 zugrunde liegt. Die Urteilsgründe teilen jedoch den Vollstreckungsstand der in den Jahren 2018 und 2019 gegen den Angeklagten festgesetzten Geldstrafen und insbesondere der am 17. Februar 2020 nachträglich gebildeten Gesamtgeldstrafe nicht mit. Der Senat vermag daher nicht zu überprüfen, ob einer der früheren Vorverurteilungen eine Zäsurwirkung beizumessen ist. Eine solche stünde der Einbeziehung der rechtskräftigen Bewährungsstrafe in die hier verhängte Gesamtfreiheitsstrafe entgegen, sollte beim Erlass des Strafbefehls am 1. Juli 2020 eine Gesamtstrafenlage mit einer damals nicht erledigten Geldstrafe oder mit den Einzelstrafen aus der noch unerledigten Gesamtgeldstrafe bestanden haben.

Der Senat kann von § 354 Abs. 1b StPO Gebrauch machen, der die Möglichkeit eröffnet, das Tatgericht auf eine Entscheidung im Beschlusswege nach §§ 460, 462 StPO zu verweisen. Diesem Beschlussverfahren bleibt auch die abschließende Kostenentscheidung vorbehalten.

Von der Teilaufhebung unberührt ist die Entscheidung der Strafkammer über die Kompensation wegen einer rechtsstaatswidrigen Verfahrensverzögerung.

Antrag:
Auf die Revision des Angeklagten wird das Urteil des Landgerichts ... vom ... im Ausspruch über die Gesamtstrafe mit der Maßgabe aufgehoben, dass eine nachträgliche gerichtliche Entscheidung über die Gesamtstrafe nach §§ 460, 462 StPO, auch über die Kosten des Rechtsmittels, zu treffen ist.

Prüfungsschema Revision

(für eine eingelegte aber noch nicht begründete Revision)

A. Zulässigkeit

1) Statthaftigkeit (§§ 333, 335 StPO)

2) Revisionsberechtigung (§§ 296 ff. StPO)

3) Beschwer (Tenor)

4) Form und Frist der Revisionseinlegung (§ 341 StPO)

5) Form und Frist der Revisionsbegründung (§§ 344, 345 StPO)

6) Keine Rechtsmittelrücknahme/kein Verzicht (§§ 302, 303 StPO)

B. Begründetheit

1) Lagen die von Amts wegen zu prüfenden Sachurteilsvoraussetzungen vor (Prozessvoraussetzungen vorhanden/keine Prozesshindernisse [vgl. Meyer-Goßner/Schmitt, StPO, Einleitung Rn. 141 ff.]), insbesondere:

- Sachliche Zuständigkeit (vgl. § 6 StPO)
- tragende Anklage bzgl. abgeurteilter Tat (Umgrenzungsfunktion)
- wirksamer Eröffnungsbeschluss
- Strafantrag/besonderes öffentliches Interesse
- Strafklageverbrauch/entgegenstehende Rechtskraft
- Strafverfolgungsverjährung
- lediglich in extremen Ausnahmefällen:
  - rechtstaatswidrige Tatprovokation (Art 6 Abs. 1 EMRK)
  - rechtstaatswidrige Verfahrensverzögerung (Art 6 Abs. 1 EMRK)
- Berufungsurteil
  - Zulässigkeit der Berufung (insb. Form, Frist, Annahmeberufung)
  - Entscheidung im richtigen Umfang bei wirksamer Beschränkung der Berufung gemäß § 318 StPO

- Keine Missachtung der reformatio in peius (§ 331 StPO)

2) <u>Prüfung der Verfahrensrüge</u>

a) Absolute Revisionsgründe (§ 338 StPO)
b) Relative Revisionsgründe (§ 337 StPO)

- <u>Prüfung relativer und absoluter Verfahrensfehler</u>
  - Verstoß gegen eine Verfahrensnorm
  - Keine Heilung durch Nachholung
  - Rügebefugnis (keine bloße Ordnungsvorschrift/Rechtskreis)
  - Kein Ausschluss gemäß § 336 Satz 2 StPO (Unanfechtbarkeit/sofortige Beschwerde)
    - Ausnahme Willkür
  - Kein Verlust der Rügebefugnis durch
    - Zeitablauf: kein Widerspruch (§ 257 StPO) / keine Beanstandung (§ 238 Abs. 2 StPO) innerhalb vorgesehener Zeitspanne
    - Einverständnis/ Verzicht
    - Verwirkung durch Verursachung des Verfahrensfehlers
    - widersprüchliches Prozessverhalten
  - Beruhen (grds. nur bei relativen Verfahrensverstößen prüfen)

3) <u>Prüfung der Sachrüge</u>

(!) Bei einer Revision d. Angeklagten muss sich der Fehler für ihn nachteilig ausgewirkt haben.

a) Darstellungsprüfung

- Form und Aufbau des Urteils
  - widersprüchliche, unklare oder lückenhafte Feststellungen
    - zu den persönlichen Verhältnissen
    - zur Sache - (!) insb. subjektiver Tatbestand
- keine Beweiswürdigung oder bei Freispruch (§ 267 Abs. 5 Satz StPO) keine Angabe,
  - ob der Angeklagte für nicht überführt oder
  - ob und aus welchen Gründen, die für erwiesen angenommene Tat für nicht strafbar erachtet worden ist

b) rechtsfehlerhafte Beweiswürdigung, § 261 StPO

- Die Beweiswürdigung darf nicht widersprüchlich, unklar oder lückenhaft sein.
- Sie darf nicht gegen gesicherte wissenschaftliche Erkenntnisse, Denkgesetze oder Erfahrungssätze verstoßen.
- Die Beweiswürdigung darf an die zur Verurteilung erforderliche Gewissheit keine zu hohen Anforderungen stellen.
- Es dürfen keine unzulässigen Bezugnahmen erfolgen.

c) Schuldspruch/rechtliche Würdigung

- Tenor
- Sonstige Strafbarkeiten? (Kognitionspflicht, § 264 StPO)

d) Strafzumessung/Rechtsfolge

aa) Festlegung des Strafrahmens für die Einzelstrafen (bei Tateinheiten, § 52 Abs. 1 StGB)

(1) Regelstrafrahmen

(2) Strafrahmenverschiebungen

- benannte und unbenannte minder schwere Fälle
- benannte (Regelbeispiele) und unbenannte besonders schwere Fälle

(3) vertypte Milderungsgründe

(Achtung: Doppelverwertungsverbot, § 50 StGB beachten)

- § 49 I StGB:
    - obligatorisch: §§ 27 Abs. 2, 28 Abs. 1, 30 Abs. 1, 35 Abs. 2, 111 Abs. 2 StGB
    - fakultativ: §§ 13 Abs. 2, 17 Satz 2, 21, 23 Abs. 2, 35 Abs. 1, 46a, 239a Abs. 4 StGB
- § 49 Abs. 2 StGB (§§ 23 Abs. 3, 113 Abs. 4, 158 Abs. 1 StGB)

bb) Strafzumessung im engeren Sinn, § 46 Abs. 1 Satz 1, Abs. 2 StGB

(Achtung: Doppelverwertungsverbot beachten, § 46 Abs. 3 StGB)

cc) Festsetzung der Strafe nach

(1) Art (Freiheitsstrafe, §§ 38, 39, 47 Abs. 1 StGB / Geldstrafe, §§ 40 ff. 47 Abs. 2 StGB / Verwarnung mit Strafvorbehalt, §§ 59 ff. StGB / Absehen von Strafe, §§ 46a, 60, 157 Abs. 2, 306e Abs. 2 StGB / Anrechnung, § 51 StGB)

(2) Höhe

dd) Gesamtstrafbildung bei Tatmehrheit

(1) Gesamtstrafe: §§ 53,54 StGB

(2) Nachträgliche Gesamtstrafe: § 55 StGB

- erneute Strafzumessung im engeren Sinn
- Festsetzung der Gesamtstrafe nach Art und Höhe

ee) Ggf. Bewährungsentscheidung; § 56 StGB

e) Fehlerhafte weitere Rechtsfolgenentscheidungen

aa) Nebenstrafe: Fahrverbot gemäß § 44 StGB

bb) fehlerhafte Maßregeln der Besserung und Sicherung

- insb. §§ 69, 69a StGB

cc) Fehlerhafte Einziehungsentscheidung, §§ 73 ff. StGB

C. Zweckmäßigkeit

- Achtung: Verbot der Schlechterstellung (§ 358 Abs. 2 Satz 1 StPO) beachten
  - Gilt nur für die Art und Höhe der Rechtsfolgen, nicht für den Schuldspruch
    - Daher insb. Vorsicht, wenn die prozessuale Tat Strafbarkeiten enthält, auf die im Schuldspruch nicht erkannt wurde.
    - Ein verschärfter Schuldspruch kann aufgrund der Relevanz des Vorstrafenregisters (faktisch) eine erhebliche Bedeutung für Angeklagte haben.

D. Entscheidungsvorschlag/Antrag/Tenor

1) Durchführung/Rücknahme der Revision

2) Beispiele für den Revisionsantrag oder den Tenor: vgl. Folgeseite

Beispiele für den Revisionsantrag oder den Tenor

1) Tenor: Unzulässige/unbegründete Revision des Angeklagten

Die Revision des Angeklagten gegen das Urteil des Amts-/Landgerichts ... vom ... wird (als unzulässig/unbegründet) verworfen.

Der Angeklagte trägt die Kosten der Revision.

2) Tenor: Unzulässige/unbegründete Revision der Staatsanwaltschaft

Die Revision der Staatsanwaltschaft gegen das Urteil des Amtsgerichts/Landgerichts ... vom ... wird (als unzulässig/unbegründet) verworfen.

Die Kosten der Revision und die dem Angeklagten insoweit entstandenen notwendigen Auslagen trägt die Staatskasse.

3) Antrag/Tenor: Vollumfängliche Aufhebung und Zurückverweisung
(wohl häufigster Klausurfall)

Auf die Revision des Angeklagten/der Staatsanwaltschaft wird das Urteil des Landgerichts ... vom ...

- ggf. ergänzen: mit den Feststellungen

aufgehoben. Die Sache wird zur neuen Verhandlung und Entscheidung, auch über die Kosten des Rechtsmittels, an eine andere Strafkammer des Landgerichts ... zurückverwiesen.

4) Tenor: Teilaufhebung
(Beispiel: 2 Einzelstrafen; fehlerhaft unterbliebener Teilfreispruch; keine Wechselwirkung)
Achtung: *Wollte der Angeklagte verhindern, dass seine Revision zum Teil kostenpflichtig verworfen wird, dürfte er in seinen Antrag den kursivgedruckten Teil des Tenors nicht aufnehmen.*)

Auf die Revision des Angeklagten/der Staatsanwaltschaft wird das Urteil des Amtsgerichts/Landgerichts ... vom ...

- im Schuldspruch hinsichtlich der Verurteilung wegen ...
- und im dazugehörigen Straf- sowie im Gesamtstrafausspruch
- jeweils mit den dazugehörigen Feststellungen

aufgehoben.

Der Angeklagte wird wegen ... zu ... verurteilt. Im Übrigen wird der Angeklagte freigesprochen.

Die weitergehende Revision wird verworfen.

Der Angeklagte trägt die Kosten des Verfahrens, soweit er verurteilt wurde. Soweit er freigesprochen wurde, fallen die Kosten des Verfahrens und die notwendigen Auslagen des Angeklagten der Staatskasse zur Last.

5) Antrag/Tenor: Teileinstellung

Auf die Revision des Angeklagten/der Staatsanwaltschaft wird das Urteil des Landgerichts ... vom ... mit den Feststellungen aufgehoben.

Soweit der Angeklagte wegen ... verurteilt wurde, wird das Verfahren eingestellt.

Im Übrigen wird die Sache zu neuer Verhandlung und Entscheidung, auch über die Kosten des Rechtsmittels, an eine andere Strafkammer des Landgerichts ... zurückverwiesen.

6) Tenor: Umfassende Revision - Aufhebung des Rechtsfolgenausspruchs

Auf die Revision des Angeklagten wird das Urteil des Landgerichts ... vom ... im Rechtsfolgenausspruch mit den zugehörigen Feststellungen aufgehoben.

Im Umfang der Aufhebung wird die Sache zur erneuten Verhandlung und Entscheidung, auch über die Kosten des Rechtsmittels, an eine andere Strafkammer des Landgerichts ... zurückverwiesen.

Die weitergehende Revision wird verworfen.

7) Antrag/Tenor: Erfolgreiche Revision der Staatsanwaltschaft gegen Teilfreispruch; Feststellungen erlauben keinen eigenen Schuldspruch

Auf die Revision der Staatsanwaltschaft wird das Urteil des Landgerichts ... vom ...

- ggf. ergänzen: mit den zugehörigen Feststellungen

aufgehoben, soweit der Angeklagte freigesprochen worden ist.

Im Umfang der Aufhebung wird die Sache zu neuer Verhandlung und Entscheidung, auch über die Kosten des Rechtsmittels, an eine andere Kammer des Landgerichts zurückverwiesen.

8) Tenor: Auswechslung des Straftatbestandes

Die Revision des Angeklagten gegen das Urteil des Amts-/Landgerichts ... vom ... wird mit der Maßgabe verworfen, dass dieser nicht des ..., sondern der ... schuldig ist.

Der Angeklagte trägt die Kosten der Revision.

Zur weiteren Vertiefung

I. Rechtsprechung

(sortiert nach Gericht, Prüfungsort in der Klausur und ggf. Datum)

1. BVerfG, 2 BvR 2069/21 v. 30.03.2022, NStZ-RR 2022, 222 ff.
   - Verfahrensrüge (absoluter Revisionsgrund: Art. 101 Abs. 1 Satz 2 GG, § 338 Nr. 1 StPO – Nicht jede Verletzung der unionsrechtlichen Vorlagepflicht nach Art. 267 Abs. 3 AEUV stellt zugleich einen Verstoß gegen das Grundrecht auf den gesetzlichen Richter aus Art. 101 Abs. 1 Satz 2 GG dar. Das BVerfG überprüft nur, ob die Auslegung und Anwendung der Zuständigkeitsregel des Art. 267 Abs. 3 AEUV bei verständiger Würdigung der das Grundgesetz bestimmenden Gedanken nicht mehr verständlich erscheint und offensichtlich unhaltbar ist [Willkürmaßstab].
     Liegt zu einer entscheidungserheblichen Frage des Unionsrechts einschlägige Rechtsprechung des EuGH noch nicht vor, hat die bestehende Rechtsprechung die entscheidungserhebliche Frage möglicherweise noch nicht erschöpfend beantwortet oder erscheint eine Fortentwicklung der Rechtsprechung des EuGH nicht nur als entfernte Möglichkeit (Unvollständigkeit der Rechtsprechung), wird Art. 101 Abs. 1 Satz 2 GG verletzt, wenn das letztinstanzliche Hauptsachegericht den ihm in solchen Fällen notwendig zukommenden Beurteilungsrahmen in unvertretbarer Weise überschreitet. Dies ist dann der Fall, wenn das Fachgericht ohne sachliche Begründung fälschlich davon ausgeht, dass die Rechtslage entweder von vornherein eindeutig [„acte clair"] oder durch Rechtsprechung in einer Weise geklärt sei, die keinen vernünftigen Zweifel offenlässt [„acte éclairé"].)

2. BVerfG, 2 BvR 54/22 v. 29.07.2022, NJW 2022, 2978 ff.
   - Verfahrensrüge (relativer Revisionsgrund: § 81b StPO, Art. 2 Abs. 1, 1 Abs. 1 GG [mögliches Beweisverwertungsverbot] – Dem Schrankenvorbehalt für Eingriffe in das Recht auf informationelle Selbstbestimmung trägt die gesetzliche Regelung des § 81b Alt. 1 StPO ausreichend Rechnung.
     Eine Identifizierung eines der Sachbeschädigung beschuldigten Täters kann in der Regel nicht über die Abnahme eines Zehnfinger- und Handflächenabdrucks erfolgen, wenn Finger- oder Handflächenabdrücke ausweislich der Ermittlungsakte am Tatort nicht sichergestellt wurden.)

3. BVerfG, 1 BvR 2588/20 v. 09.02.2022, NJW 2022, 1523 ff.
   - Sachrüge (rechtliche Würdigung: § 185 StGB, Art. 5 Abs. 1 GG – Die Beleidigung eines Staatsanwalts im „Kampf ums Recht" kann durch die Meinungsfreiheit nach Art. 5 Abs. 1 GG gerechtfertigt sein. Teil der Meinungsfreiheit ist, dass Bürger von ihnen als verantwortlich angesehene Amtsträger in anklagender und personalisierter Weise für deren Art und Weise der Machtausübung angreifen können, ohne befürchten zu müssen, dass die personenbezogenen Elemente solcher Äußerungen aus diesem Kontext herausgelöst werden und die Grundlage für einschneidende gerichtliche Sanktionen bilden. Allerdings bleibt auch der Gesichtspunkt der Machtkritik in eine Abwägung eingebunden und erlaubt nicht jede ins Persönliche gehende Beschimpfung von Amtsträgern. Gegenüber einer auf die Person abzielenden, insbesondere öffentlichen Verächtlichmachung oder Hetze setzt die Verfassung allen Personen gegenüber äußerungsrechtliche Grenzen und nimmt hiervon solche des öffentlichen Lebens und Amtsträger nicht aus. Auch hier sind Äußerungen desto weniger schutzwürdig, je mehr sie sich von einem Meinungskampf in die Öffentlichkeit wesentlich berührenden Fragen wegbewegen und die Herabwürdigung der betreffenden Personen in den Vordergrund tritt.)

4. BVerfG, 2 BvL 1/20 v. 09.02.2022, NJW 2022, 1160 ff.
   - Sachrüge (rechtliche Würdigung: § 315d Abs. 1 Nr. 3 StGB, Strafbarkeit des Einzelrennens im Straßenverkehr – § 315d Abs. 1 Nr. 3 i. d. F. des 56. Strafrechtsänderungsgesetzes vom 30.9.2017 (BGBl. I S. 3532) ist mit dem Grundgesetz vereinbar.)

5. BGH, 4 StR 319/22 v. 12.10.2022, NStZ-RR 2022, 378 f.
   - Zulässigkeit (Frist zur Revisionseinlegung/Wiedereinsetzung in den vorigen Stand: § 45 Abs. 1 Satz 1 StPO – Innerhalb der Wochenfrist des § 45 Abs. 1 Satz 1 StPO muss der Antragsteller, sofern sich die Wahrung der Frist des § 45 Abs. 1 StPO nicht offensichtlich aus den Akten ergibt, auch Angaben über den Zeitpunkt des Wegfalls des Hindernisses machen. Die Angaben können nicht nachgeholt werden. Beides gilt selbst dann, wenn der Verteidiger ein eigenes Verschulden geltend macht, das dem Angeklagten nicht zuzurechnen wäre. Besteht das Hindernis in der fehlenden Kenntnis von der Fristversäumung, ist der Zeitpunkt der Kenntnisnahme durch den Angeklagten entscheidend, auf den Zeitpunkt der Kenntnis des Verteidigers kommt es nicht an.)

6. BGH, 3 StR 181/21 v. 18.05.2022, NStZ-RR 2022, 345 ff., 384 ff.;
   - Zulässigkeit (Revisionsbegründung/Wiedereinsetzung in den vorigen Stand: §§ 44, 344 Abs. 2 Satz 2, 345 Abs. 1 StPO – Der grundsätzliche Ausschluss der Wiedereinsetzung zur Anbringung von Verfahrensrügen gilt auch dann, wenn ein Verteidiger die Revision fristgemäß lediglich mit der Sachrüge begründet und ein weiterer Verteidiger seine (darüber hinaus) auf Verfahrensrügen gestützte Revisionsbegründung verfristet übermittelt hat. Wiedereinsetzung zur Nachholung von Verfahrensrügen ist indes ausnahmsweise bei einer außergewöhnlich langen Postlaufzeit zur Gewährung rechtlichen Gehörs veranlasst, wenn die Rüge rechtzeitig versandt wurde.
     Die schlichte Übernahme eines ersichtlich auf einen anderen Angeklagten zugeschnittenen Textes durch den Verteidiger eines Mitangeklagten ohne erforderliche Modifikationen in Bezug auf den eigenen Mandanten führt zur Unzulässigkeit der Revision, zumindest aber, sofern das Rechtsmittel auch mit der nicht ausgeführten Sachrüge begründet worden ist bzw. ansonsten einzelne Teile – etwa Ausführungen zur Sachrüge – von dem Rechtsmangel nicht betroffen sind, zur Unzulässigkeit einzelner Rügen.)

   - Verfahrensrüge (absoluter Revisionsgrund: §§ 27, 24 Abs. 2, 28 Abs. 2 Satz 2, 338 Nr. 3 StPO – Wird entgegen § 28 Abs. 2 Satz 2 StPO über eine nicht statthafte sofortige Beschwerde gegen einen erkennenden Richter entschieden, ist die Revision nicht durch § 336 Satz 2 StPO ausgeschlossen, da diese Norm nur Entscheidungen erfasst, gegen die das Gesetz das Rechtsmittel der sofortigen Beschwerde vorsieht, nicht aber solche, in denen das Beschwerdegericht verkannt hat, dass dieses Rechtsmittel unstatthaft ist.)

   - Verfahrensrüge (absoluter Revisionsgrund: §§ 27, 24 Abs. 2, 337, 338 Nr. 3 StPO, Art. 6 Abs. 1 EMRK, Richterablehnung und revisionsrechtliche Folgen des Verstoßes gegen § 29 Abs. 3 Satz 1 StPO / Vorbefassung durch Urteil gegen einen Mittäter – Die Besorgnis der Befangenheit erkennender Richter wegen einer den Verfahrensgegenstand betreffenden Vortätigkeit kann ausnahmsweise gegeben sein, wenn Umstände vorliegen, die über die Tatsache bloßer Vorbefassung als solcher und die damit notwendig verbundenen inhaltlichen Äußerungen, namentlich in einem Urteil im abgetrennten Verfahren, hinausgehen. Dies ist etwa anzunehmen, wenn Ausführungen in dem Urteil gegen die früheren Mitangeklagten in dem abgetrennten Verfahren unnötige und sachlich unbegründete Werturteile über einen der jetzigen Angeklagten enthalten oder wenn ein Richter sich bei seiner Vorentscheidung in sonst unsachlicher Weise zum Nachteil des Angeklagten geäußert hat.
     Die Besorgnis der Befangenheit eines Richters, der an einem früheren Urteil gegen einen Mitbeschuldigten wegen desselben Tatgeschehens mitgewirkt hat, kann ferner unter Berücksichtigung der Rechtsprechung des EGMR bei einer Gesamtabwägung aller Umstände im Einzelfall vorliegen, wenn das frühere Urteil Feststellungen zur Beteiligung des

jetzigen Angeklagten trifft, die dort rechtlich nicht geboten waren, also zur Beschreibung des strafrechtlich relevanten Handels des früheren Angeklagten, zu dessen rechtlicher Einordnung und für die Rechtsfolgenentscheidung nicht erforderlich waren.)

- Verfahrensrüge (relativer Revisionsgrund: §§ 29 Abs. 3 Satz 1 StPO – Der Ablauf der Frist des § 29 Abs. 3 Satz 1 StPO hat weder die Unzulässigkeit einer Entscheidung über das Befangenheitsgesuch noch ein (Weiter-)Verhandlungsverbot im betreffenden Verfahren zur Konsequenz. Ein reiner Fristverstoß [bei unbegründetem Ablehnungsgesuch] ist vielmehr zwar für sich genommen ein [relativer] Rechtsfehler, bleibt aber ohne revisionsrechtliche Folgen.)

7. BGH, StB 39/21 v. 21.12.2021, NStZ-RR 2022, 75 f.
   - Sachurteilsvoraussetzung (tragende Anklageschrift: Umgrenzungsfunktion bei Serienstraftaten – Eine Anklage ist nur dann unwirksam mit der Folge, dass das Verfahren wegen Fehlens einer Prozessvoraussetzung einzustellen ist, wenn etwaige Mängel ihre Umgrenzungsfunktion betreffen und sie keine notwendigen Angaben zur Bestimmung des Prozessgegenstandes enthält, mit dem sich das Gericht aufgrund seiner Kognitionspflicht zu befassen hat.
     Bei Serientaten ist regelmäßig erforderlich, in der Anklage den bestimmten Tatzeitraum, das Tatopfer, die Grundzüge der Art und Weise der Tatbegehung, die Tatfrequenz und die (Höchst-)Zahl der vorgeworfenen Straftaten, die Gegenstand des Verfahrens sein sollen, anzugeben.
     Wird eine Mindestzahl von Taten angegeben, steht der Umgrenzung der Anklage nicht entgegen, dass der Angeklagte möglicherweise noch an weiteren ähnlichen beteiligt war. Der erforderlichen Bestimmtheit steht auch nicht entgegen, dass die Geschädigten nicht namentlich bekannt sind und der Angeklagte möglicherweise ähnliche – ggf. einem Strafklageverbrauch unterworfene – Taten beging.)

8. BGH, 5 StR 398/21 v. 12.05.2022, NJW 2022, 2768 ff.
   - Sachurteilsvoraussetzung (Strafantrag: §§ 158 Abs. 2, 32a StPO, elektronische Übermittlung eines Strafantrags – Keine wirksame Anbringung eines Strafantrags mittels „einfacher" E-Mail.
     Elektronische Dokumente, die der Schriftform unterliegen, müssen entweder mit einer qualifizierten elektronischen Signatur versehen sein oder auf einem sicheren Übermittlungsweg eingereicht werden; eine unsignierte und direkt an den Empfänger versandte einfache E-Mail erfüllt keine dieser Voraussetzungen. Nach dem Willen des Gesetzgebers gelten die genannten Anforderungen auch für Strafanträge und zwar auch für solche, die von Behörden gestellt werden.)

9. BGH, 6 StR 227/21 v. 14.07.2022, NStZ-RR 2022, 306 f.
   - Sachurteilsvoraussetzungen (Verjährung: §§ 78a Satz 1, 153 StGB – Bei der falschen uneidlichen Aussage ist für den Verjährungsbeginn i. S. von § 78 a StGB der Abschluss der Vernehmung entscheidend. Wann die Vernehmung abgeschlossen ist, richtet sich nach den Umständen des Einzelfalls und nach der jeweiligen Gestaltung des Verfahrens.)

10. BGH, 3 StR 485/20 v. 05.10.2021, NStZ 2022, 315 ff.
   - Verfahrensrüge (absoluter Revisionsgrund, Art. 101 Abs. 1 Satz 2 GG, § 338 Nr. 1 StPO: Terminierung der Hauptverhandlung mit Blick auf den gesetzlichen Richter – Ein Vorsitzender ist nicht von Rechts wegen generell gehalten, im Rahmen der gesetzlichen Unterbrechungsfristen auf die Bestimmung von Hauptverhandlungsterminen an Tagen und in Zeiträumen zu verzichten, an beziehungsweise in denen ein eigentlich nach dem gerichtlichen Geschäftsverteilungsplan und dem spruchkörperinternen Mitwirkungsplan zuständiges reguläres richterliches Mitglied der Strafkammer wegen Urlaubs, Krankheit oder aus dienstlichen Gründen an einer Mitwirkung verhindert ist.

Das Gebot des gesetzlichen Richters (Art. 101 Abs. 1 S. 2 GG) zwingt nicht zur Annahme eines absoluten Vorrangs des regulär zuständigen Richters.
Ist ein Richter lediglich an einzelnen Tagen nicht in der Lage, an einem Verfahren mitzuwirken, begründet diese zeitweise Verhinderung nicht notwendigerweise den Vertretungsfall.)

11. BGH, 5 StR 161/21 v. 30.9.2021, NJW 2022, 1111 ff.
   - Verfahrensrüge (absoluter Revisionsgrund: Art. 101 Abs. 1 Satz 2 GG, §§ 16 MuSchG, 338 Nr. 1 StPO, Ärztliches Beschäftigungsverbot für eine schwangere Schöffin – Das einer Schöffin ausgesprochene ärztliche Beschäftigungsverbot nach § 16 Abs. 1 MuSchG führt nicht zu einer gesetzeswidrigen Gerichtsbesetzung).

12. BGH, 5 StR 153/21 v. 02.02.2022, NJW 2022, 1470 ff.
   - Verfahrensrüge (absoluter Revisionsgrund, Art. 101 Abs. 1 Satz 1 GG, § 16 Satz 2 GVG, §§ 24, 28 Abs. 1, 30, 31, 222b, 338 Nr. 1 StPO, Befangenheit einer Schöffin und Selbstanzeige – Wird ein Besetzungseinwand vom Rechtsmittelgericht als unstatthaft und damit als unzulässig verworfen, weil der Anwendungsbereich des § 222 b StPO nicht eröffnet war, wird durch diese Entscheidung die Besetzungsrüge nach § 338 Nr. 1 StPO nicht präkludiert.
   Die Vorschrift des § 28 Abs. 1 StPO steht einer Besetzungsrüge nicht entgegen, wenn die Anwendungsvoraussetzungen der §§ 24, 30, 31 StPO verkannt werden und so in objektiv willkürlicher Weise in die Gerichtsbesetzung eingegriffen wird.
   Wegen Besorgnis der Befangenheit kann ein Richter – wenn im Zeitpunkt der Entscheidung ein Ablehnungsgesuch eines Ablehnungsberechtigten im Sinne von § 24 Abs. 3 StPO nicht vorliegt – nur infolge einer Selbstanzeige nach § 30 StPO von der Mitwirkung ausgeschlossen werden; von Amts wegen findet eine Überprüfung nur hinsichtlich der gesetzlichen Ausschlussgründe nach §§ 22, 23 StPO statt.)

13. BGH, 6 StR 514/21 v. 14.12.2021, NStZ 2022, 510
   - Verfahrensrüge (absoluter Revisionsgrund, §§ 275 Abs. 2, 338 Nr. 7 StPO: Unterzeichnen des Urteils im Verhinderungsfall – Im Verhinderungsfall ist das Urteil nicht „für“ den Verhinderten zu unterzeichnen, sondern der Verhinderungsgrund anzugeben und dieser Vermerk gesondert zu unterschreiben. Der für den Verhinderungsvermerk verantwortliche Richter muss das Urteil demnach zweimal unterschreiben.)

14. BGH, 4 StR 63/22 v. 06.07.2022, NStZ-RR 2022, 286
   - Verfahrensrüge (relativer Revisionsgrund: Beachtung der Beschränkungen gemäß §§ 100e Abs. 6 Nr. 1, 100b StPO bei Verwendung zu einem im Vergleich zur Erhebung anderen Zweck [hier: „EncroChat-Daten“] – Die aus der Überwachung der Telekommunikation über den Krypto-Messengerdienst durch französische Behörden gewonnenen Erkenntnisse sind als Beweismittel im deutschen Strafverfahren verwertbar, wenn sie der Aufklärung schwerer Straftaten dienen.)

15. BGH, StB 29/22 v. 20.07.2022, NStZ 2022, 692 f.
   - Verfahrensrüge (relativer Revisionsgrund: §§ 102, 103 StPO – Für die Zulässigkeit einer regelmäßig in einem frühen Stadium der Ermittlungen durchzuführenden Durchsuchung genügt der über bloße Vermutungen hinausreichende, auf bestimmte tatsächliche Anhaltspunkte gestützte konkrete Verdacht, dass eine Straftat begangen wurde und der Verdächtige als Täter oder Teilnehmer an dieser Tat in Betracht kommt. Eines hinreichenden oder gar dringenden Tatverdachts bedarf es – unbeschadet der Frage der Verhältnismäßigkeit – nicht.
   Eine Ermittlungsdurchsuchung, die eine nichtverdächtige Person betrifft, setzt nach § 103 Abs. 1 Satz 1 StPO Tatsachen dahin voraus, dass sich das gesuchte Beweismittel in den zu durchsuchenden Räumen befindet. Es müssen konkrete Gründe dafürsprechen, dass der

gesuchte Beweisgegenstand in den Räumlichkeiten des Unverdächtigen gefunden werden kann. Dies unterscheidet die Durchsuchung beim Unverdächtigen nach § 103 StPO von einer Durchsuchung bei einer verdächtigen Person nach § 102 StPO, bei der es bereits nach der Lebenserfahrung in gewissem Grade wahrscheinlich ist, dass Beweisgegenstände zu finden sind, die zur Prüfung des Tatverdachts beitragen können, und bei der durch die Verknüpfung des personenbezogenen Tatverdachts mit einem eher abstrakten Auffindeverdacht ein hinreichender Eingriffsanlass besteht.
Die Durchsuchung bei einer nichtverdächtigen Person setzt – anders als im Falle des § 102 StPO für die Durchsuchung beim Tatverdächtigen, bei dem eine allgemeine Aussicht genügt, irgendwelche relevanten Beweismittel zu finden – nach § 103 StPO überdies voraus, dass hinreichend individualisierte (bestimmte) Beweismittel für die aufzuklärende Straftat gesucht werden. Diese Gegenstände müssen im Durchsuchungsbeschluss nach der Gattung so weit konkretisiert werden, dass weder bei dem Betroffenen noch bei dem die Durchsuchung vollziehenden Beamten Zweifel über die zu suchenden und zu beschlagnahmenden Gegenstände entstehen können.)

16. BGH, StB 40/22 v. 05.10.2022, NStZ-RR 2022, 380
    - Sachrüge (relativer Revisionsgrund: §§ 102, 105 StPO, Beweisverwertungsverbot – Für die Zulässigkeit einer regelmäßig in einem frühen Stadium der Ermittlungen in Betracht kommenden Durchsuchung genügt der über bloße Vermutungen hinausreichende, auf bestimmte tatsächliche Anhaltspunkte gestützte konkrete Verdacht, dass eine Straftat begangen worden ist und der Verdächtige als Täter oder Teilnehmer an dieser Tat in Betracht kommt. Eines hinreichenden oder gar dringenden Tatverdachts bedarf es – unbeschadet der Frage der Verhältnismäßigkeit – nicht.)

17. BGH, 5 StR 332/21 v. 07.06.2022, NJW 2022, 2487 f.
    - Verfahrensrüge (relativer Revisionsgrund: § 136a Abs. 3 Satz 2 StPO, absolutes Beweisverwertungsverbot – Das Verwertungsverbot des § 136a Abs. 3 Satz 2 StPO gilt absolut und auch zugunsten von Mitbeschuldigten. Im Fall eines Beweisverwertungsverbots gemäß § 136a Abs. 3 Satz 2 StPO sind daher auch die entlastenden Angaben des Beschuldigten gleichwohl unverwertbar [a.A. z.T. Lit. – vgl. Entscheidung m.w.N.].)

18. BGH, 5 StR 140/21 v. 28.09.2021, NStZ 2022, 187 f.
    - Verfahrensrüge (relativer Revisionsgrund: § 243 Abs. 4 Satz 2 StPO – verständigungsbezogene Erörterungen; Abgrenzung von Rechtsgesprächen gegenüber mitteilungsbedürftigen verständigungsbezogenen Erörterungen nach § 243 Abs. 4 StPO)

19. BGH, 2 StR 339/20 v. 31.8.2021, NStZ 2022, 245 f.,
    - Verfahrensrüge (relativer Revisionsgrund: § 243 Abs. 4 StPO, Umfang – Die Mitteilung darf sich nicht darauf beschränken, das Ergebnis der Erörterungen mitzuteilen, sondern es muss auch über den dahin führenden Entscheidungsprozess informiert werden.)

20. BGH, 2 StR 269/21 v. 23.06.2022, NStZ-RR 2022, 355 f.
    - Verfahrensrüge (relativer Revisionsgrund: §§ 243 Abs. 4, 273 Abs. 1a StPO – Für die Rüge einer Verletzung von §§ 243 Abs. 4 Satz 2, 273 Abs. 1a Satz 2 StPO ist erforderlich, dass Tatsachen vorgetragen werden, aus denen sich ergibt, dass ein nach dieser Vorschrift mitteilungspflichtiges Gespräch stattgefunden hat und dessen wesentlicher Inhalt in der Hauptverhandlung nicht oder nicht ausreichend mitgeteilt und protokolliert wurde.
      Mitteilungs- und protokollierungspflichtig sind dabei nur Erörterungen, deren Gegenstand die Möglichkeit einer Verständigung war, was jedenfalls dann der Fall ist, wenn Fragen des prozessualen Verhaltens von Verfahrensbeteiligten in Konnex zum Verfahrensergebnis gebracht wurden und damit die Frage nach oder die Äußerung zu einer Straferwartung nahelag.

Zur Darlegung der Mitteilungspflichtigkeit von Erörterungen ist nicht ausreichend, dass in der Revisionsbegründung pauschal, ohne Mitteilung näherer Umstände behauptet wird, es habe außerhalb der Hauptverhandlung „ein Rechtsgespräch“ bzw. ein „Gespräch mit dem Ziel einer Absprache“ stattgefunden.)

21. BGH, 5 StR 35/21 v. 16.03.2021, NStZ 2022, 57
   - Verfahrensrüge (relativer Revisionsgrund, § 244 Abs. 3 StPO – kein Beweisantrag bei Beweisbehauptung ohne jeden tatsächlichen Anhaltspunkt und ohne jede begründete Vermutung lediglich „aufs Geratewohl“ und „ins Blaue hinein“; dies beurteilt sich aus der Sicht eines verständigen Antragstellers auf der Grundlage der von ihm selbst nicht in Frage gestellten Tatsachen; es kommt nicht darauf an, ob das Tatgericht eine beantragte Beweiserhebung für erforderlich hält; auch darf der Antragsteller die Richtigkeit lediglich vermuten oder für möglich halten; die Ablehnung eines Beweisantrags als „ins Blaue hinein" oder „aufs Geratewohl" wird nur ausnahmsweise in Betracht kommen und erfordert einen hohen argumentativen Aufwand des Tatrichters)

22. BGH, 5 StR 215/21 v. 07.12.2021, NStZ 2022, 247 ff.
   - Verfahrensrüge (relativer Revisionsgrund: § 244 Abs. 3 Satz 3 Nr. 4 StPO, völlige Ungeeignetheit eines Beweismittels – Zwar ist es grundsätzlich richtig, dass ein Sachverständigengutachten nicht schon dann als ungeeignetes Beweismittel anzusehen ist, wenn darin zwar keine sicheren und eindeutigen Beweisergebnisse erzielt werden, die enthaltenen Ausführungen aber gleichwohl die unter Beweis gestellte Behauptung als mehr oder weniger wahrscheinlich erscheinen lassen können. Bringt das Tatgericht jedoch zum Ausdruck, dass es eine allenfalls geringgradige Wahrscheinlichkeitsaussage nicht für geeignet hält, seine Überzeugung zu beeinflussen, begegnet es keinen durchgreifenden verfahrensrechtlichen Bedenken, wenn es ein beantragtes Sachverständigengutachten mangels ausreichend aussagekräftiger und nicht weiter ermittelbarer Anknüpfungstatsachen als völlig ungeeignetes Beweismittel ansieht.)

23. BGH, 3 StR 302/21 v. 16.12.2021, NStZ 2022, 372 ff.
   - Verfahrensrüge (relativer Revisionsgrund: § 244 Abs. 4 Satz 1 StPO, eigene Sachkunde des Tatgerichts in Fragen der Aussagetüchtigkeit von Zeugen – Die Beurteilung der Aussagetüchtigkeit eines Zeugen und der Glaubhaftigkeit seiner Aussage ist die ureigene Aufgabe des Tatgerichts, das diese grundsätzlich aufgrund eigener Sachkunde bewältigen kann und muss. Etwas anderes gilt nur, wenn besondere Umstände vorliegen, deren Würdigung eine spezielle Sachkunde erfordert, die dem Gericht nicht zur Verfügung steht. Ein solcher Ausnahmefall kann bei deutlichen Anhaltspunkten für eine Persönlichkeitsstörung vorliegen. Denn die Diagnose einer Persönlichkeitsstörung und die Beurteilung von deren Auswirkungen auf die Aussagetüchtigkeit erfordern spezifisches Fachwissen, das nicht Allgemeingut von Richtern ist.)

24. BGH, 1 StR 43/21 v. 23.9.2021, NStZ 2022, 120 ff.
   - Verfahrensrüge (relativer Revisionsgrund: § 257c Abs. 5 StPO [Belehrungspflicht], verständigungsbezogene Erörterungen mit Verständigungsvorschlag – Verständigungsbezogene Erörterungen werden geführt, sobald bei Gesprächen der Prozessbeteiligten ausdrücklich oder konkludent die Möglichkeit und die Umstände einer Verständigung im Raum stehen; wenn also Fragen des prozessualen Verhaltens in Konnex zum Verfahrensergebnis gebracht werden und damit die Frage nach oder die Äußerung zu einer Straferwartung naheliegt. Ob ein Verständigungsvorschlag vorliegt, bestimmt sich nach dem sachlichen Gehalt der Gesprächsinhalte und ist nicht abhängig von der Beurteilung der Prozessbeteiligten.)

25. BGH, 5 StR 203/22 v. 03.08.2022, NStZ-RR 2022, 356
- Verfahrensfehler (relativer Revisionsgrund: §§ 257c, 344 Abs. 2 StPO – Wird der Verfahrensrüge der Abschluss einer „informellen Absprache“ unter Verletzung von § 257c StPO behauptet, ist darzulegen, welche konkreten, in einem Gegenseitigkeitsverhältnis stehenden Absprachen mit dem Gericht getroffen wurden, sowie mitzuteilen, wer von seiner Seite und auf der des Gerichts daran beteiligt und inwieweit er darin eingebunden gewesen war. Ohne Kenntnis dieser Umstände ist dem Revisionsgericht die rechtliche Prüfung verwehrt, ob das Tatgericht durch ein bestimmtes Tun oder Unterlassen gegen Verfahrensvorschriften des § 257c StPO verstoßen hat.
  Ist der Beschwerdeführer mangels eigener Einbindung in die behauptete „informelle Absprache“ selbst an einem entsprechenden Tatsachenvortrag gehindert, ist er – nach einem Verteidigerwechsel in der Revisionsinstanz – verpflichtet, sich bei seinen Instanzverteidigern zu erkundigen und sein Bemühen um Informationsverschaffung mit der Revisionsbegründung vorzutragen.)

26. BGH, 4 StR 162/21 v. 09.12.2021, NStZ-RR 2022, 52
- Verfahrensrüge (relativer Revisionsgrund: §§ 258 Abs. 1, 397 Abs. 1 Satz 3 StPO, Fehlende Gelegenheit für den Nebenkläger zum Schlussvortrag – Die für die Versagung des letzten Wortes des Angeklagten nach § 258 Abs. 3 StPO entwickelten strengen Maßstäbe können nicht ohne Weiteres auf die Nichteinräumung des Rechtes des Nebenklägers auf einen Schlussvortrag nach § 258 Abs. 1 StPO übertragen werden. Auch ist in Betracht zu ziehen, dass der Nebenkläger das Urteil nur in Bezug auf bestimmte Delikte und nicht mit dem Ziel einer anderen Rechtsfolge angreifen kann [§ 400 Abs. 1 StPO], sodass sich die Frage des Beruhens auf den Schuldspruch beschränkt.)

27. BGH, 3 StR 202/21 v. 24.02.2022, NJW 2022, 1631 ff.
- Verfahrensrüge (relativer Revisionsgrund: § 258 Abs. 2 StPO, letztes Wort/Voraussetzungen des Wiedereintritts in die Hauptverhandlung nach Richterablehnung – Die Verkündung des ein Ablehnungsgesuch zurückweisenden Beschlusses stellt für sich gesehen keinen Wiedereintritt in die Hauptverhandlung im Sinne des § 258 StPO dar. Anderes gilt allenfalls dann, wenn der Beschluss über die bloße Zurückweisung hinaus einen Bezug zur Sachentscheidung aufweist, weil sich in ihm die Bewertung einer potenziell urteilsrelevanten Frage widerspiegelt. Nicht maßgeblich ist hingegen, ob der Befangenheitsantrag als unzulässig oder unbegründet behandelt wird.)

28. BGH, 5 StR 457/21 v. 02.03.2022, NJW 2022, 1539 ff.
- Verfahrensrüge (relativer Revisionsgrund: § 261 StPO, kein Verwertungsverbot für EncroChat-Daten – Ein Beweisverwertungsverbot kann sich bezüglich durch Rechtshilfe erlangter Beweismittel entweder aus rechtshilfespezifischen Gründen wie der Verletzung völkerrechtlicher Grundsätze, des ordre public oder rechtshilferechtlicher Bestimmungen ergeben oder, wie bei im Inland erlangten Beweismitteln auch, unmittelbar aus der Verfassung oder sonstigem Prozessrecht folgen. Derartige Verstöße liegen hinsichtlich der erlangten EncroChat-Daten nicht vor.)

29. BGH, 4 StR 307/22 v. 15.09.2022, NStZ-RR 2022, 383 f.
- Verfahrensrüge (relativer Revisionsgrund: § 265 Abs. 2 Nr. 3 StPO – Ein in einer ausgesetzten Hauptverhandlung – etwa vorsorglich oder bereits aufgrund damaliger Angaben von Mitangeklagten – erteilter Hinweis kann für eine Hinweispflicht im weiteren Verfahren bedeutsam sein.
  Ein nach § 265 Abs. 2 Nr. 3 StPO erforderlicher Hinweis muss in der Weise erfolgen, dass der Angeklagte eindeutig erkennen kann, es werde für das erkennende Gericht bei der Beurteilung seines strafbaren Verhaltens auf die geänderte Sachlage ankommen und er werde daher seine Verteidigung hierauf einzurichten haben. Dies kann u. U. auch durch

Verkündung eines auf das veränderte Tatbild abgestimmten Haftbefehls als „Kammerbeschluss“ in der Hauptverhandlung erfolgen.)

30. BGH, 5 StR 104/22 v. 27.09.2022, NStZ-RR 2022, 383
- Verfahrensrüge (relativer Revisionsgrund: § 265 Abs. 1 StPO – Ein Hinweis nach § 265 Abs. 1 StPO ist auch dann erforderlich, wenn Vollendung statt Versuchs angenommen wird und sich der Bezugspunkt der Beihilfehandlung ändert.)

31. BGH, 5 StR 123/20 v. 29.09.2020, NStZ 2022, 64
- Verfahrensrüge (relativer Revisionsgrund: Beweisverwertungsverbot, formelle Anforderungen an die Rüge gemäß § 344 Abs. 2 Satz 2 StPO – die den geltend gemachten Verstoß enthaltenden Tatsachen müssen so vollständig und genau dargelegt werden, dass allein anhand der Revisionsbegründung über den geltend gemachten Mangel endgültig entschieden werden kann; wird die Rechtmäßigkeit der Beweisgewinnung gerügt, sind die in der Hauptverhandlung gestellten Anträge und Beschlüsse vollständig mitzuteilen, ferner die Verdachts- und Beweislage im Zeitpunkt der Beweisgewinnung anhand der Aktenlage)

32. BGH, 2 StR 127/21 v. 28.04.2022, NStZ-RR 2022, 255
- Verfahrensrüge (relativer Revisionsgrund: Art. 103 Abs. 1 GG, Verletzung des Anspruchs auf rechtliches Gehör, fehlendes Beruhen – Eine Anhörungsrüge ist nur begründet, wenn sich die Verletzung des Anspruchs auf rechtliches Gehör auf die Entscheidung ausgewirkt hat. Hieran fehlt es im Falle einer unter Verletzung von Art 103 Abs. 1 GG nicht zur Kenntnis genommenen Gegenerklärung der Verteidigung dann, wenn diese die Gründe des Antrags des Generalbundesanwalts auf Verwerfung der Revision nicht zu entkräften vermag.)

33. BGH, 3 StR 341/21 v. 13.01.2022, NStZ 2022, 496 ff.
- Verfahrensrüge (relativer Revisionsgrund: Grundsatz des fairen Verfahrens [Art. 6 Abs. 1 Satz 1 EMRK] in der besonderen Ausformung des Rechts des Angeklagten auf konfrontative Befragung von Belastungszeugen [Art. 6 Abs. 3 d) EMRK] – Ob die fehlende Gelegenheit für den Angeklagten beziehungsweise seinen Verteidiger, einen Zeugen selbst zu befragen, eine Verletzung des Anspruchs auf ein faires Verfahren begründet, hängt von einer einzelfallbezogenen Gesamtwürdigung ab. Dabei ist nicht nur in Rechnung zu stellen, ob die Nichtgewährung des Konfrontationsrechts im Zurechnungsbereich der Justiz liegt, sondern vor allem auch in den Blick zu nehmen, mit welchem Gewicht die Verurteilung des Angeklagten auf die Bekundungen eines nicht konfrontativ befragten Zeugen gestützt worden ist und ob das Gericht die Unmöglichkeit der Befragung des Zeugen durch den Angeklagten oder seinen Verteidiger kompensiert hat, namentlich durch eine besonders kritische und zurückhaltende Würdigung der Bekundungen des Zeugen.
Bei Nichtgewährleistung des Rechts auf konfrontative Befragung ist eine besonders sorgfältige und kritische Überprüfung der Aussage des betreffenden Belastungszeugen geboten. Weiterhin darf eine Feststellung zu Lasten des Angeklagten regelmäßig, allerdings nicht zwingend, nur dann auf eine frühere Aussage des Zeugen gestützt werden, wenn sie durch andere wichtige und in unmittelbarem Tatbezug stehende Gesichtspunkte außerhalb der Aussage selbst bestätigt worden ist.)

34. BGH, 4 StR 103/21 v. 25.11.2021, NStZ-RR 2022, 51; NStZ 2022, 219 f. & 250
(2 Beschlüsse im selben Verfahren)

- Zulässigkeit (Form der Begründung – Wiedereinsetzung zur Nachholung einer Verfahrensrüge: Das Rechtsinstitut der Wiedereinsetzung dient nicht dazu, formale Mängel in der Revisionsbegründung (§ 344 Abs. 2 Satz2 StPO) zu heilen. Infolgedessen kommt es bei bloßen Begründungsmängeln einer Verfahrensrüge nicht darauf an, ob den Angeklagten an dem Begründungsmangel kein Verschulden trifft.)

- Verfahrensrüge (Revisionsbegründung: Formalanforderungen gemäß § 344 Abs. 2 Satz 2 StPO an eine Beweisantragsrüge – Es müssen wesentliche Schriftstücke oder Aktenstellen sowie die darin in Bezug genommenen Unterlagen vorgelegt oder jedenfalls inhaltlich vorgetragen werden, bei Beweisantragsrügen also in der Regel der Inhalt des Antrags (Beweistatsache und Beweismittel) nebst Begründung und darin in Bezug genommener Aktenbestandteile sowie des gerichtlichen Ablehnungsbeschlusses einschließlich der darin in Bezug genommenen Aktenteile; in Bezug genommene Schriftstücke müssen in der Revisionsrechtfertigungsschrift nur dann nicht mitgeteilt werden, wenn sie für die Beurteilung der geltend gemachten Verfahrensmängel offensichtlich ohne Bedeutung sind.)

  <u>entsprechend:</u>
  - 5 StR 450/21 v. 12.05.2022, NStZ 2022, 763 ff.

- Sachrüge (rechtliche Würdigung: §§ 27, 263 StGB oder § 259 StGB, keine Beihilfe nach Beendigung der Haupttat – Der Betrug ist beendet, wenn der Vermögensvorteil beim Täter endgültig eingetreten ist; maßgeblich ist hierbei die Erlangung des (letzten) vom Tatplan umfassten Vermögensvorteils [hier: Erlangung von Mietwagen].)

35. BGH, 5 StR 464/21 v. 24.05.2022, NStZ-RR 2022, 308 ff.
    - Sachrüge (Darstellungsprüfung: §§ 211 StGB, 267 Abs. 1 Satz 1 StPO, Verurteilung auf alternativer Tatsachengrundlage wegen Mordes – Eine wahldeutige Verurteilung ist nur zulässig, wenn das Tatgericht zwar die Überzeugung von einem bestimmten Geschehensablauf trotz Ausschöpfung aller Beweismittel nicht zu gewinnen vermag, jedoch die Gewissheit erlangt hat, dass von zwei oder mehreren tatbestandsmäßigen Sachverhaltsvarianten eine mit Sicherheit vorliegt. Es müssen sich die in Betracht kommenden Geschehensabläufe derart zueinander verhalten, dass der Tatrichter bei gedanklicher Ausschaltung der einen Möglichkeit vom Vorliegen der anderen überzeugt ist.
      Diesbezüglich müssen die Urteilsfeststellungen die mehreren Tatmodalitäten im Einzelnen darlegen, andere Möglichkeiten sicher ausschließen und sämtliche für erwiesen erachtete Tatsachen, in denen die objektiven und subjektiven Merkmale der zur Überzeugung des Gerichts allein in Betracht kommenden strafbaren Verhaltensweisen gesehen werden, ausweisen. Dabei bestehen umso strengere Anforderungen, je mehr Geschehensabläufe in Betracht kommen.)

36. BGH, 1 StR 162/21 v. 12.08.2021, NStZ-RR 2022, 26 f.
    - Sachrüge (Beweiswürdigung: § 261 StPO, Aussage gegen Aussage/Teilfreispruch – Hält der einzige Belastungszeuge in der Hauptverhandlung seine ursprünglich erhobenen Vorwürfe zumindest teilweise nicht aufrecht, sodass insoweit ein Freispruch ergeht, ist das Tatgericht zwar nicht von vornherein gehindert, seine Überzeugung auf den aufrechterhaltenen Teil der Aussage des Zeugen zu stützen; regelmäßig müssen aber in einem solchen Fall – insbesondere, wenn eine bewusst falsche Aussage nicht ausgeschlossen werden kann – außerhalb der Zeugenaussage liegende gewichtige Gründe festgestellt werden, wenn das Tatgericht der Aussage im Übrigen folgen will.
      Dies gilt namentlich auch dann, wenn die Abweichung zwischen der Aussage in der Hauptverhandlung und derjenigen im Ermittlungsverfahren besteht; denn auch in einem solchen Fall ist die Glaubhaftigkeit der Angaben des Zeugen im Regelfall erschüttert.)

37. BGH, 5 StR 103/21 v. 10.11.2021, NStZ-RR 2022, 25 f.
    - Sachrüge (Beweiswürdigung: § 261 StPO, Freispruch nach dem in-dubio-Grundsatz – Die einem Freispruch nach dem Zweifelsgrundsatz zugrunde liegende Beweiswürdigung ist etwa dann rechtsfehlerhaft, wenn sie schon von einem rechtlich unzutreffenden Ansatz ausgeht, z. B. hinsichtlich des Umfangs und der Bedeutung des Zweifelssatzes, wenn sie lückenhaft ist, namentlich wesentliche Feststellungen nicht oder nur eine von mehreren gleich naheliegenden Möglichkeiten erörtert, wenn sie widersprüchlich oder unklar ist, gegen

Gesetze der Logik oder gesicherte Erfahrungssätze verstößt oder wenn an die zur Verurteilung erforderliche Gewissheit überspannte Anforderungen gestellt werden.)

38. BGH, 3 StR 380/21 v. 21.12.2021, NStZ 2022, 761 ff.
   - Sachrüge (Beweiswürdigung: § 261 StPO, Beweiswert der verschrifteten Einlassung des Angeklagten – Bei einer Einlassung mittels Verteidigererklärung ohne Möglichkeit kritischer Nachfragen ist das Tatgericht nicht nur befugt, sondern sogar gehalten, im Rahmen seiner Beweiswürdigung zu berücksichtigen, dass dieser von vornherein nur ein erheblich verminderter Beweiswert zukommt, weil es sich um ein – in der Regel im Vorfeld der Angaben schriftlich ausgearbeitetes – situativ nicht hinterfragbares Verteidigungsvorbringen handelt. Solche Einlassungen sind nur sehr eingeschränkt einer Glaubhaftigkeitsprüfung zugänglich. Anders als bei einer mündlich abgegebenen Sachäußerung kann aus ihnen kein unmittelbarer Eindruck des Aussageverhaltens gewonnen werden. Der Beweiswert eines solchen Einlassungssurrogats bleibt substanziell hinter dem einer dem gesetzlichen Leitbild der Einlassung entsprechenden, nicht nur persönlich und mündlich, sondern auch in freier Rede und vollständig getätigten Äußerung zurück.)

39. BGH, 2 StR 399/21 v. 16.02.2022, NStZ-RR 2022, 146 ff.
   - Sachrüge (Beweiswürdigung: § 261 StPO – Rechtsfehlerhaft ist eine Beweiswürdigung bei einem Freispruch u. a., wenn der Tatrichter an die zur Verurteilung erforderliche Gewissheit überspannte Anforderungen gestellt und nicht beachtet hat, dass eine absolute, das Gegenteil denknotwendig ausschließende und von niemandem anzweifelbare Gewissheit nicht erforderlich ist; denn für eine Verurteilung genügt ein nach der Lebenserfahrung ausreichendes Maß an Sicherheit, das vernünftige und nicht bloß auf denktheoretische Möglichkeiten gegründete Zweifel nicht zulässt. Zweifel, welche sich als bloße Vermutungen ohne gesicherte Tatsachengrundlagen erweisen, sind theoretischer Natur in diesem Sinn. Was völlig abseits liegt, darf und muss außer Betracht bleiben. Daraus folgt zugleich, dass nur solche Gründe, die zu vernünftigen Zweifeln in einer für den Schuldspruch relevanten Frage Anlass geben, einer Verurteilung entgegenstehen; nur dann ist „in dubio pro reo“ zu entscheiden.)

40. BGH, 6 StR 150/22 v. 03.05.2022, NStZ-RR 2022, 200
   - Sachrüge (rechtliche Würdigung: § 2 Abs. 1, Abs. 3 StGB, Günstigkeitsprinzip – Es trifft nicht zu, dass der Günstigkeitsvergleich des § 2 Abs. 3 StGB nur Bedeutung für die Strafzumessung hat, während der Schuldspruch sich stets nach dem Tatzeitrecht (§ 2 Abs. 1 StGB) richtet. Vielmehr ist das mildere Gesetz in seiner Gesamtheit anzuwenden, wobei eine Vergleichsbetrachtung des konkreten Einzelfalls geboten ist.)

41. BGH, 2 StR 491/20 v. 29.9.2021, NStZ 2022, 601 ff.
   - Sachrüge (rechtliche Würdigung: § 13 StGB, § 1618a BGB, Garantenpflicht von Kindern gegenüber Eltern – Nach § 1618a BGB sind Eltern und Kinder einander Beistand und Rücksicht schuldig. Obwohl der Gesetzgeber an einen Verstoß gegen diese Regel keine Rechtsfolgen geknüpft hat, entfaltet die Vorschrift über das bürgerliche Recht hinaus als Wertemaßstab auch Wirkung bei der Konkretisierung strafrechtlicher Garantenpflichten. Dies bedeutet, dass bei Prüfung einer Garantenpflicht von Kindern gegenüber Eltern im Sinne von § 13 Abs. 1 StGB maßgeblich auf § 1618 a BGB zurückzugreifen ist. Die dort normierte Solidarität begründet von Gesetzes wegen im Eltern-Kind-Verhältnis bei faktischem Zusammenleben in aller Regel eine gegenseitige Schutzpflicht, die als Garantenpflicht ein Handeln zur Gefahrenabwehr gebietet.)

42. BGH, 1 StR 270/22 v. 23.08.2022, NStZ-RR 2022, 338
   - Sachrüge (rechtliche Würdigung: § 24 Abs. 1 Satz 2 StGB – Das zusätzliche Tatbestandsmerkmal der Ernsthaftigkeit in § 24 Abs. 1 Satz 2 StGB erfordert ein Ausschöpfen der aus Sicht des Täters ausreichenden Verhinderungsmöglichkeiten; er muss alles tun, was

in seinen Kräften steht, mithin die am besten geeignete („optimale") Rettungsmaßnahme ergreifen.)

43. BGH, 1 StR 83/21 v. 29.07.2021, NStZ, 2022, 95 ff.
- Sachrüge (rechtliche Würdigung: § 25 Abs. 2 StGB – Schließen sich mehrere Täter zu einer Bande zusammen, um fortgesetzt Straftaten einer bestimmten Deliktsart zu begehen, ist für jede einzelne Tat nach den allgemeinen Kriterien festzustellen, ob sich die anderen Bandenmitglieder hieran als Mittäter, Anstifter oder Gehilfen beteiligt oder ob sie gegebenenfalls überhaupt keinen strafbaren Beitrag geleistet haben; bei Beteiligung mehrerer Personen, von denen nicht jede sämtliche Tatbestandsmerkmale verwirklicht, ist Mittäter im Sinne des § 25 Abs. 2 StGB, wer seinen eigenen Tatbeitrag leistet und diesen so in die Tat einfügt, dass er als Teil der Handlung eines anderen Beteiligten und umgekehrt dessen Handeln als Ergänzung des eigenen Tatanteils erscheint.)

44. BGH, 4 StR 282/21 v. 17.2.2022, NStZ 2022, 539 f.
- Sachrüge (rechtliche Würdigung: § 30 Abs. 2 StGB, Sich-Bereit-Erklären zu einem Verbrechen – Die bloße Kundgabe, ein Verbrechen begehen zu wollen, erfüllt den Tatbestand des § 30 Abs. 2 Var. 1 StGB nicht. Erforderlich ist, dass der Täter sein Erbieten ernst gemeint hat.)

45. BGH, 1 StR 321/21 v. 23.09.2021, NStZ 2022, 352 f.
- Sachrüge (rechtliche Würdigung: § 32 StGB, Erforderlichkeit der Notwehrhandlung – Wird eine Person rechtswidrig angegriffen, ist sie grundsätzlich berechtigt, dasjenige Abwehrmittel zu wählen, welches eine endgültige Beseitigung der Gefahr gewährleistet. Der Angegriffene muss auf weniger gefährliche Verteidigungsmittel nur zurückgreifen, wenn deren Abwehrwirkung unzweifelhaft ist und ihm genügend Zeit zur Abschätzung der Lage zur Verfügung steht. Auch der sofortige, das Leben des Angreifers gefährdende Einsatz eines Messers kann danach durch Notwehr gerechtfertigt sein. Gegenüber einem unbewaffneten Angreifer ist der Gebrauch eines Messers in der Regel anzudrohen, wenn die Drohung unter den konkreten Umständen eine so hohe Erfolgsaussicht hat, dass dem Angegriffenen das Risiko eines Fehlschlags und der damit verbundenen Verkürzung seiner Verteidigungsmöglichkeiten zugemutet werden kann. Dies ist auf der Grundlage einer objektiven ex-ante-Betrachtung der tatsächlichen Verhältnisse im Zeitpunkt der Verteidigungshandlung zu beurteilen. Angesichts der geringen Kalkulierbarkeit des Fehlschlagrisikos dürfen an die in einer zugespitzten Situation zu treffende Entscheidung für oder gegen eine weniger gefährliche Verteidigungshandlung keine überhöhten Anforderungen gestellt werden.)

46. BGH, 4 StR 163/21 v. 28.10.2021, NStZ-RR 2022, 68 f.
- Sachrüge (rechtliche Würdigung: § 52 StGB, Grenzen der Tateinheit durch Klammerwirkung – Voraussetzung für die Annahme von Tateinheit durch Klammerwirkung ist, dass die Ausführungshandlungen zweier an sich selbständiger Delikte zwar nicht miteinander, wohl aber mit der Ausführungshandlung eines dritten Tatbestandes (teil-) identisch sind und dass zwischen wenigstens einem der beiden an sich selbständigen Delikte und dem sie verbindenden Delikt zumindest annähernde Wertgleichheit besteht oder die verklammernde Tat die schwerste ist.
  Der Vergehenstatbestand der Urkundenfälschung in der Form des Gebrauchmachens von einer gefälschten Urkunde nach § 267 Abs. 1 StGB (hier: Nutzung eines Kraftfahrzeuges mit entwendeten Kennzeichen) kann daher einen während seiner Dauer begangenen räuberischen Diebstahl (§ 252 i. V. mit § 249 StGB) sowie einen schweren gefährlichen Eingriff in den Straßenverkehr (§ 315b Abs. 3 i.V.m. § 315 Abs. 3 StGB), beides Verbrechen, nicht zur Tateinheit verklammern.)

47. BGH, 3 StR 316/20 v. 11.03.2021, NStZ 2022, 161 f.

- Sachrüge (rechtliche Würdigung: § 211 StGB – Maßgeblicher Zeitpunkt für das Vorliegen der Arg- und Wehrlosigkeit des Opfers ist grundsätzlich der Eintritt des Tötungsdelikts in das Versuchsstadium. Es ist indes anerkannt, dass bei einer von langer Hand geplanten und vorbereiteten Tat das heimtückische Vorgehen auch in Vorkehrungen liegen kann, die der Täter ergreift, um eine günstige Gelegenheit zur Tötung zu schaffen, sofern diese bei der Ausführung der Tat noch fortwirken. Für die Erfüllung des Heimtückemerkmals ausreichend ist, dass der mit Tötungsvorsatz handelnde Täter das Tatopfer im Vorbereitungsstadium der Tat unter Ausnutzung von dessen Arglosigkeit in eine Lage aufgehobener oder stark eingeschränkter Abwehrmöglichkeiten bringt und die so geschaffene Lage bis zur Tatausführung ununterbrochen fortbesteht. Wird das Tatopfer planmäßig in einen Hinterhalt gelockt oder ihm gezielt eine raffinierte Falle gestellt, kommt es daher nicht mehr darauf an, ob es zu Beginn der Tötungshandlung noch arglos war.)

48. BGH, 4 StR 100/21 v. 06.07.2021, NStZ-RR 2022, 46 f.

- Sachrüge (rechtliche Würdigung: §§ 211 Abs. 2, 52 StGB, Heimtücke bei mehraktigem Tatgeschehen – Heimtückisch handelt, wer in feindlicher Willensrichtung die Arg- und dadurch bedingte Wehrlosigkeit des Tatopfers bewusst zur Tötung ausnutzt. Arglos ist ein Tatopfer, das bei Beginn des ersten mit Tötungsvorsatz geführten Angriffs weder mit einem lebensbedrohlichen noch mit einem gegen seine körperliche Unversehrtheit gerichteten erheblichen Angriff rechnet.
  Handelt es sich um ein mehraktiges Tatgeschehen, bei dem dem Tatopfer die todesursächliche Verletzungsfolge nicht mit dem ersten Angriff, sondern durch einen späteren Teilakt beigebracht wird, kommt es darauf an, ob das Gesamtgeschehen als eine natürliche Handlungseinheit zu bewerten ist und deshalb eine Tat im Rechtssinne vorliegt. Dies ist der Fall, wenn zwischen einer Mehrheit gleichgearteter, strafrechtlich erheblicher Betätigungen ein derart unmittelbarer Zusammenhang besteht, dass das gesamte Handeln des Täters objektiv auch für einen Dritten als ein einheitliches zusammengehöriges Tun erscheint und die einzelnen Betätigungsakte durch ein gemeinsames subjektives Element miteinander verbunden sind.
  Mit bedingtem Vorsatz handelnde Täter gehen grundsätzlich einem anderen Handlungsantrieb nach und haben kein Tötungsmotiv. Mehrere mit bedingtem Tötungsvorsatz begangene Handlungen zum Nachteil desselben Opfers müssen daher nicht notwendig subjektiv miteinander verknüpft sein.)

49. BGH, 4 StR 491/21 v. 15.2.2022, NStZ 2022, 364 f.

- Sachrüge (rechtliche Würdigung: § 211 Abs. 2 StGB, Arglosigkeit des Opfers bei heimtückischer Tötung – Heimtückisch handelt, wer in feindseliger Willensrichtung die Arg- und dadurch bedingte Wehrlosigkeit des Opfers bewusst zur Tötung ausnutzt. Arglos ist das Tatopfer, wenn es bei Beginn des ersten mit Tötungsvorsatz geführten Angriffs nicht mit einem gegen seine körperliche Unversehrtheit gerichteten erheblichen Angriff rechnet.
  Ohne Bedeutung für die Frage der Arglosigkeit ist dabei, ob das Opfer gerade einen Angriff gegen das Leben erwartet oder es die Gefährlichkeit des drohenden Angriffs in ihrer vollen Tragweite überblickt. Besorgt das Opfer einen gewichtigen Angriff auf seine körperliche Integrität, ist es vielmehr selbst dann nicht arglos, wenn es etwa wegen fehlender Kenntnis von der Bewaffnung des Täters die Gefährlichkeit des erwarteten Angriffs unterschätzt.)

50. BGH, 2 StR 445/21 v. 11.05.2022, NStZ 2022, 541 ff.

- Sachrüge (rechtliche Würdigung: § 211 Abs. 2 StGB, heimtückische Tötung – Ausreichend für die Annahme des heimtücketypischen Ausnutzungsbewusstseins ist, dass der Täter die Arg- und Wehrlosigkeit in ihrer Bedeutung für die hilflose Lage des Angegriffenen und die Ausführung der Tat in dem Sinne erfasst, dass er sich bewusst ist, einen durch seine Arglosigkeit gegenüber einem Angriff auf Leib und Leben schutzlosen Menschen zu überraschen. Es kann im Einzelfall bereits aus dem objektiven Bild des Geschehens abgeleitet werden, wenn dessen gedankliche Erfassung durch den Täter zur Tatzeit auf der Hand liegt. Das gilt in objektiv klaren Fällen selbst dann, wenn der Täter die Tat einer raschen Eingebung folgend begangen hat.

- Bei erhaltener Fähigkeit zur Unrechtseinsicht ist auch die Fähigkeit des Täters, die Tatsituation in ihrem Bedeutungsgehalt für das Opfer realistisch wahrzunehmen und einzuschätzen, im Regelfall nicht beeinträchtigt. Anders kann es zwar bei heftigen Gemütsbewegungen liegen, jedoch sprechen auch eine Spontanität des Tatentschlusses sowie eine affektive Erregung des Angeklagten nicht zwingend gegen ein bewusstes Ausnutzen der Arg- und Wehrlosigkeit des Opfers. Maßgeblich sind die in der Tatsituation bestehenden tatsächlichen Auswirkungen des psychischen Zustands des Täters auf seine Erkenntnisfähigkeit.)

51. BGH, 1 StR 127/22 v. 29.06.2022, NStZ-RR 2022, 307 f.
    - Sachrüge (rechtliche Würdigung: § 211 Abs. 2 StGB, Heimtückemord – Maßgeblicher Zeitpunkt für das Vorliegen der Arg- und Wehrlosigkeit des Opfers ist grundsätzlich der Beginn des ersten mit Tötungsvorsatz geführten Angriffs. Bleibt nach den tatrichterlichen Feststellungen hingegen gerade offen, wie sich der erste Angriff des Angeklagten mit Tötungsvorsatz auf das Opfer zutrug, ist das Mordmerkmal der Heimtücke nicht belegt.)

52. BGH, 6 StR 270/21 v. 01.12.2021, NStZ-RR 2022, 44 ff.
    - Sachrüge (rechtliche Würdigung: § 211 Abs. 2 StGB, Verdeckungsmord bei mehreren Tötungshandlungen: Ein Verdeckungsmord kann gegeben sein, wenn zwischen einer ersten und einer weiteren, nunmehr in Verdeckungsabsicht vorgenommenen Tötungshandlung eine deutliche zeitliche Zäsur liegt.)

53. BGH, 4 StR 356/21 v. 30.3.2022, NStZ 2022, 476 ff.
    - Sachrüge (rechtliche Würdigung: § 211 Abs. 2 StGB, keine Verdeckungsabsicht bei aufgedeckter Tat – In Verdeckungsabsicht im Sinne des § 211 Abs. 2 StGB handelt, wer als Täter ein Opfer deswegen tötet, um dadurch eine vorangegangene Straftat als solche oder auch Spuren zu verdecken, die bei einer näheren Untersuchung Aufschluss über bedeutsame Tatumstände geben könnten. Zu den einer Verdeckung zugänglichen Tatumständen gehört insbesondere die eigene Beteiligung an der vorangegangenen Tat. Schon begrifflich scheidet eine Tötung zur Verdeckung einer Straftat dagegen aus, wenn diese bereits aufgedeckt ist. Auch der mit bedingtem Tötungsvorsatz vorgehende Täter kann mit Verdeckungsabsicht handeln. Dies setzt indessen voraus, dass der Täter davon ausgeht, die Aufdeckung der vorangegangenen Straftat durch die mit bedingtem Tötungsvorsatz ausgeführte Tathandlung als solche unabhängig vom Eintritt eines Todeserfolgs verhindern zu können. Hält er dagegen den erstrebten Verdeckungserfolg nur durch den Tod des Opfers für erreichbar, sind bedingter Tötungsvorsatz und Verdeckungsabsicht nicht miteinander in Einklang zu bringen und die Feststellungen widersprüchlich. Denn der zielgerichtete Wille, eine Straftat gerade durch Herbeiführung eines Todeserfolgs zu verdecken, und die bloße Billigung einer nur als möglich erkannten Todesfolge schließen sich gegenseitig aus.)

54. BGH, 5 StR 358/21 v. 30.03.2022, NStZ 2022, 740 f.
    - Sachrüge (rechtliche Würdigung: § 211 Abs. 2 StGB – Ein Beweggrund ist niedrig, wenn er nach allgemeiner sittlicher Würdigung auf tiefster Stufe steht und deshalb besonders verachtenswert ist. Ob dies der Fall ist, beurteilt sich aufgrund einer Gesamtwürdigung, welche die Umstände der Tat, die Lebensverhältnisse des Täters und seine Persönlichkeit einschließt. Gefühlsregungen wie Wut, Zorn, Ärger, Hass und Rachsucht kommen dann als niedrige Beweggründe in Betracht, wenn sie nicht menschlich verständlich, sondern Ausdruck einer niedrigen Gesinnung des Täters sind. Handelt der Täter in der Absicht, ein aus seiner Sicht respektloses Verhalten des Opfers mit dem Tod zu bestrafen, so liegt ein niedriger

Beweggrund im Sinne des § 211 Abs. 2 StGB vor. Das gilt erst recht, wenn er das „geahndete" Verhalten zuvor selbst ausgelöst hat.)

55. BGH, 6 StR 23/22 v. 15.06.2022, NStZ-RR 2022, 245

- Sachrüge (rechtliche Würdigung: § 211 Abs. 2 StGB - Die Beurteilung der Frage, ob Beweggründe zur Tat „niedrig" sind und – in deutlich weiter reichendem Maße als bei einem Totschlag – als verachtenswert erscheinen, hat aufgrund einer Gesamtwürdigung aller äußeren und inneren für die Handlungsantriebe des Täters maßgeblichen Faktoren, insbesondere der Umstände der Tat, der Lebensverhältnisse des Täters und seiner Persönlichkeit zu erfolgen; in diesem Rahmen geht es zu Lasten des Täters, wenn sich seine Wut oder Verärgerung infolge der Reaktion des Opfers auf eine an ihm begangene Straftat steigert.
  Der Charakter einer Tat als Spontantat hindert die Annahme niedriger Beweggründe nicht.)

56. BGH, 5 StR 509/20 v. 04.03.2021, NStZ 2022, 224 ff.

- Sachrüge (rechtliche Würdigung: Bedingter Tötungsvorsatz, § 212 StGB – Bedingt vorsätzlich Handeln setzt voraus, dass der Täter den Eintritt des tatbestandlichen Erfolges als möglich und nicht ganz fernliegend erkennt und ihn zudem billigt oder sich um des erstrebten Zieles willen zumindest mit ihm abfindet.
  Bei äußerst gefährlichen (Gewalt-) Handlungen liegt es nahe, dass der Täter mit der Möglichkeit rechnet, das Opfer könne zu Tode kommen und – weil er mit seinem Handeln gleichwohl fortfährt – einen solchen Erfolg billigend in Kauf nimmt. Eine hohe und zudem anschauliche konkrete Lebensgefährlichkeit der Tatausführung stellt mithin auf beiden Vorsatzebenen das wesentliche auf bedingten Tötungsvorsatz hinweisende Beweisanzeichen dar.
  Zwar kann im Einzelfall der (Eventual-)Vorsatz fehlen, wenn etwa dem Täter, obwohl er alle Umstände kennt, die sein Vorgehen zu einer das Leben gefährdenden Behandlung machen, das Risiko der Tötung infolge einer psychischen Beeinträchtigung etwa bei Affekt oder alkoholischer Beeinflussung nicht bewusst ist (Fehlen des Wissenselements) oder wenn er trotz erkannter objektiver Gefährlichkeit der Tat ernsthaft und nicht nur vage auf ein Ausbleiben des tödlichen Erfolges vertraut (Fehlen des Willenselements). Das Vertrauen auf einen glimpflichen Ausgang lebensgefährdenden Tuns darf dabei aber nicht auf bloßen Hoffnungen beruhen, sondern muss tatsachenbasiert sein.)

  <u>Zum bedingten Tötungsvorsatz vgl auch:</u>
  - BGH, 4 StR 312/20 v. 10.06.2021, NStZ 2022, 101 f.

57. BGH, 3 StR 185/22 v. 05.10.2022, NStZ-RR 2022, 372 f.

- Sachrüge (rechtliche Würdigung: §§ 212, 223, 224 StGB – Die Abgrenzung des bedingten Tötungsvorsatzes vom Körperverletzungsvorsatz erfordert bei schwerwiegenden Gewalttaten eine sorgfältige Prüfung unter Berücksichtigung aller Umstände des Einzelfalls.)

58. BGH, 6 StR 68/21 v. 28.6.2022, NStZ 2022, 663 ff.

- Sachrüge (rechtliche Würdigung: § 216 Abs. 1 StGB, Abgrenzung Suizidteilnahme/aktive Sterbehilfe – Die Abgrenzung strafbarer Tötung auf Verlangen von strafloser Beihilfe zum Suizid erfordert eine normative Betrachtung. Der ohne Wissens- und Verantwortungsdefizit gefasste und erklärte Sterbewille führt zur situationsbezogenen Suspendierung der Einstandspflicht für das Leben des Ehegatten.)

59. BGH, 4 StR 19/20 v. 05.05.2021, NStZ 2022, 102 ff.

- Sachrüge (rechtliche Würdigung: §§ 222, 229 StGB – Erfolgszurechnung bei bewusster Selbstgefährdung von Rettungspersonen: Dem Täter eines fahrlässig herbeigeführten Brand- oder Explosionsgeschehens können der durch Rettungsmaßnahmen verursachte Tod oder die Körperverletzung von Berufsrettern zugerechnet werden.)

60. BGH, 4 StR 236/21 v. 23.11.2021, NStZ-RR 2022, 49

- Sachrüge (rechtliche Würdigung: § 224 Abs. 1 Nr. 2 StGB – Wird ein Kraftfahrzeug als Werkzeug eingesetzt, muss die körperliche Misshandlung bereits durch den Anstoß oder den unmittelbaren Kontakt mit dem Kraftfahrzeug selbst ausgelöst sein. Verletzungen, die erst durch ein anschließendes Sturzgeschehen verursacht worden sind, genügen insoweit nicht.)

61. BGH, 2 StR 206/21 v. 18.01.2022, NStZ-RR 2022, 205

- Sachrüge (rechtliche Würdigung: § 224 Abs. 1 Nr. 5 StGB, das Leben gefährdende Behandlung – Zwar kann festes Würgen am Hals geeignet sein, eine Lebensgefährdung herbeizuführen, doch reicht insoweit nicht jeder Griff aus, ebenso wenig bloße Atemnot. Von maßgeblicher Bedeutung sind insoweit Dauer und Stärke der Einwirkung, die abstrakt geeignet sein muss, das Leben des Opfers zu gefährden.)

62. BGH, 3 StR 279/20 v. 28.01.2021, NStZ 2022, 291 f.

- Sachrüge (rechtliche Würdigung: Schwere Freiheitsberaubung gemäß § 239 Abs. 3 Nr. 2 StGB – Eine schwere Freiheitsberaubung nach § 239 Abs. 3 Nr. 2 StGB setzt voraus, dass zwischen der schweren Gesundheitsbeschädigung und der Freiheitsberaubung ein ursächlicher Zusammenhang besteht. Die Folge muss zumindest fahrlässig herbeigeführt worden sein (§ 18 StGB). Bedeutungslos ist, ob der besondere Erfolg schon während oder erst nach der Freiheitsberaubung eintritt. Gleiches gilt, wenn die schwere körperliche Beeinträchtigung durch einen Selbstbefreiungsversuch des Opfers verursacht wird [hier: Sturz aus Fenster]. Der Erfolg muss für den Täter vorhersehbar gewesen sein, was bei einem Fluchtversuch angesichts des als natürlich zu betrachtenden Bestreben des Menschen, sich der Freiheitsberaubung zu entziehen, in der Regel zu bejahen sein wird.)

63. BGH, 5 StR 406/21 v. 08.06.2022, NStZ 2022, 677 ff.

- Sachrüge (rechtliche Würdigung: § 239 Abs. 1 StGB, Wirksamkeit eines tatbestandsausschließenden Einverständnisses in eine Freiheitsberaubung – Nach der Rechtsprechung des Bundesgerichtshofs und Teilen der Literatur schützt § 239 StGB die potentielle persönliche Bewegungsfreiheit. In sie wird auch dann eingegriffen, wenn der von der Tathandlung Betroffene sich gar nicht wegbewegen will. Entscheidend ist allein, ob es ihm unmöglich gemacht wird, seinen Aufenthalt nach eigenem Belieben zu verändern. Ausschlaggebend ist mithin nur, ob der Betroffene sich ohne die vom Täter ausgehende Beeinträchtigung seiner Bewegungsmöglichkeit fortbegeben könnte, wenn er es denn wollte. Ob er seine Freiheitsbeschränkung überhaupt realisiert, ist danach ohne Belang.
  Bezugspunkt für ein tatbestandsausschließendes Einverständnis in eine Freiheitsberaubung im Sinne des § 239 StGB ist der potentielle Fortbewegungswille. Nötig ist mithin, dass sich der Betroffene der Freiheitsentziehung und der Freiheitsentziehende über das Ausmaß und die Dauer der Freiheitsentziehung einig sind. Ahnt der Betroffene hingegen nicht, dass er sich selbst dann nicht fortbewegen könnte, wenn er dies wollte, ist der Tatbestand des § 239 StGB mit Blick auf das geschützte Rechtsgut der potentiellen Bewegungsfreiheit erfüllt. Ein durch List oder Täuschung erschlichenes Einverständnis des Betroffenen in eine ihm nicht bewusste Freiheitsentziehung stellt sich somit lediglich als ein Mittel zur leichteren Begehung der Freiheitsberaubung durch Verhinderung des zu erwartenden Widerstands des Betroffenen dar, das nicht zu einem Ausschluss des objektiven Tatbestands des § 239 Abs. 1 StGB führen kann.)

64. BGH, 3 StR 63/21 v. 11.8.2021, NStZ-RR 2022, 14 ff.

- Sachrüge (rechtliche Würdigung: §§ 239a, 246, 250, 255, 263, 263a StGB, erpresserischer Menschenraub, räuberische Erpressung, Raub und Betrug – Der Tatbestand des erpresserischen Menschenraubs (§ 239a StGB) bezieht sich auch auf beabsichtigte Raubtaten, weil der Tatbestand der räuberischen Erpressung (§§ 253, 255 StGB) den engeren Tatbestand des Raubes mitumfasst.

Bei der erzwungenen Preisgabe des Versteckes einer noch wegzunehmenden Beute handelt es sich nicht um eine (versuchte) räuberische Erpressung, sondern um einen (versuchten) Raub, sofern zwischen Gewaltanwendung und Wegnahme ein enger raum-zeitlicher Zusammenhang besteht.
Einen Betrug (§ 263 Abs. 1 StGB) und keinen Computerbetrug (§ 263a StGB) zum Nachteil des kontoführenden Kreditinstituts begeht, wer vom berechtigten Karteninhaber eine Bankkarte nebst zugehöriger Geheimzahl durch dessen täuschungs- und irrtumsbedingte Verfügung erhält und dabei in der Absicht handelt, unter Einsatz der Karte und PIN (abrede- und zweckwidrige) Abhebungen an Geldautomaten vorzunehmen.
Die mit der Abhebung gleichermaßen begangene Unterschlagung tritt wegen der ausdrücklichen Subsidiarität des § 246 Abs. 1 StGB hinter diejenige wegen Betruges zurück. Bei Weitergabe (eines Teils) des abgehobenen Geldes an Dritte, kommt hingegen deren Strafbarkeit wegen Unterschlagung in Betracht.)

65. BGH, 5 StR 219/21 v. 12.10.2021, NStZ 2022, 408 f.,
- Sachrüge (rechtliche Würdigung: § 244 Abs. 1 Nr. 3 StGB – Ein Schlüssel ist im Sinne des § 244 Abs. 1 Nr. 3 StGB „falsch", wenn ihm im Tatzeitpunkt die Widmung des Berechtigten zum Öffnen des Schlosses fehlt. Behält ein Vermieter einen Schlüssel ohne Wissen des Mieters zurück, wird dieser durch die Vermietung der Wohnung entwidmet und damit „falsch". Gleiches gilt, wenn der Vermieter selbst keine Kenntnis mehr von der Existenz eines weiteren Wohnungsschlüssels hat. Durch die Vermietung einer Wohnung einschließlich der Übergabe der Wohnungsschlüssel wird zumindest konkludent zum Ausdruck gebracht, dass nunmehr nur noch die im Besitz des Mieters befindlichen Schlüssel zur ordnungsgemäßen Öffnung der Wohnung bestimmt sind, außer der Vermieter behält mit Kenntnis des Mieters vereinbarungsgemäß einen weiteren Schlüssel.)

66. BGH, 1 StR 292/21 v. 13.01.2022, NStZ 2022, 611 ff.
- Sachrüge (rechtliche Würdigung: § 246 StGB, wiederholte Zueignung – Ein Täter, der sich eine fremde Sache bereits durch eine strafbare Handlung zugeeignet hat, kann sich diese in einem späteren Zeitpunkt nicht noch einmal im Sinne von § 246 Abs. 1 StGB zueignen, ohne vorher seine Scheineigentümerposition wieder aufgegeben zu haben. Dies gilt nicht nur im Verhältnis der Unterschlagung zu einem anderen Eigentums- oder Vermögensdelikt wie etwa Diebstahl oder Betrug, sondern auch für Unterschlagungen zueinander.)

67. BGH, 3 StR 344/20 v. 28.10.2020, NStZ-RR 2022, 86
- Sachrüge (rechtliche Würdigung: § 250 Abs. 2 StGB, Kennzeichnung der Qualifikation des besonders schweren Raubes in der Urteilsformel – Die von § 260 Abs. 4 Satz 1 StPO geforderte rechtliche Bezeichnung der Straftat verlangt eine Kennzeichnung der Qualifikation [hier: besonders schwerer Raub] in der Urteilsformel, bei der zudem der gesteigerte Unrechtsgehalt des § 250 Abs. 2 StGB zum Ausdruck kommt. Ein dem Tatgericht insoweit unterlaufenes Fassungsversehen im Tenor ist vom Revisionsgericht – ohne Verstoß gegen das Verschlechterungsverbot [§ 358 Abs. 2 Satz 1 StPO] – in analoger Anwendung des § 354 Abs. 1 StPO zu berichtigen.)

68. BGH, 1 StR 469/21 v. 09.03.2022, NStZ 2022, 409
- Sachrüge (rechtliche Würdigung: §§ 253, 255 StGB, Nötigungsmittel bei räuberischer Erpressung – Die räuberische Erpressung gemäß § 255 StGB setzt in Abgrenzung zur einfachen Erpressung nach § 253 StGB eine [qualifizierte] Drohung mit einer Gefahr für Leib oder Leben des Opfers voraus. Hierfür genügt deshalb nicht jede Drohung mit einer Körperverletzung; vielmehr erfordert das Merkmal der Drohung mit einer Gefahr für Leib oder Leben eine gewisse Schwere des in Aussicht gestellten Angriffs auf die körperliche Unversehrtheit.)

69. BGH, 2 StR 611/19 v. 20.5.2020, NStZ 2022, 480 ff.

- Sachrüge (rechtliche Würdigung: § 259 Abs. 1 Var. 2 StGB – Eine Hehlerei in Form des Sichverschaffens (§ 259 Abs. 1 Var. 2 StGB) begeht, wer eigene Verfügungsgewalt über die Sache erlangt, sodass er über sie zu eigenen Zwecken verfügen kann und dies auch will. Bei einer Mitverfügungsbefugnis von Vortäter und Erwerber ist der Tatbestand nur vollendet, wenn der Erwerber unabhängig vom Willen des Vortäters über die Sache verfügen kann. Allein der abgeleitete Erwerb der Verfügungsgewalt mit der Folge, dass man mit der Sache wie ein Eigentümer verfahren kann, genügt noch nicht. Eine Verfügungsgewalt „zu eigenen Zwecken" ist erst gegeben, wenn der Täter die Sache in ihrem wirtschaftlichen Wert vom Vortäter übernimmt.)

70. BGH, 6 StR 251/20 v. 16.12.2020, NStZ 2022, 166 ff.

- Sachrüge (rechtliche Würdigung: § 263 StGB – Berechnung des Vermögensschadens beim Betrug in den Fällen einer täuschungsbedingten Vereitelung des Geltendmachens von Schadensersatzansprüchen)

71. BGH, 5 StR 236/21 v. 08.12.2021, NStZ 2022, 409 ff.

- Sachrüge (rechtliche Würdigung: § 263 StGB – Bei Abschluss eines Versicherungsvertrags kommt ein Eingehungsbetrug in Betracht, wenn der zahlungsunwillige Täter bereits in diesem Zeitpunkt vorhat, der Versicherung den Eintritt des Versicherungsfalls alsbald vorzuspiegeln [hier: Bootsunfall].)

72. BGH, 3 StR 93/22 v. 03.05.2022, NStZ 2022, 681 ff.

- Sachrüge (rechtliche Würdigung: § 263a StGB, Verwendung unrichtiger Daten beim Computerbetrug – Unrichtig sind Daten, wenn der durch sie vermittelte Informationsgehalt keine Entsprechung in der Wirklichkeit hat; unvollständig sind sie, wenn sie den zugrundeliegenden Sachverhalt nicht ausreichend erkennen lassen. Unbefugtes Verwenden von Daten setzt dagegen grundsätzlich die Benutzung „richtiger" Daten voraus.)

73. BGH, 6 StR 282/20 v. 14.07.2021, NStZ 2022, 109 ff.

- Sachrüge (rechtliche Würdigung: § 266 StGB – Delegation der untreuetypischen Vermögensbetreuungspflicht/Organisationsverschulden: Die Vermögensbetreuungspflicht nach § 266 StGB umschreibt eine durch Eigenverantwortlichkeit geprägte, als Hauptpflicht geschuldete Geschäftsbesorgung in einer wirtschaftlich nicht ganz unbedeutenden Angelegenheit. Sie wird begründet durch Überantwortung einer Schutzfunktion für das Vermögen des Treugebers und erweist sich deshalb als Sonderpflicht zu dessen Schutz. Zur Pflichterfüllung kann der Treuepflichtige selbst tätig werden oder Dritte hiermit befassen. Delegiert er die Abwehr von Vermögensschäden an Mitarbeiter, konkretisiert sich der Inhalt seiner Vermögensbetreuungspflicht zu einer Organisationspflicht und verlangt neben der ordnungsgemäßen Auswahl des Beauftragten bei Anhaltspunkten für Vermögensschädigungen dessen Kontrolle.)

74. BGH, 4 StR 279/20 v. 18.2.2021, NStZ 2022, 227 f.

- Sachrüge (rechtliche Würdigung: Tateinheit/Gesamtvorsatz bei Urkundenfälschung gemäß § 267 StGB – Der mehrfache selbständige Gebrauch einer unechten Urkunde bildet mit dem Herstellen der unechten Urkunde eine tatbestandliche Handlungseinheit und damit eine materiell-rechtliche Tat, wenn der mehrfache Gebrauch dem schon bei der Fälschung bestehenden konkreten Gesamtvorsatz des Täters entspricht. Bringt der Täter die für ein anderes Fahrzeug ausgegebenen amtlichen Kennzeichen an einem Fahrzeug an, um dieses als vermeintlich zugelassen im öffentlichen Straßenverkehr mehrfach zu nutzen, ist ein solcher Gesamtvorsatz in der Regel gegeben. Gleiches gilt, wenn ein einheitliches Gebrauchmachen der zusammengesetzten Urkunde vorliegt. Das jeweils tateinheitliche Zusammentreffen weiterer Delikte mit der einheitlichen Urkundenfälschung hat zur Folge, dass sämtliche Gesetzesverstöße, die nicht schwerer wiegen, zu einer Tat im materiell-rechtlichen Sinne verklammert werden.)

75. BGH, 4 StR 81/22 v. 04.08.2022, NStZ-RR 2022, 310 f.
   - Sachrüge (rechtliche Würdigung: §§ 269, 263, 52 StGB, Konkurrenzen bei Betrug mittels „gefälschter" PayPal-Konten – Speichert der Täter (hier: bei Anlegung von PayPal-Konten) beweiserhebliche Daten und macht er von diesen danach plangemäß betrügerisch Gebrauch, ist insoweit nur von einer Tat der Fälschung beweiserheblicher Daten mit der Folge auszugehen, dass die [versuchten] Betrugstaten, die durch die täuschende Verwendung der zuvor gespeicherten Kontodaten begangen wurden, zur Tateinheit verbunden werden.)

76. BGH, 1 StR 78/21 v. 08.04.2021, NStZ 2022, 43
   - Sachrüge (rechtliche Würdigung: §§ 303b Abs. 1 Nr. 1, 303a Abs. 1 StGB [Computersabotage durch Datenveränderung] – zur Strafbarkeit der Verbreitung eines Erpressungstrojaners über das Internet [sog. Ransomware])

77. BGH, 3 StR 247/21 v. 24.08.2021, NStZ 2022, 168 ff.
   - Sachrüge (rechtliche Würdigung: §§ 306a Abs. 1 Nr. 1, 306d Abs. 1 StGB – Brandstiftung durch Zerstörung einer bereits unbrauchbaren Wohnung im Mehrfamilienhaus: Ein Gebäude, das der Wohnung von Menschen dient, kann durch eine Brandlegung auch dann teilweise zerstört werden, wenn die betroffene Wohnung bereits wegen einer vorangegangenen Brandstiftung nicht nutzbar war.)

78. BGH, 2 StR 203/21 v. 27.10.2021, NStZ 2022, 483 ff.
   - Sachrüge (rechtliche Würdigung: § 306a Abs. 1 Nr. 3 StGB, besonders schwere Brandstiftung – Voraussetzung für die Annahme eines im Sinne des § 306a Abs. 1 Nr. 3 StGB tauglichen Tatobjekts ist, dass die Brandstiftung zu einem Zeitpunkt begangen wird, zu dem sich üblicherweise Menschen in dem Objekt aufzuhalten pflegen. Über die Tatzeitformel wird der notwendige Rechtsgutsbezug der Tatbegehung an Tatobjekten, die anders als Wohnungen gerade nicht als ständige Aufenthaltsorte typisiert sind, hergestellt. Dementsprechend dürfen die Anforderungen insoweit nicht zu gering angesetzt werden, damit die hohe Strafdrohung des § 306a Abs. 1 StGB gerechtfertigt erscheint. Der tatsächliche Aufenthalt eines Menschen in der Räumlichkeit zum Tatzeitpunkt genügt zur Erfüllung des Tatbestandes nicht, wenn keine entsprechende Regelhaftigkeit hinter dem insoweit nur „zufälligen" Aufenthalt steht. Maßgeblich ist, dass sich im Zeitpunkt der Brandstiftung Menschen nach der konkreten Nutzung des fraglichen Objekts typischerweise in der Räumlichkeit aufhalten.)

79. BGH, 4 StR 167/21 v. 09.12.2021, NJW 2022, 409 ff.
   - Sachrüge (rechtliche Würdigung: § 315b Abs. 1, Abs. 3, 315 Abs. 3 Nr. 1 a) StGB, qualifizierter Straßenverkehrseingriff/Gefahrzusammenhang und Tatabsicht – Um den vorsätzlichen gefährlichen Eingriff in den Straßenverkehr im Sinne des § 315 Abs. 3 Nr. 1 a) StGB [Herbeiführen eines Unglücksfalls] zu qualifizieren, muss die Absicht des Täters darauf gerichtet sein, dass sich gerade eine von ihm herbeigeführte verkehrsspezifische Gefahr verwirklicht.)

80. BGH, 4 StR 511/20 v. 11.11.2021, NStZ 2022, 292 ff.
   - Sachrüge (rechtliche Würdigung: § 315d Abs. 1 StGB, Beteiligung an einem Kraftfahrzeugrennen – Ein Kraftfahrzeugrennen im Sinne des § 315d Abs. 1 Nr. 1 und Nr. 2 StGB ist ein Wettbewerb zwischen wenigstens zwei Kraftfahrzeugführern, bei dem es zumindest auch darum geht, mit dem Kraftfahrzeug über eine nicht unerhebliche Wegstrecke eine höhere Geschwindigkeit als der andere oder die anderen teilnehmenden Kraftfahrzeugführer zu erreichen. Dabei macht es keinen Unterschied, ob die Teilnehmer zueinander in Bezug auf die Höchstgeschwindigkeit, die höchste Durchschnittsgeschwindigkeit oder die schnellste Beschleunigung in Konkurrenz treten.

§ 315d Abs. 2 StGB ist ein eigenhändiges Delikt. Ein Teilnehmer an einem nicht erlaubten Kraftfahrzeugrennen im Sinne des § 315d Abs. 1 Nr. 2 StGB erfüllt den Qualifikationstatbestand des § 315d Abs. 2 StGB in objektiver Hinsicht deshalb nur, wenn er durch sein eigenes Fahrverhalten während der Rennteilnahme eine konkrete Gefahr für eines der genannten Individualrechtsgüter verursacht und zwischen seinem Verursachungsbeitrag und dem Gefährdungserfolg ein innerer Zusammenhang besteht. Nebentäterschaft kann vorliegen, wenn ein und derselbe Gefährdungserfolg von mehreren Rennteilnehmern herbeigeführt wird. Dies setzt voraus, dass sich die Rennteilnehmer in derselben kritischen Rennsituation befinden und zwischen den jeweiligen Mitverursachungsbeiträgen und dem konkreten Gefährdungserfolg ein örtlicher und zeitlicher Zusammenhang besteht.)

81. BGH, 4 StR 311/21 v. 30.03.2022, NStZ-RR 2022, 258 f.
- Sachrüge (rechtliche Würdigung: § 315d Abs. 1 Nr. 3, Abs. 2, Abs. 5 StGB, Verbotenes Kraftfahrzeugrennen – Das objektive Erreichen der maximal möglichen Geschwindigkeit ist nicht ohne Weiteres gleichzusetzen mit dem zielgerichteten Willen des Täters, die gefahrene Geschwindigkeit nach seinen subjektiven Vorstellungen bis zur Grenze der situativ möglichen Höchstgeschwindigkeit zu steigern, sondern besitzt nur einen gewissen Indizwert für die subjektive Tatseite. Die Annahme einer entsprechenden Absicht bedarf daher weiterer tatrichterlicher Ausführungen. Die diesbezüglichen Beweiserwägungen des Tatgerichts sind dann lückenhaft, wenn ihnen nicht zu entnehmen ist, dass das auf ein Ausleben aufgestauter Aggressionen ausgerichtete Handlungsziel des Angeklagten aus seiner Sicht i. S. eines notwendigen Zwischenziels gerade durch ein Fahren mit der nach seinen Vorstellungen situativ maximal möglichen Geschwindigkeit erreicht werden sollte.)

82. BGH, 4 StR 116/22 v. 19.07.2022, NStZ-RR 2022, 373 f.
- Sachrüge (rechtliche Würdigung: § 315d Abs. 1 Nr. 2 StGB – Die besondere Gefährlichkeit von Kraftfahrzeugrennen liegt darin, dass es zwischen den Teilnehmern – gleichgültig, ob sie dabei zueinander in Bezug auf die Höchstgeschwindigkeit, die höchste Durchschnittsgeschwindigkeit oder die schnellste Beschleunigung in Konkurrenz treten – zu einem Kräftemessen i. S. eines Übertreffenwollens gerade in Bezug auf die gefahrene Geschwindigkeit kommt. Gerade diese Verknüpfung trägt die Gefahr in sich, dass dabei die Fahr- und Verkehrssicherheit außer Acht gelassen, der Verlust von Kontrolle in Kauf genommen und die Aufmerksamkeit auf das Verhalten des Konkurrenten gerichtet wird.)

83. BGH, 2 StR 391/21 v. 08.12.2021, NStZ-RR 2022, 184
- Sachrüge (rechtliche Würdigung: § 323a StGB – Bedingt vorsätzlich i. S. des § 323a Abs. 1 StGB handelt, wer es bei dem Genuss von Rauschmitteln für möglich hält und billigend in Kauf nimmt, dass er sich dadurch in einen Rauschzustand versetzt, der seine Einsichtsfähigkeit oder sein Hemmungsvermögen jedenfalls erheblich vermindert, wenn nicht ganz ausschließt. Diesen Maßstäben genügt die Feststellung des Tatgerichts nicht, dem Angeklagten sei „die berauschende Wirkung des Kokains wegen seiner langjährigen Erfahrung mit dieser Droge bekannt“ gewesen, wenn eine detaillierte Darstellung fehlt, worin bei dem Angeklagten diese berauschende Wirkung bestand und welche Intensität diese aus seiner Sicht erfuhr.)

84. BGH, 3 StR 487/21 v. 25.01.2022, NStZ 2022, 349
- Sachrüge (Strafzumessung, §§ 21, 49 Abs. 1 StGB: Versagung einer Strafrahmenverschiebung wegen selbstverschuldeter Trunkenheit – Die Versagung einer Strafrahmenverschiebung nach den §§ 21, 49 Abs. 1 StGB kommt grundsätzlich in Betracht, wenn die erhebliche Verminderung der Schuldfähigkeit auf eine selbst zu verantwortende Berauschung des Täters zurückzuführen ist. Das setzt aber voraus, dass dem Angeklagten die Intoxikation zum Vorwurf gemacht werden kann. Seine Berauschung ist dem Täter jedoch dann nicht uneingeschränkt vorwerfbar, wenn er alkoholkrank, alkoholüberempfindlich oder drogenabhängig ist.)

85. BGH, 3 StR 398/21 v. 08.03.2022 NStZ-RR 2022, 133 f.
- Sachrüge (Strafzumessung: § 46 StGB, § 141 BRAO, berufliche Nachteile (Rechtsanwalt) als Strafmilderungsgrund – Die beruflichen Nebenwirkungen einer strafrechtlichen Verurteilung auf das Leben des Angeklagten sind jedenfalls dann als bestimmender Strafzumessungsgrund ausdrücklich anzuführen, wenn dieser durch sie seine berufliche oder wirtschaftliche Basis verliert. Bei Aussagedelikten ist die Ausschließung aus der Anwaltschaft der Regelfall, weil ein gravierender Verstoß gegen die Kernpflicht anwaltlicher Tätigkeit vorliegt.)

86. BGH, 1 StR 482/21 v. 25.01.2022, NStZ 2022, 353; 4 StR 457/20 v. 04.02.2021, NStZ 2022, 474 f.
- Sachrüge (Strafzumessung: § 46 Abs. 2 StGB, § 53 Abs. 1, Abs. 2 AufenthG – Ausländerrechtliche Folgen einer Verurteilung sind grundsätzlich keine bestimmenden Strafmilderungsgründe (§ 267 Abs. 3 Satz 1 StPO). Dies war bereits zur früheren ausländerrechtlichen Rechtslage auch für die damals vorgesehene zwingende Ausweisung anerkannt und gilt nunmehr vor dem Hintergrund der seit 17.3.2016 geltenden Regelung des § 53 Abs. 1 und 2 AufenthG, nach der bei einer Ausweisungsentscheidung generell eine Abwägung zwischen Ausweisungsinteresse (§ 54 AufenthG) und Bleibeinteresse (§ 55 AufenthG) vorzunehmen ist, umso mehr. Eine andere strafzumessungsrechtliche Bewertung ist nur gerechtfertigt, wenn im Einzelfall zusätzliche Umstände hinzutreten, welche die Beendigung des Aufenthalts im Inland als besondere Härte erscheinen lassen.)

87. BGH, 4 StR 398/21 v. 02.02.2022, NStZ-RR 2022, 169
- Sachrüge (Strafzumessung: § 46 StGB – Das Rücktrittsprivileg bewirkt, dass der auf die versuchte Straftat (hier: Tötungsdelikt) gerichtete Vorsatz bei der Verurteilung wegen eines zugleich verwirklichten vollendeten Delikts (hier: gefährlicher Eingriff in den Straßenverkehr in Tateinheit mit gefährlicher Körperverletzung) nicht strafschärfend berücksichtigt werden darf.)

88. BGH, 1 StR 425/21 v. 22.03.2022, NStZ-RR 2022, 169 f.
- Sachrüge (Strafzumessung: § 46 StGB – Ein der Strafzumessung in sachlich-rechtlicher Hinsicht anhaftender Rechtsfehler liegt dann vor, wenn das Tatgericht bei seiner Zumessungsentscheidung einen Gesichtspunkt, der nach den Gegebenheiten des Einzelfalls als bestimmender Strafzumessungsgrund in Betracht kommt, nicht erkennbar erwogen hat. Bei der Strafzumessung müssen ein aufgrund der Begehung der abgeurteilten Tat erfolgter Widerruf der Strafaussetzung einer (Rest-)Freiheitsstrafe und das den Angeklagten dieserhalb treffende Gesamtstrafübel jedenfalls dann im Urteil erörtert werden, wenn die Gesamtverbüßungsdauer durch den Bewährungswiderruf erheblich verlängert wird).

89. BGH, 4 StR 50/22 v. 07.07.2022, NStZ-RR 2022, 343
- Sachrüge (Strafzumessung: § 46 StGB, fehlende Abhängigkeit ist kein Strafschärfungsgrund – Das Motiv, mit Drogen Handel zu treiben, um den eigenen Konsum zu finanzieren, kann Grund für die Milderung der Strafe sein, weil Suchtdruck oder Angst vor Entzugsfolgen das Handeln eines Täters beeinflussen können. Eine fehlende Abhängigkeit des Angeklagten als strafschärfenden Umstand zu bewerten und damit das Fehlen eines Strafmilderungsgrundes zu seinen Lasten zu berücksichtigen, ist hingegen rechtsfehlerhaft).

90. BGH, 2 StR 337/21 v. 24.11.2021, NStZ-RR 2022, 240
- Sachrüge (Strafzumessung: § 46a StGB – Der Bejahung der Voraussetzungen des § 46a Nr. 1 StGB steht jedenfalls nicht grundsätzlich im Weg, dass das Opfer einer Straftat dem Täter den Täter-Opfer-Ausgleich in der Weise leicht macht, dass es an das Maß der Wiedergutmachungsbemühungen keine hohen Anforderungen stellt und schnell zu einer Versöhnung bereit ist.)

91. BGH, 2 StR 364/21 v. 09.12.2021, NStZ-RR 2022, 104 f.

- Sachrüge (Strafzumessung: §§ 49, 50 StGB, Berücksichtigung eines vertypten Milderungsgrundes bei der Strafzumessung – Kommen im konkreten Fall mehrere Strafrahmen in Frage, so müssen die Urteilsgründe regelmäßig ersehen lassen, dass sich das Tatgericht der unterschiedlichen Möglichkeiten bewusst war und weswegen es sich für die angewendete Möglichkeit entschieden hat.
So kann zwar das Vorliegen des vertypten Milderungsgrundes der §§ 21, 49 Abs. 1 StGB Anlass geben, unter dessen Verbrauch von einem minder schweren Fall auszugehen. Es ist jedoch zu beachten, ob die Milderung des Regelstrafrahmens gem. §§ 21, 49 Abs. 1 StGB nicht zu einem für den Angeklagten günstigeren Ergebnis führen würde.)

92. BGH, 1 StR 52/21 v. 23.03.2021, NStZ 2022, 479 f.

- Sachrüge (Strafzumessung: § 213 Alt. 2 StGB, minder schwerer Fall des Totschlags – Für die Frage, ob ein minder schwerer Fall nach § 213 2. Alt. StGB vorliegt, muss vorrangig geprüft werden, ob die Tat nach der vorzunehmenden Gesamtwürdigung bereits aufgrund der allgemeinen Milderungsgründe als minder schwerer Fall zu bewerten ist. Nur dann, wenn dies nicht zutrifft, ist bei der gebotenen Gesamtbetrachtung ein etwa vorliegender vertypter Strafmilderungsgrund zusätzlich heranzuziehen.)

93. BGH, 1 StR 21/22 v. 9.3.2022, NStZ 2022, 550

- Sachrüge (Strafzumessung: § 227 Abs. 2 StGB, minder schwerer Fall einer Körperverletzung mit Todesfolge – Bei Erörterung eines minder schweren Falls einer Körperverletzung mit Todesfolge sind die Kriterien des § 213 Alt. 1 StGB [Provokation zum Totschlag] zu berücksichtigen. Der Täter einer Körperverletzung mit Todesfolge muss durch das provozierende Vorverhalten des Opfers nicht in einem Affekt im Sinne des §§ 20, 21 StGB versetzt worden sein, um in den Genuss des Sonderstrafrahmens zu kommen. Es reicht vielmehr aus, wenn er durch die körperliche Misshandlung im unmittelbaren Handlungszusammenhang zu einer eigenen Körperverletzungshandlung hingerissen wurde.)

94. BGH, 1 StR 3/22 v. 9.03.2022, NStZ-RR 2022, 183 f.

- Sachrüge (Strafzumessung: §§ 263a, 263 Abs.3, Abs. 4 StGB, Wechselwirkung [geringfügig/gewerbsmäßig] – Je näher sich die Schadenshöhe des zur Schaffung einer fortlaufenden Einnahmequelle begangenen (Computer-)Betrugs der Geringfügigkeitsgrenze des § 243Abs. 2 i.V.m. § 263 Abs. 4 StGB annähert, umso mehr spricht dafür, von der Indizwirkung des Regelbeispiels des § 263 Abs. 3 Satz 2 Nr. 1 StGB abzusehen.)

95. BGH, 6 StR 511/21 v. 28.06.2022, NStZ-RR 2022, 342 f.

- Sachrüge (Strafzumessung: §§ 266 Abs. 2, 263 Abs. 3 Satz 2 Nr. 1 Var. 1 StGB, Strafrahmenwahl bei gewerbsmäßiger Untreue und Schaden unter 100 € – Das Regelbeispiel des gewerbsmäßigen Handelns (§§ 266 Abs. 2, 263 Abs. 3 Satz 2 Nr. 1 Var. 1 StGB) setzt nicht voraus, dass der Täter seinen Lebensunterhalt allein oder auch nur überwiegend durch die Begehung von Straftaten bestreitet.
Die Indizwirkung des Regelbeispiels kann u. a. dann entkräftet werden, wenn die vom Täter erstrebte Bereicherung und der Schaden in einer Reihe von Fällen unter 100 € liegen und weitere erhebliche Strafmilderungsgründe hinzukommen.
Bei der Frage, ob ein besonders schwerer Fall i. S. des § 266 Abs. 2 StGB anzunehmen ist, handelt es sich um eine dem Tatgericht obliegende Frage der Strafzumessung, in die einzugreifen dem Revisionsgericht nur in engen Grenzen gestattet ist. Dies ist u. a. dann der Fall, wenn dem Tatgericht Abwägungsfehler unterlaufen sind, sodass das gefundene Ergebnis nicht mehr vertretbar ist.)

96. BGH, 4 StR 330/21 v. 20.12.2021, NStZ-RR 2022, 134 f.

- Sachrüge (Strafzumessung: §§ 54 Abs. 1, 55 StGB, Gesamtstrafe und Annäherung an Obergrenze – Der Gesamtstrafausspruch ist umso eingehender zu begründen, je mehr sich die Gesamtstrafe der oberen oder unteren Grenze des Zulässigen nähert. Fehlt es in einem solchen Fall an einer näheren Begründung, ist die Besorgnis gerechtfertigt, dass sich der Tatrichter bei der Bemessung der Gesamtstrafe nicht an den hierfür maßgeblichen Kriterien, sondern rechtsfehlerhaft an der Summe der Einzelstrafen orientiert hat.)

97. BGH, 3 StR 461/21 v. 26.01.2022, NJW 2022, 1327 ff.
   - Sachrüge (Strafzumessung: §§ 54 Abs. 1 Satz 2, 55 Abs. 1 StGB – Weder der Rahmenbeschluss 2008/675/JI des Rates vom 24.07.2008 zur Berücksichtigung der in anderen Mitgliedstaaten der Europäischen Union ergangenen Verurteilungen in einem neuen Strafverfahren noch die Rechtsprechung des EuGH führt zu einem Verständnis, wonach ein Härteausgleich wegen Strafen, die von Gerichten anderer Mitgliedstaaten der Europäischen Union verhängt wurden, zwingend die konkrete Bezifferung der fiktiven Gesamtstrafe bzw. des vorgenommenen Strafabschlags erfordert.)

98. BGH, 3 StR 375/20 v. 24.03.2022, NJW 2022, 1759 f.
   - Sachrüge (Rechtsfolge: § 41 StGB, unterbliebene Kumulation von Geld- und Freiheitsstrafe – Verhängt das Tatgericht neben der Freiheits- keine Geldstrafe nach § 41 StGB, obgleich die Verteidigung dies beantragt hat, ist es verfahrensrechtlich nicht analog § 267 Abs. 3 Satz 2 und 4 StPO verpflichtet, die hierfür maßgeblichen Gesichtspunkte in den Urteilsgründen darzulegen. Die Revision des Angeklagten kann in diesen Fällen grundsätzlich keinen ihm nachteiligen sachlich-rechtlichen Erörterungsmangel dergestalt aufdecken, dass die zusätzliche Geldstrafe mit einer geringeren Bemessung der Freiheitsstrafe hätte einhergehen können.)

99. BGH, 2 StR 41/21 v. 02.02.2022, NJW 2022, 1263 ff.
   - Sachrüge (Rechtsfolge: § 301 StPO analog, Kontrollbefugnis des Revisionsgerichts bei Nebenklägerrevision zugunsten des Angeklagten – Bei einer unbegründeten Revision der Nebenklage erstreckt sich die aus § 301 StPO analog folgende Kontrollbefugnis des Revisionsgerichts auf Rechtsfehler zum Nachteil des Angeklagten nicht auf den Rechtsfolgenausspruch, da der Nebenkläger das Urteil nicht mit dem Ziel anfechten kann, dass eine andere Rechtsfolge der Tat verhängt wird [§ 400 Abs. 1 StPO]. Diese Ansicht ist aber bei den Senaten des BGH umstritten [vgl. Übersicht in den Gründen der Entscheidung].)

100. OLG Oldenburg, 1 Ss 28/22 v. 25.02.2022, NStZ 2022, 767 f.
   - Zulässigkeit (Form der Revisionseinlegung und –begründung; Wiedereinsetzung in den vorigen Stand: §§ 32d Satz 2, 32a Abs. 2 und 6, 45 Abs. 1 StPO – Nach dem seit dem 01.01.2022 geltenden § 32d Satz 2 StPO müssen die Revision und ihre Begründung als elektronisches Dokument übermittelt werden, um Wirksamkeit zu entfalten. Dieses bei Gericht eingereichte elektronische Dokument muss nach § 32a Abs. 2 Satz 1 StPO für die Bearbeitung geeignet sein. Gemäß § 32a Abs. 2 Satz 2 StPO in Verbindung mit §§ 2 Abs. 1, 5 Abs. 1 Nr. 1 der Verordnung über die technischen Rahmenbedingungen des elektronischen Rechtsverkehrs und über das besondere elektronische Behördenpostfach (ERVV) wiederum müssen die Dokumente dem Dateiformat „PDF“ beziehungsweise „TIFF“ entsprechen.
     Die Fiktionswirkung des § 32a Abs. 6 StPO wird nur dann ausgelöst, wenn das zur Fristwahrung ungeeignete ursprüngliche elektronische Dokument unverzüglich in nunmehr formgerechter Weise nachgereicht wird.
     Anträge und Wiedereinsetzungsanträge in die versäumte Revisionseinlegungs- oder Revisionsbegründungsfrist müssen der Form des § 32 d Satz 2 StPO entsprechen. Bei Verstößen hiergegen ist gemeinhin eine Wiedereinsetzung des schuldlos handelnden Angeklagten in die von seinem Verteidiger durch formwidrigen Wiedereinsetzungsantrag versäumte Frist nach § 45 Abs. 1 Satz 1 StPO von Amts wegen zu bewilligen.)

101. OLG Karlsruhe, 1 Ws 47/22 v. 16.03.2022, NStZ 2022, 687 ff.

- Sachrüge (rechtliche Würdigung: § 224 Abs. 1 Nr. 2 StGB – Extrahiert ein Zahnarzt seinem Patienten ohne medizinische Indikation mehrere Zähne, begeht er die Körperverletzung mittels eines anderen gefährlichen Werkzeugs im Sinne von § 224 Abs. 1 Nr. 2 StGB.)

102. KG, (3) 121 Ss 1/21 (5/21) v. 12.02.2021, NStZ 2022, 118

- Sachrüge (rechtliche Würdigung: § 316 StGB – Zäsur bei fahrlässiger Trunkenheit im Verkehr: Zu einer Zäsur der Dauerstraftat der fahrlässigen Trunkenheit im Verkehr wird es regelmäßig auch dann kommen, wenn ein alkoholbedingtes Unfallereignis nur deshalb keinen Unfall im Rechtssinne (§ 142 Abs. 1 StGB) darstellt, weil an dem gegnerischen Fahrzeug wegen Vorschäden keine zusätzliche Werteinbuße eingetreten ist. Fährt der Täter nach einem jedenfalls derart alkoholbedingten Zusammenstoß weiter, so wird dies regelmäßig aufgrund eines neuen Tatentschlusses des sich seiner Fahrunsicherheit nun bewusst gewordenen Fahrers geschehen.)

II. <u>Aufsätze</u>

1. RiBGH a. D. Dr. h.c. Klaus Detter, Zum Strafzumessungsrecht, NStZ 2022, 150 ff., 211 ff.

2. Bundesanwalt b. BGH Prof. Dr. Hartmut Schneider, Grundlegende sowie aktuelle Fragen zum Selbstleseverfahren, NStZ 2022, 276 ff., 338 ff.

3. RiBGH a.D. Miebach, Die freie richterliche Beweiswürdigung in der neueren Rechtsprechung, NStZ 2022, 725 ff.

4. Dr. Klaus Miebach: Die freie Beweiswürdigung der Zeugenaussage in der neueren Rechtsprechung des BGH, NStZ-RR 2022, 1 ff.

5. VROLG Stefan Maier, Aus der Rechtsprechung des BGH zu den Raubdelikten, NStZ-RR 2022, 361 ff.

6. VRiLG Gregor Herb: Die Zulässigkeit von Verfahrensrügen in der Rechtsprechung des BGH – Teil 1 & 2, NStZ-RR 2022, 97 ff., 129 ff.

7. RiBGH a. D. Jürgen Cierniak/RiLG Dr. Holger Niehaus: Aus der Rechtsprechung des BGH zum Strafverfahrensrecht – 6. Teil (Fortsetzung aus NStZ-RR 2021, 332 ff.; Beginn in NStZ-RR 2021, 161 ff.), NStZ-RR 2022, 5 f.; Teile 1 bis 6, NStZ-RR 2022, 165 ff., 196 ff., 237 ff., 302 ff., 335 ff., 364 ff.)

Stichwörter

(Die Zahlenangaben beziehen sich auf die Seitenzahlen in diesem Buch)

Printed in Poland
by Amazon Fulfillment
Poland Sp. z o.o., Wrocław

31429152R00101